Eberhard Schockenhoff

Chancen zur Versöhnung?

Eberhard Schockenhoff

Chancen
zur
Versöhnung?

Die Kirche und die
wiederverheirateten Geschiedenen

HERDER

FREIBURG · BASEL · WIEN

© Verlag Herder GmbH, Freiburg im Breisgau 2011
Alle Rechte vorbehalten
www.herder.de
Umschlaggestaltung: Finken & Bumiller, Stuttgart
Satz: SatzWeise, Föhren
Herstellung: fgb · freiburger graphische betriebe
www.fgb.de
Gedruckt auf umweltfreundlichem, chlorfrei gebleichtem Papier
Printed in Germany
ISBN 978-3-451-34117-5

Inhalt

Inhalt

7

Vorwort

Dieses Buch wendet sich in erster Linie an geschiedene und wieder-verheiratete Menschen, die sich in der katholischen Kirche – noch immer oder wieder? – beheimatet fühlen wollen. Es stellt eine Einladung an sie dar, sich auf die biblischen und geistlichen Grundlagen ihres Glaubens zu besinnen – in der Hoffnung, daraus Ermunterung und Hilfestellung für ihre gegenwärtige Lebenssituation zu gewinnen. Sie sollen sich selbst nicht am Rand der Kirche ansiedeln, sondern wie viele andere Gläubige, deren Lebensweg Bruchlinien, schmerzliche Abschiede und Neuanfänge aufweist, in ihre Mitte zurückfinden. Mitte und Höhepunkt des gesamten christlichen Lebens aber ist nach katholischem Glaubensverständnis die Feier der Eucharistie und die persönliche Begegnung mit Jesus im Kommunionempfang.

Zugleich ist dieses Buch eine Aufforderung an die Kirche, die wachsende Zahl geschiedener und wiederverheirateter Gläubiger nicht ins Abseits zu drängen, sondern als eine notwendige Herausforderung anzunehmen. Die bisherige Behandlung dieser Gruppe getaufter Christen durch die Kirche hat paradigmatische Bedeutung für ihr gesamtes Leben; sie verweist auf Fehlentwicklungen in wichtigen Bereichen des Glaubensverständnisses und der kirchlichen Praxis. Diese von Einseitigkeiten, Ausblendungen und Fixierungen auf längst überwundene Denkformen gekennzeichneten Fehlentwicklungen betreffen das Kirchenverständnis, die Sakramententheologie, insbesondere die Glaubenslehren von der Ehe und der Eucharistie, sowie Grundfragen der theologischen Anthropologie und der christlichen Ethik. Die Bandbreite der Fragen, die im Zusammenhang von Trennungskonflikten, Scheidung und Wiederheirat zu bedenken sind, reicht von der unersetzbaren Funktion des persönlichen Gewissens, dem Verständnis von Schuld, Reue und Wiedergutmachung bis zu der zentralen Bedeutung, die Vergebung und Versöhnung im persönlichen Leben jedes einzelnen wie im Leben der Kirche als ganzer zukommen.

Die im Titel dieses Buches aufgeworfene Frage, ob und wie es für die geschiedenen und wiederverheirateten Gläubigen in der Kirche

9

eine Chance zur Versöhnung geben kann, richtet sich deshalb an alle, die in der Kirche Verantwortung tragen: an die Bischöfe und Theolog(inn)en, an die Priester und Laien, an Seelsorgerinnen und Seelsorger und nicht zuletzt an die wiederverheirateten Geschiedenen und ihre Angehörigen, da es auch von ihrer Aufgeschlossenheit abhängt, ob Versöhnung gelingen kann. Die Kirche muss auf die wiederverheirateten Geschiedenen zugehen, indem sie diese zur vollen Gemeinschaft an der Eucharistie, dem Höhepunkt des kirchlichen Lebens, einlädt. Geschiedene und wiederverheiratete Gläubige müssen, wenn Versöhnung möglich werden soll, den inneren Groll und die oft tief sitzenden Verletzungen überwinden, die ihre Kirchenerfahrungen nach der Scheidung von ihrem ersten Ehepartner und der zweiten zivilen Eheschließung bestimmten.

Der Ausschluss geschiedener und wiederverheirateter Gläubiger von den Sakramenten zu Lebzeiten ihres ersten Partners oder ihrer ersten Partnerin muss, so wollen die Überlegungen dieses Buches zeigen, als Relikt eines moralischen Rigorismus verstanden werden, der den Anspruch des Evangeliums als einer befreienden, lebensdienlichen und trostvollen Botschaft verdunkelt. Es steht nicht im Widerspruch dazu, wenn in diesem Buch dennoch viel vom Anspruch unwiderruflicher Lebensentscheidungen, vom Gelingen ehelicher Partnerschaft und vom Glück dauerhafter Treue die Rede ist. Nicht wenige Menschen schrecken angesichts steigender Scheidungszahlen davor zurück, das Wagnis einer Ehe einzugehen, weil sie die Folgen eines möglichen Scheiterns fürchten. Wenn es der Kirche gelingt, den in Trennung lebenden, geschiedenen oder wiederverheirateten Menschen mit Respekt, Achtsamkeit und Wertschätzung zu begegnen, werden dies auch diejenigen Gläubigen als Ermutigung empfinden, die sich gemeinsam auf den Weg zur Ehe machen oder seit vielen Jahren glücklich verheiratet sind.

Mein besonderer Dank gilt den Sekretärinnen Melanie Dotzauer und Maria Senoglu, ohne deren Unterstützung ich dieses Buch nicht hätte fertig stellen können. Ebenso danke ich Katharina Ruder, Johannes Reichart, Johannes Rittemann und Lukas Schmitt für ihre Verbesserungsvorschläge und die Korrektur des Manuskripts.

Freiburg i. Br., Ostern 2011   *Eberhard Schockenhoff*

Einleitung: Die späten Zweifel des Augustinus

In seiner im Jahr 419 entstandenen Schrift *De adulterinis coniugiis* erörtert Augustinus die aus seiner Sicht ausweglose Lebenssituation getaufter Christen, die sich von ihrem ersten Ehepartner trennten, danach wieder heirateten und seitdem an dieser zweiten Ehe mit einem anderen Partner festhalten. Augustinus macht es sich mit seiner Antwort nicht leicht. Er stellt sich selbst die Frage, ob das Verbot der Wiederheirat, das er als ausnahmslos gültig ansieht, nicht gegen die Aufforderung Jesu verstößt, dem schuldig gewordenen Sünder sieben Mal siebzig Mal, d. h. uneingeschränkt und grenzenlos, zu vergeben. Ebenso zitiert er das Wort Jesu aus seinem Gespräch mit der Ehebrecherin: »Wer von euch ohne Sünde ist, werfe als Erster einen Stein auf sie.« (Joh 8,7) Schließlich erwähnt er die Vaterunser-Bitte: »Und erlass uns unsere Schulden, wie auch wir sie unseren Schuldnern erlassen haben« (Mt 6,12–14) und die Aufforderung Jesu: »Seid barmherzig, wie es auch euer Vater ist!« (Lk 6,36) Verlangen diese Worte Jesu nicht, auch den wiederverheirateten Geschiedenen Vergebung und Barmherzigkeit zu erweisen? Auf diese Frage kann es vom Zeugnis der Schrift her für Augustinus keine einfache Antwort geben. Er zeigt vielmehr im Stil einer Zwar-Aber-Aussage das Dilemma auf, vor dem die Kirche steht. Einerseits gibt es auf dem Boden des Evangeliums keine unvergebbare Schuld; allein der Gedanke daran, dass ein menschliches Vergehen der göttlichen Barmherzigkeit Grenzen setzt, ist ein Ding der Unmöglichkeit. Andererseits erfordert Vergebung auf Seiten des Sünders Einsicht in das begangene Unrecht, ernsthafte Reue und den Willen zur Wiedergutmachung. Vergebung ohne Reue zu gewähren wäre ebenso wie der Begriff unvergebbarer Schuld ein logischer Selbstwiderspruch, der vom Begriff der Allmacht Gottes ebenso wie von einem angemessenen Verständnis seiner Barmherzigkeit und Liebe fernzuhalten ist.

Insofern gibt es doch Grenzen der Möglichkeit, Vergebung zu erlangen. Diese liegen allerdings nicht auf Seiten Gottes, sondern einzig und allein beim Menschen, der hartnäckig an seinem sündhaften Zustand festhält und durch diese andauernde Willenshaltung

Gottes Willen zur Versöhnung vereitelt. Ebenso wenig wie Gott das Vergangene ungeschehen machen kann, lässt sich Versöhnung ohne Reue denken – an dieser Einsicht führt für Augustinus kein Weg vorbei. Solange sie diese einzige, aber zugleich unabdingbare Vorbedingung, von Gott Vergebung ihrer Schuld erhalten zu können, nicht erfüllen, bleibt die Lage wiederverheirateter Geschiedener aussichtslos. Augustinus ist sich dessen bewusst, dass dies eine unbefriedigende Antwort ist. Er erwähnt das makabre Gedankenspiel eines gewissen Pollentius, ob man einem wiederverheirateten Geschiedenen nicht den Rat geben sollte, seine erste Frau umzubringen, um Frieden mit der Kirche schließen zu können. Denn als Mörder kann er nach entsprechender Bußzeit die Rekonziliation erhalten, die ihm als wiederverheiratetem Geschiedenen verwehrt bleibt. Augustinus wendet gegen diesen wohl kaum ernstgemeinten Vorschlag ein, dass es sich beim Mord zwar um ein Kapitalverbrechen handelt, das ohne Zweifel schwerwiegender ist als das Vergehen der Wiederheirat. Da ein Mord jedoch eine einmalige Tat ist, kann sie durch den Täter bereut und durch eine lange Kirchenbuße gesühnt werden, was beim Eingehen einer Zweitehe unmöglich ist. Für dieses bleibende Fehlverhalten, das der Sünder nicht zu ändern beabsichtigt, kann es nach der Logik »keine Vergebung ohne Reue« keine Bußmöglichkeit geben, obwohl ein einzelner Akt des Ehebruchs der Schwere nach geringfügiger ist als ein Mord.[1]

Dabei ist es für Augustinus unerheblich, aus welchem Grund die erste Ehe getrennt wurde. Auch der unschuldig geschiedene Partner ist zu Lebzeiten seines früheren Ehegatten an die erste Ehe gebunden; ebenso ist Getauften, die ihren ungläubigen Partner verlassen haben und sich nicht mehr mit ihm versöhnen können, dauerhaft die Wiederheirat verwehrt. Die theologische Begründung dafür liefert Augustinus mit seiner Lehre vom *vinculum matrimoniale* (= Eheband), nach der die Ehegatten bis zum Tod eines Partners unlösbar aneinander gebunden sind. Sie können die eheliche Gemeinschaft zwar durch eine Trennung aufgeben, sind dann aber durch das fortbestehende Eheband gehindert, eine neue Ehe einzugehen. Aufgrund dieses *vinculum* ist die Ehe dem Sakrament der Taufe vergleichbar, das ebenfalls ein unverlierbares Prägemal verleiht.[2]

Augustinus vertritt die Theorie vom Eheband, die zu seiner Zeit noch keine allgemein anerkannte kirchliche Lehre ist, sondern nur seine persönliche Sondermeinung wiedergibt, bereits in seinen beiden früheren Schriften zur Ehe *De bono coniugali* (401) und *De nuptiis et concupiscentia* (418/419). Auf dieser früheren Entwicklungsstufe weist die Theorie vom Eheband noch innere Differenzierungen auf, die später verloren gehen. So unterscheidet Augustinus das eigentliche Eheband, das durch den ehelichen Bund gestiftet wird und so lange andauert, wie die Lebensgemeinschaft der Gatten besteht, von jenem Restbestand einer eheähnlichen Beziehung, die auch nach der Trennung der Ehegatten zwischen ihnen bestehen bleibt. Von diesem gewissen eheähnlichen Verhältnis *(quiddam coniugale)*, das auch terminologisch vom sakramentalen Eheband im Vollsinne *(vinculum foederis)* unterschieden wird, heißt es zunächst, es bleibe »zur Strafe des Verbrechens, nicht als Verbindung des Bundes« bestehen.[3] Auch nach der Trennung der Ehepartner oder ihrer rechtswirksamen Scheidung besteht zwischen ihnen ein *quiddam coniugale*, ein eheähnliches Band fort. Es existiert nun aber nicht mehr als das Band der eigentlichen ehelichen Verbindung durch die Lebensgemeinschaft der Partner, sondern es unterstreicht nach deren Zerbrechen nur die Strafwürdigkeit des Vergehens, das durch eine Wiederheirat begangen wird. Das eigentliche Eheband, so muss man Augustinus an dieser Stelle verstehen, ist durch die endgültige Trennung der Gatten zerrissen, aber diese bleiben dennoch in gewisser Weise aneinander gebunden, so dass sie gegenüber dem ersten Partner schuldig werden, wenn sie wieder heiraten.

In der späteren Schrift an Pollentius gibt Augustinus die begriffliche Unterscheidung zwischen dem Eheband im Vollsinn und dem auch nach der Trennung fortbestehenden eheähnlichen Verhältnis zwischen den getrennten Ehegatten auf. Jetzt postuliert er, dass das Eheband selbst, nicht nur die aus ihm resultierende Folge für die Einschätzung der Zweitehe, unverändert fortbesteht.[4] Ihre eigentliche Zuspitzung erlangt die Lehre vom Eheband folglich erst in der Kontroverse mit Pollentius um die Frage, ob es für die wiederverheirateten Geschiedenen eine Bußmöglichkeit gibt, die ihre Zulassung zu den Sakramenten erlaubt. Um dies für immer auszuschließen, verschärft Augustinus die Theorie vom Eheband. Wenn sich dieses nach der Trennung nicht nur in dem Sinne auswirkt, dass die Wiederheirat zwar ein schuldhaftes Vergehen ist, für das es jedoch nach einer gewissen Bußzeit Vergebung geben kann, sondern wenn das sakramentale Eheband selbst unverändert bestehen bleibt, dann stellt zu Lebzeiten des ersten Partners das Zusammenleben mit einem anderen einen fortgesetzten öffentlichen Ehebruch dar. Nicht die Lehre vom Eheband als solche, wohl aber ihre äußerste Verschärfung im Konflikt um die Stellung wiederverheirateter Geschiedener in der Kirche beruht auf einer Ad-hoc-Argumentation, die auf das von Augustinus für notwendig erachtete Ergebnis zuläuft: Wiederverheiratete Geschiedene müssen von den Sakramenten ferngehalten werden, weil jeder, ob Mann oder Frau, der oder die zu Lebzeiten des ersten Gatten wieder heiratet, durch das Eingehen einer neuen Verbindung gegenüber diesem Ehebruch begeht, und zwar unabhängig davon, ob ihn am Scheitern der ersten Ehe Schuld trifft oder nicht. Ein Zugeständnis macht Augustinus dennoch, indem er einräumt, die Wiederheirat nach Entlassung der schuldlosen Frau sei ein noch »schwererer« Ehebruch *(maius adulterium)*, als wenn eine ehebrecherische Frau entlassen wurde. Auch gesteht Augustinus zu, dass nach der Näherbestimmung des Trennungsverbotes durch die Unzuchtsklausel von Mt 19,9 im Wortsinne nur derjenige als Ehebrecher gilt, der aus eigener Initiative seine schuldlose Frau entlässt und eine neue Ehe eingeht.[5]

Die einzige Möglichkeit, eine Zweitehe zu dulden, sieht Augustinus dann gegeben, wenn die Partner versprechen, vollkommen enthaltsam zu leben. Dieses überraschende Zugeständnis, das im Umfeld der spätantiken Gesellschaft weniger befremdlich anmutet, als es heute erscheint, ergibt sich folgerichtig aus der Theorie vom Eheband: Weil nach deren Annahme jeder Geschlechtsverkehr in einer späteren Verbindung Ehebruch bedeutet, solange der frühere Ehepartner lebt, besteht die einzige Möglichkeit, frei von Sünde in einer Zweitehe zusammenzuleben, im Verzicht auf die sexuelle Gemeinschaft mit dem neuen Partner.[6] Das Ideal der lebenslangen Enthaltsamkeit erfreute sich in der Antike auch in der paganen Gesellschaft hoher Wertschätzung; Witwen, die aus Treue zu ihrem verstorbenen Gatten eine Wiederheirat ablehnten, wurden in der zeitgenössischen Eheliteratur und auf Grabinschriften gepriesen, weil sie dieses hohe moralische Ideal beispielhaft verwirklichten.[7] Indem Augustinus die von der römischen Familientradition verwitweten Frauen empfohlene Enthaltsamkeit auch den Männern auferlegte, die mit einer zweiten Frau zusammenlebten, glaubte er einen vertretbaren Weg gefunden zu haben, ihnen die Teilnahme am kirchlichen Leben zu ermöglichen. Der Verzicht auf die sexuelle Gemeinschaft erschien ihm als Indiz einer aufrichtigen Reue über das eigene Verschulden beim Verlassen des ersten Partners, die eine Zulassung zu den Sakramenten gestattet. In der Rückschau auf sein Wirken als Bischof und Theologe kommen Augustinus allerdings Zweifel, ob ihm mit der Theorie vom Eheband und dem Zugeständnis der *cohabitatio fraterna* (= geschwisterliches Zusammenleben) eine widerspruchsfreie Lösung dieser »höchst schwierigen Frage« im Sinne der Heiligen Schrift gelungen ist. »Ich habe vielmehr die Empfindung, nicht zu einer vollendeten Lösung gekommen zu sein, obwohl ich viele ihrer Widersprüche aufgezeigt habe.«[8]

15

1. Die lehramtliche Begründung für die Nichtzulassung wiederverheirateter Geschiedener zu den Sakramenten

Bis heute bewegt sich die lehramtliche Begründung für die Praxis der Kirche, wiederverheiratete Geschiedene nicht zu den Sakramenten zuzulassen und ihre zweite Zivilehe als kirchenrechtlich ungültig anzusehen, auf der von Augustinus vorgezeichneten Linie. Zwar anerkennt das kirchliche Lehramt in seinen jüngeren Äußerungen, dass die Kirche wiederverheiratete Geschiedene nicht einfach sich selbst überlassen dürfe, damit sie sich nicht als von der Kirche getrennt betrachten, da sie »als Getaufte an ihrem Leben teilnehmen können, ja dazu verpflichtet sind«.[1] Es werden auch konkrete Wege aufgezeigt, in welcher Form wiederverheirateten Geschiedenen die Teilnahme am kirchlichen Leben möglich ist: Indem sie das Wort Gottes hören, an der Eucharistiefeier teilnehmen, regelmäßig beten, die Kirche in ihren sozialen Anliegen und in ihrem Eintreten für weltweite Gerechtigkeit unterstützen, ihre Kinder im christlichen Glauben erziehen und in ihrer Lebensführung den Geist und die Werke der Buße pflegen.[2] Zugleich bekräftigt das Lehramt die Notwendigkeit einer differenzierten Beurteilung verschiedener Situationen: »Es ist ein Unterschied, ob jemand trotz aufrichtigen Bemühens, die frühere Ehe zu retten, völlig zu Unrecht verlassen wurde oder ob jemand eine kirchlich gültige Ehe durch eigene schwere Schuld zerstört hat«.[3] Ausdrücklich werden auch Gründe für eine neue Eheschließung benannt, denen die Kirche den Respekt nicht versagen kann. Dies gilt insbesondere dann, wenn die neue Verbindung im Hinblick auf die Erziehung der Kinder eingegangen wird oder wenn ein Partner die subjektive Gewissensüberzeugung hat, dass die frühere, unheilbar zerstörte Ehe niemals gültig war.

Trotz der Aufforderung zur verständnisvollen Begleitung wiederverheirateter Geschiedener und zu einer achtungsvollen Bewertung ihrer unterschiedlichen Lebenssituationen hält das Lehramt bis heute daran fest, dass wiederverheiratete Geschiedene nicht zum Kommunionempfang und zu den Sakramenten der Buße und Krankensalbung zugelassen sind. Dieses strikte Verbot folge aus dem Zeugnis der Heiligen Schrift und der Tradition, das der Kirche als verbindliche Richtschnur vorgegeben ist. Im Kern läuft die lehramtliche Begründung für die Nicht-Zulassung wiederverheirateter Geschiedener zu den Sakramenten auf die Behauptung hinaus, die Kirche besitze überhaupt keine Vollmacht, ihre bisherige Praxis gegenüber wiederverheirateten Geschiedenen zu ändern. »Sie können nicht zugelassen werden; denn ihr Lebensstand und ihre Lebensverhältnisse stehen in objektivem Widerspruch zu jenem Bund der Liebe zwischen Christus und der Kirche, den die Eucharistie sichtbar und gegenwärtig macht.«[4] Die Unmöglichkeit einer Zulassung zu den Sakramenten wird zudem damit begründet, dass der Lebensstand der in einer zweiten Zivilehe lebenden Menschen in einem objektiven Widerspruch zur Unauflöslichkeit der ersten Ehe stehe, so dass ihr derzeitiges eheliches Leben aufgrund der Geschlechtsgemeinschaft als ein fortdauernder Zustand schwerer Sünde anzusehen ist.

Das kirchliche Gesetzbuch schreibt ausdrücklich vor, dass zum Kommunionempfang nicht zugelassen werden kann, »wer hartnäckig in einem Zustand offensichtlich schwerer Sünde verharrt« *(in manifesto gravi peccato obstinate perseverantes).*[5] Der Katechismus präzisiert, worin der objektive Widerspruch zur sittlichen Ordnung besteht: »Der Ehepartner, der sich wieder verheiratet hat, befindet sich ... in einem dauernden öffentlichen Ehebruch.«[6] Schließlich wird in den lehramtlichen Dokumenten das Festhalten der Kirche an ihrer bisherigen Praxis mit der Befürchtung gerechtfertigt, die Zulassung wiederverheirateter Geschiedener zur Eucharistie könne bei den Gläubigen und in der Gesellschaft zur Verwirrung hinsichtlich der Lehre von der Unauflöslichkeit der Ehe führen. Diese Sorge wird auch als Grund dafür genannt, dass solche Partner, die sich *in foro interno* (= im inneren Gewissensbereich) ernsthaft dazu bereit erklären, »wie Schwester und Bruder« zu leben, dazu angehalten werden sollen, die Eucharistie nicht in der eigenen Pfarrgemeinde, sondern andernorts zu empfangen, wo sie und ihre Lebensverhältnisse nicht bekannt sind.[7]

2. Unstimmigkeiten und Widersprüche in der kirchlichen Praxis und ihrer lehramtlichen Begründung

Obwohl diese Begründung auf den ersten Blick logisch stringent erscheint, zeigen sich bei genauerer Betrachtung Unstimmigkeiten und Widersprüche, die Zweifel daran erwecken, ob die Kirche in der Sache der wiederverheirateten Geschiedenen schon das letzte Wort gesprochen hat. Einige dieser Gründe seien vorab genannt, bevor Vorschläge zu einer alternativen Regelung erörtert und aus exegetischer, theologiegeschichtlicher und systematischer Sicht überprüft werden sollen.

Zunächst ist auf ein unbestreitbares Faktum hinzuweisen, das die Größe der Herausforderung beschreibt, vor der die Kirche angesichts der wiederverheirateten Geschiedenen in ihrer Mitte steht: Die Zahl dieser Menschen nimmt dramatisch zu! In den modernen Industriegesellschaften Europas und Nordamerikas erreicht die Anzahl der Ehescheidungen inzwischen 30% der Eheschließungen; in großen Städten steigt dieser Prozentsatz auf bis zur Hälfte an.[1] Auch wenn das Scheitern einer Ehe in der Regel die davon betroffenen Paare nicht wie ein unabwendbares Schicksal trifft, sondern in hohem Maß von dem persönlichen Einsatz oder Nicht-Einsatz der Partner abhängt, erscheint die Erwartung unbegründet, getaufte Christen seien aufgrund der Gnade des Ehesakraments oder ihres höheren Ethos vor Trennung und Scheidung grundsätzlich besser geschützt als andere Menschen. Auch wenn es keine verlässlichen Zahlenangaben darüber gibt, wie viele getaufte Christen sich in einer aus kirchenrechtlicher Sicht »irregulären ehelichen Situation«befinden[2], so ist doch davon auszugehen, dass ihre Zahl erheblich ist und immer weiter ansteigt.

Die Beobachtung, dass nur wenige wiederverheiratete Geschiedene, die am Leben der Kirche aktiv teilnehmen, ihre Unzufriedenheit mit der geltenden Praxis lautstark äußern, sollte nicht zu verharmlosenden Fehleinschätzungen verleiten. Viele getaufte Christen kehren ihrer Kirche aus Wut darüber den Rücken, dass sie sich angesichts der Verletzungen und Enttäuschungen, denen sie beim Scheitern ihrer Ehe ausgesetzt waren, nicht ernst genommen oder moralisch disqualifiziert fühlen. Obwohl dies den expliziten Intentionen der kirchlichen Verkündigung zuwiderläuft, sehen sie sich aufgrund ihrer Lebenssituation, die zu ändern nicht mehr in ihrer Hand steht, als Christen zweiter Klasse gebrandmarkt und rechtfertigen so vor sich selbst den resignativen Auszug aus einer Kirche, die sie scheinbar aufgegeben hat.

Angesichts der Tatsache, dass Scheidung und Wiederheirat außerhalb der Kirche kaum noch moralische Verurteilungen auslösen, wirkt die amtliche Qualifikation ihrer Lebenssituation als öffentlicher Ehebruch und fortgesetzte schwere Sünde auf viele der persönlich Betroffenen besonders verletzend. Sie empfinden diese Reaktion der Kirche als ausgesprochenes oder unausgesprochenes In-Zweifel-Ziehen ihrer moralischen Vertrauenswürdigkeit, worauf sie ihrerseits mit Selbstschutz und Verhärtung antworten.

Aber auch diejenigen, die an ihrer Zugehörigkeit zur katholischen Kirche festhalten wollen, empfinden die kirchlichen Ratschläge und Weisungen nur selten als eine Hilfestellung, die ihnen die Teilnahme am kirchlichen Leben erleichtert.[3] Diese Hinweise auf die zunehmenden pastoralen Schwierigkeiten und die wachsende Diskrepanz gegenüber dem gesellschaftlichen Umfeld können nicht mit der achselzuckenden Feststellung abgetan werden, dass zwischen kirchlichem Anspruch und gesellschaftlicher Realität, zwischen Ideal und Lebenswirklichkeit immer ein unaufhebbarer Gegensatz bestehe. Dem ist insofern beizupflichten, als die Kirche den Erwartungshorizont des von einer breiten gesellschaftlichen Mehrheit als akzeptabel Empfundenen nicht zum Maßstab ihrer Verkündigung machen darf. Nicht weniger ernst ist aber die umgekehrte Gefahr zu nehmen, dass die Kirche in ihrer Verkündigung des Evangeliums und der konkreten ethischen Weisungen, die sie daraus ableitet, die Distanz zur Lebenswirklichkeit vieler Menschen nicht mehr überbrücken kann. Die Klagen über die unbefriedigende Lage, in der sich wiederverheiratete Geschiedene in der Kirche befinden, sind auch ein Indiz dafür, dass diese in ihrer Seelsorge und Verkündigung die Köpfe und Herzen der eigenen Gläubigen nicht mehr erreicht.

Eine weitere Ungereimtheit haftet dem amtlichen Lösungsversuch, den die Kirche für wiederverheiratete Geschiedene bereithält, insofern an, als diese in ihren Stellungnahmen zwar dazu auffordert, unterschiedliche Situationen genau zu unterscheiden, aus dieser

Verpflichtung zur Differenzierung dann aber keine Konsequenzen auf der Ebene der disziplinären Sanktionen zieht, die sie den in einer zweiten Ehe lebenden Gläubigen auferlegt. Diese lauten unterschiedslos in allen Fällen (außer beim Verzicht auf sexuelle Betätigung in der Ehe): Ausschluss vom Kommunionempfang, solange der erste Partner lebt. Welchen Sinn aber soll die Unterscheidung verschiedener Situationen haben, wenn sich daraus nicht auch unterschiedliche Schlussfolgerungen für diese ergeben dürfen? Für die Zurechenbarkeit der neuen Eheschließung kann es sehr wohl bedeutsam sein, ob jemand seine erste Ehe durch eigene Schuld oder gar mutwillig zerstört hat oder ob er zu Unrecht von seinem Partner verlassen wurde. Durch die Nicht-Beachtung dieses in moralischer Hinsicht von den meisten als bedeutsam empfundenen Unterschieds verstößt die kirchliche Regelung eines allgemeinen Ausschlusses aller wiederverheirateten Geschiedenen von den Sakramenten gegen den Rechtsgrundsatz, dass Gleiches gleich, Verschiedenes aber verschieden zu behandeln ist.[4]

Die einzige von der Kirche anerkannte Sonderregelung, die Duldung des Zusammenlebens wie Bruder und Schwester, erscheint gerade in moralischer Hinsicht als ein durchaus fragwürdiges Unterscheidungskriterium. Denn der geschlechtliche Vollzug gehört nach kirchlichem Verständnis zum Wesen der Ehe als einer personalen Lebensgemeinschaft. Da diese auch in einer rechtlich ungültigen Ehe gelebt werden kann – viele erfahren in ihrer zweiten (rechtlich ungültigen) Ehe die Liebe und Treue, die sie in der ersten (sakramentalen und rechtlich gültigen) Ehe schmerzhaft vermissten – ist nicht ersichtlich, warum die Bereitschaft zum Verzicht auf den sexuellen Vollzug der personalen Lebensgemeinschaft den Ausschlag für die Zulassung zur Eucharistiefeier auf dem Weg einer *in foro interno* möglichen Ausnahmegenehmigung geben soll. Eine derartige Lösung ist außerdem unvereinbar mit der Mahnung des Apostels Paulus an Eheleute, sich einander nur auf kurze Zeit zu entziehen (vgl. 1 Kor 7,5), die in diesem Punkt eine realistische Einschätzung der ehelichen Liebe verrät.

Der Vorschlag der *cohabitatio fraterna* entspricht noch ganz einem kanonistischen Eheverständnis, das die Kirche auf dem Zweiten Vatikanischen Konzil in wesentlichen Punkten korrigierte. Nach dem Vertragsmodell der Ehe und der mit diesem verbundenen

Lehre von den Ehezwecken geht das Recht zur sexuellen Betätigung aus der Übertragung des *ius in corpus* (= Recht auf den Körper) hervor, das als der charakteristische und wesentliche Gegenstand des vertraglichen Rechtsverhältnisses anzusehen ist, das die Ehepartner durch die Eheschließung eingehen. Nur unter dieser Voraussetzung ist der Gedanke überhaupt nachvollziehbar, den Partnern einer ungültigen Zweitehe das Recht zur sexuellen Betätigung dauerhaft abzusprechen, das sie selbst bereits vertraglich an den ersten Ehepartner abgetreten haben, so dass sie nun darüber überhaupt nicht mehr verfügen können. Außerhalb der spezifischen Logik dieses kanonistischen Vertragsdenkens erscheint die Konstruktion, die zur Gewährung des Kommunionempfangs führen soll, schlichtweg absurd. Sie widerspricht nicht nur der menschlichen Lebenserfahrung, sondern auch dem Bild der Ehe als »Bund« und ihrem Verständnis als personaler Lebensgemeinschaft, von dem die Ehelehre des Zweiten Vatikanischen Konzils bestimmt ist.

Ferner zeigt sich die kirchliche Praxis im Blick auf Ehe, Scheidung und Wiederheirat als widersprüchlich, wenn man die rigide Nicht-Zulassung der in einer bürgerlichen Zweitehe lebenden Christen mit der großzügigen, nicht selten sogar von einem bedauerlichen Laxismus geprägten Zulassung zum Sakrament der Ehe vergleicht, zu dem die künftigen Eheleute oftmals ohne genügende Vorbereitung hinzutreten. Dieser merkwürdige Kontrast zwischen rechtlicher Härte und pastoraler Nachsichtigkeit ist deshalb von Bedeutung, weil er die zentrale Voraussetzung für den Ausschluss aller in einer Zweitehe lebenden getauften Christen vom Kommunionempfang infrage stellt. Woher nimmt die Kirche die Gewissheit, dass die erste Ehe in jedem Fall sakramental und daher unauflösbar ist? Wenn allein der Konsensaustausch unter den Ehepartnern die Ehe zustande kommen lässt, welche Konsequenz hat dann die im Einzelnen nur schwer zu überprüfende, im Ganzen jedoch unbestreitbare Tatsache, dass nicht wenige Paare als »getaufte Nichtgläubige« an den Altar treten, um die Assistenz der Kirche zu erbitten? Ist es nicht ein merkwürdiger Widerspruch, wenn *vor* der Ehe an den Nachweis des beiderseitigen Willens zu einer sakramental gültigen Ehe nur geringe Anforderungen gestellt werden, dieser die Unauflöslichkeit der Ehe konstituierende Ehewille *nach* ihrem Scheitern aber fraglos vorausgesetzt wird?

Die Suche nach neuen Lösungen, die den in zweiter Ehe lebenden Getauften eine volle Teilnahme am kirchlichen Leben ermöglichen sollen, muss nach Ansicht der genannten lehramtlichen Texte die unverrückbaren Grenzen respektieren, die der Kirche durch ihre Lehre von der Unauflöslichkeit der Ehe gezogen sind. Diese Lehre ist indessen keineswegs so eindeutig und klar, wie es den Anschein hat. Das Lehramt betont in diesem Zusammenhang immer wieder, es besitze selbst keine Vollmacht, sakramental gültige Ehen aufzulösen. Zur Begründung dafür führt das kirchliche Gesetzbuch an, die Einheit und Unauflöslichkeit der Ehe seien Wesenseigenschaften, die zunächst jeder Ehe von Natur aus zukommen, die in einer christlichen, zwischen zwei Getauften geschlossenen Ehe durch deren sakramentalen Charakter jedoch eine besondere Festigkeit erhielten.[5] Eine Ehe kann somit in zweifacher Weise unauflösbar sein: Erstens kommt ihr diese Eigenschaft aus ihr selbst aufgrund des besonderen Inhaltes des Eheversprechens zu, das einen unwiderruflichen Bund *(foedus irrevocabilis)* zwischen den Ehegatten begründet.[6] Sodann eignet der Ehe zwischen zwei Getauften aufgrund ihrer Sakramentalität eine besondere Art der Unauflöslichkeit, die zu der bereits aus der Natur des Ehevertrages resultierenden hinzutritt und diese in irgendeiner Weise nochmals steigert.

Die Ungereimtheit, die dem Gedanken einer abgestuften Unauflöslichkeit der Ehe anhaftet, spiegelt sich auch in den einzelnen Bestimmungen des kirchlichen Rechts über die Auflösung von Ehen wider.[7] Obwohl auch den sogenannten Naturehen zwischen zwei ungetauften oder zwischen einem getauften und einem ungetauften Partner die Wesenseigenschaft der Unauflöslichkeit zukommt, was nach Jesu Verbot der Ehescheidung in der Schöpfungsordnung und im ursprünglichen Willen Gottes begründet ist (vgl. Mk 10,2–12 par), sieht sich die kirchliche Autorität befugt, solche Ehen *in favorem fidei* (= zugunsten des Glaubens) aufzulösen. Dabei bewertet sie die ungestörte Glaubenspraxis des christlich gewordenen Partners als ein höheres Gut, das noch über dem Gut der an sich bereits unauflöslichen Ehe steht. Da der Ehevertrag nach herkömmlicher kanonistischer Ansicht den Ehegatten das Recht auf die geschlechtliche Vereinigung verleiht, sieht sich die Kirche darüber hinaus dazu berechtigt, auch die Ehen von Getauften aufzulösen, sofern diese noch nicht sexuell vollzogen wurden. Sakramental gültige Ehen, die nach der Eheschließung vollzogen wurden, können dagegen nach der Lehre der Kirche durch keine menschliche Macht, also auch nicht von der kirchlichen Autorität aufgelöst werden. Dabei geht die Kirche von der Voraussetzung aus, dass jede zwischen zwei Getauften geschlossene Ehe *eo ipso*, d. h. aus sich selbst, unabhängig von der subjektiven Disposition der Ehepartner auch sakramental und somit absolut unauflöslich ist.[8] Auch eine gültige sakramentale Ehe wird allerdings nach der Theorie vom Eheband durch den Tod eines Partners aufgelöst.

Berücksichtigt man diese nachträglichen Kautelen, die als nähere Bestimmungen der kirchlichen Lehre von der Unauflöslichkeit der Ehe gelten können, so zeigt sich diese keineswegs so konsistent und widerspruchsfrei, wie ihre Formulierung zunächst vermuten lässt. Diese Zweifel betreffen nicht nur die periphäre Ausgestaltung möglicher Auflösungsgründe, sondern auch das merkwürdige Konstrukt einer in sich abgestuften, der Ehe als solcher zukommenden und gleichwohl nochmals überbietbaren Unauflöslichkeit. »Denn Unauflöslichkeit kann man nicht steigern. Entweder ist die Unauflöslichkeit eine Wesenseigentümlichkeit der Ehe, dann kommt sie jeder Ehe zu; oder aber irgendwelche Ehen können aufgelöst werden, dann ist die Unauflöslichkeit jedenfalls nicht eine Wesenseigentümlichkeit der Ehe.«[9] Die Annahme, dass immer dann, wenn zwei Getaufte eine Ehe in gültiger Form eingehen, diese auch sakramental und infolge dessen zu Lebzeiten eines Partners unauflösbar ist, engt den Spielraum der Kirche im Umgang mit wiederverheirateten Geschiedenen stark ein. Sollten in (möglicherweise nicht wenigen) Ausnahmefällen begründete Zweifel bestehen, ob bei der ersten Eheschließung tatsächlich eine sakramentale Ehe zustande kam, könnte die Abklärung dieser Zweifel den Weg zur kirchlichen Anerkennung einer Zweitehe ebnen und die Hindernisse beseitigen, die der vollen Teilnahme wiederverheirateter Geschiedener am Leben der Kirche im Wege stehen. Die entscheidende Frage lautet dann, von welcher Art derartige Zweifel sein müssen und wie sie sich gegebenenfalls erhärten lassen.

Viele Betroffene schließen den Weg der Überprüfung ihrer ersten Ehe in einem förmlichen Ehenichtigkeitsprozess für sich persönlich allerdings aus, sei es, weil sie davon überzeugt sind, dass sie bei der ersten Eheschließung von dem Willen geleitet waren, eine unauflösliche Ehe einzugehen, sei es, dass sie sich und dem geschiedenen Partner die Unannehmlichkeiten der richterlichen Befragung ersparen möchten. Dennoch empfinden diese Menschen das Urteil der Kirche über ihre persönliche Lebenssituation und die aus diesem Urteil gezogenen Schlussfolgerungen hinsichtlich des Ausschlusses von den Sakramenten als ungerecht, da es die individuellen Umstände, die zum Scheitern ihrer ersten Ehe führten, unberücksichtigt lässt. Auch wenn dieses oft unartikulierte, aber dennoch tief sitzende Empfinden selbst nicht frei von Widersprüchen ist, da die Betroffenen den angebotenen Weg einer rechtlichen Überprüfung ihrer individuellen Lebensumstände für sich ablehnen, muss dieses Empfinden als subjektives Erleben ernst genommen werden. Eine wachsende Zahl von Gläubigen, darunter auch solche, die nicht persönlich betroffen sind, erlebt die Kirche in dem sensiblen Lebensumfeld von Sexualität, Partnerschaft und Ehe als eine kalte, unbarmherzige Institution, der die Lebensschicksale einzelner Menschen gleichgültig sind.

Von allen Vorwürfen, die der Kirche wegen ihres unbeirrbaren Festhaltens an den kirchenrechtlichen und liturgischen Bestimmungen gemacht werden, die zum Ausschluss einer bereits heute unabsehbar großen Zahl ihrer Mitglieder von den Sakramenten führen, ist dies zweifellos der härteste. Er benennt nämlich einen Widerspruch innerhalb der kirchlichen Verkündigung, der deren Glaubwürdigkeit nach dem Urteil vieler Menschen schwer belastet: Steht es nicht auch im Widerspruch zum Evangelium, das zu verkünden der Kirche aufgetragen ist, wenn sie wiederverheiratete Geschiedene von der Möglichkeit einer Vergebung und Wiederversöhnung ausschließt? Viele der betroffenen Menschen erfahren die Kirche ausgerechnet in einer durch Schuld, Scheitern und tiefe Verletzungen gekennzeichneten Lebenssituation, in der sie auf das Erbarmen Gottes in besonderem Maße angewiesen sind, als abweisend und unbarmherzig. Das wirft einen Schatten auf die Glaubwürdigkeit der kirchlichen Verkündigung, der einen zentralen Aspekt ihrer Botschaft verdunkelt. Dadurch gerät die Kirche nicht nur in einen Widerspruch zu dem intuitiven Empfinden vieler Menschen, sondern auch in ein objektives Glaubwürdigkeitsdilemma. Indem sie an dem Wort und der Weisung Jesu zur ehelichen Treue und zur Unauflöslichkeit der Ehe unbeirrbar festhält, nimmt sie in Kauf, dass sie das

Wort von der Vergebung und Umkehr, das in der Verkündigung Jesu keineswegs einen geringeren Stellenwert als die Unterweisung über die Ehe besitzt, nicht mehr mit gleicher Klarheit zur Geltung bringen kann. Sie hält an der Institution der Ehe und an der Norm ihrer Unauflöslichkeit mit unbeugsamer Entschiedenheit fest und nimmt dafür hin, dass sie in ihrer Praxis nicht mit gleicher Entschiedenheit dafür eintreten kann, was in den Augen Jesu niemals vergessen werden darf: dass auch die Institution Ehe um des Menschen willen da ist und nicht umgekehrt.

3. Vorschläge zur Änderung der bisherigen Praxis

Seit den sechziger Jahren des vergangenen Jahrhunderts haben Bischöfe, Theologen und Kirchenrechtler Vorschläge für eine Änderung der gegenwärtigen Praxis vorgelegt. Diese halten an der Unauflöslichkeit einer gültig zustande gekommenen Ehe als einer der Kirche vorgegebenen Norm fest, suchen aber zugleich, diese in Beziehung zur Lebenswirklichkeit der Menschen zu setzen, die in ihrem gemeinsamen Leben an dieser Norm gescheitert sind. Auf unterschiedlichen Wegen soll denjenigen von ihnen, die in einer zweiten Ehe leben, eine Wiederversöhnung mit der Kirche und somit auch die volle Teilnahme an ihrem sakramentalen Leben ermöglicht werden.

3.1. Zweifel an der Gültigkeit der ersten Ehe

Diese Vorschläge, die sich in der angeratenen konkreten pastoralen Vorgehensweise oftmals überschneiden, lassen sich zu mehreren Lösungsansätzen zusammenfassen. Eine Gruppe von Vorschlägen setzt bei der ersten Ehe an, deren Gültigkeit bezweifelt wird. Dies kann auf unterschiedlichen Wegen geschehen. Eine Lösung, die sich eng an die Vorgaben des Kirchenrechts hält, empfiehlt die Möglichkeiten einer regulären Annullierung der ersten Ehe besser auszuschöpfen, als dies bislang geschieht. Dabei ist die Vermutung leitend, dass viele der heute geschlossenen kirchlichen Ehen ungültig sind, weil ihnen wesentliche Voraussetzungen hinsichtlich des Ehewillens oder des bewussten Ehevollzugs (als Aktivierung von Glaube, Hoffnung und Liebe) fehlen. Dieser Ansatz rechnet damit, dass ein Großteil der bestehenden Zweitehen nach der Nichtigkeitserklärung der ersten Ehe eines Partners in eine gültige kirchliche Ehe überführt werden kann. In Grenzfällen, in denen die Ungültigkeit der ersten Ehe nicht beweisbar ist, aber mit moralischer Gewissheit feststeht, soll eine Zulassung zu den Sakramenten auch *in foro externo* (= im äußeren Rechtsbereich) möglich sein. Ein Vorteil dieses Weges liegt darin, dass er in Einklang mit den kirchenrechtlichen Vorgaben steht und insofern unstrittig ist. Allerdings ist zu bedenken, ob eine Ausweitung der Annullierungsverfahren in großem Stil angesichts der gesellschaftlichen Wahrnehmung dieser schon heute von vielen als fragwürdig empfundenen Praxis nicht ebenfalls Zweifel an der kirchlichen Lehre von der Unauflöslichkeit der Ehe wecken müsste.[1] Manche Autoren wählen das Konzept der personalen Lebenseinheit und des gegenseitigen Sich-Schenkens der Ehegatten als Ausgangspunkt, das die konziliare Lehre vom Ehebund prägt. Sie bezweifeln, dass der physische Vollzug der Ehe, der nach dem kanonistischen Vertragsmodell neben dem Konsensaustausch eine notwendige Bedingung für das Zustandekommen einer gültigen Ehe ist, ein geeignetes Kriterium ihrer Auflösbarkeit oder Nicht-Auflösbarkeit sein kann. Wenn die Ehe ihrem Wesen nach in einem gegenseitigen Sich-Übereignen der Ehepartner besteht, das nicht als einmaliger Akt, sondern nur als prozesshafter personaler Vollzug geschehen kann, darf die sexuelle Begegnung der Ehepartner nur dann als ein Indiz für den personalen Vollzug der Ehe gewertet werden, wenn sie tatsächlich der körperliche Ausdruck des liebenden Übereignetseins der Partner ist. Fehlt die Bereitschaft zu einem rückhaltlosen Sich-Schenken bei einem der Partner, so kann vom Vollzug der Ehe im Vollsinn dieses Begriffes nicht die Rede sein. Eine unerlässliche Voraussetzung für das Zustandekommen einer Ehe ist dann überhaupt nicht gegeben. Umgekehrt kann im Rahmen eines personal-dynamischen Ehekonzeptes auch mit der Möglichkeit gerechnet werden, dass der »Tod« der Ehe nicht nur durch den physischen Tod eines Partners, sondern auch dadurch eintritt, dass diese über einen längeren Zeitraum hinweg nicht mehr als personale Lebensgemeinschaft Bestand hat. Diese Lösung würde die Annahme ermöglichen, dass auch dem Eheband gegenüber keine Verpflichtung mehr besteht, da dieses ebenfalls als eine personal-geschichtliche Größe (und nicht als eine metaphysische Gegebenheit unabhängig von der konkreten Lebenswirklichkeit der Partner) zu verstehen ist, die Reifungs- und Wachstumsphasen, aber eben auch ein endgültiges, nicht mehr wieder gut zu machendes Scheitern kennt.[2]

3.2. Amtliche Zulassung zur Eucharistie auf außergerichtlichem Weg oder aufgrund einer Gewissensentscheidung der Betroffenen

Ein zweiter Lösungsansatz lässt die Frage der Gültigkeit der ersten Ehe in der Schwebe oder rechnet sogar damit, dass diese Ehe kirchenrechtlich gültig war, aber inzwischen so zerrüttet ist, dass eine Wiederaufnahme des ehelichen Lebens unmöglich ist. Diese Vorschläge gehen von der Frage aus, ob in einer Zweitehe lebende getaufte Christen, die am kirchlichen Leben teilnehmen, nicht aufgrund einer besonderen persönlichen Disposition zum Kommunionempfang hinzutreten oder unter Umständen auch amtlich dazu zugelassen werden können. Auch diese Lösungen halten an der Unauflöslichkeit der Ehe und an der Forderung ehelicher Treue fest. Zugleich suchen sie jedoch im Hinblick auf die Realität der zweiten Ehe, in der die Partner häufig über einen längeren Zeitraum hinaus die eheliche Liebe und Treue erfahren, die sie in der ersten Ehe vermissen mussten, nach Wegen der Duldung oder einer nachsichtigen Bewertung dieser konkreten Lebenswirklichkeit. Es steht in der Regel nicht mehr im Belieben der Betroffenen, die zweite Ehe aufzugeben und zu ihrem ersten Partner zurückzukehren. Wenn die zivile Zweitehe sich über einen längeren Zeitraum hinweg als personale Lebensgemeinschaft bewährt hat, sind den Partnern dadurch neue gegenseitige Verpflichtungen erwachsen, die sie nicht ohne erneute Schuld und ohne erneuten Schaden missachten dürfen; zudem können derartige moralische Verpflichtungen auch gemeinsamen Kindern gegenüber bestehen, die aus der zweiten Verbindung hervorgegangen sind. Wo diese Voraussetzungen erfüllt sind und wo die etwaige Schuld eines Partners an der Zerrüttung seiner ersten Ehe bereut und nach Kräften wieder gut gemacht wurde und wo schließlich die zweite Ehe (auch in der Erziehung der Kinder) aus dem Geist des Glaubens heraus gelebt wird, dort erscheint eine ausreichende subjektive Disposition der Betroffenen gegeben, die es ermöglicht, sie zum Kommunionempfang zuzulassen.

Die während der ersten Diskussionsphase in den 60er und 70er Jahren des 20. Jahrhunderts unterbreiteten Vorschläge dachten dabei in der Regel an eine amtliche Zulassung auf außergerichtlichem Weg. Konkret stellte man sich eine Zulassung auf das Zeugnis des Pfarrers oder von einzelnen Gemeindemitgliedern hin vor, die nicht nur dem sittlichen Anspruch der zweiten Ehe gerecht werde, sondern auch »voll auf der Linie der kirchlichen Überlieferung« liege.[3] Der zwanzig Jahre später unterbreitete Vorschlag der Bischöfe der oberrheinischen Kirchenprovinz, der eine neue Diskussionsphase in Gang setzte, wählte dagegen bewusst einen anderen Weg. Eine amtliche Zulassung wiederverheirateter Geschiedener hielten die Bischöfe für unvereinbar mit dem Wort und der Weisung Jesu. Vielmehr müssten Wort und Weisung Jesu der Suche nach einer geänderten kirchlichen Praxis als Richtschnur dienen, an die die Kirche auch angesichts gewandelter Lebensverhältnisse gebunden ist.

In ihrem eigenen Vorschlag bauen die drei oberrheinischen Bischöfe auf das Gewissensurteil der Betroffenen, dem die Kirche Vertrauen und Anerkennung entgegenbringen soll. Eine Beurteilung der verworrenen Lebenssituationen, die sich beim Scheitern der ersten Ehe, angesichts der Unmöglichkeit des Alleinlebens (vielleicht auch aufgrund von Kindern), oder nach dem Eingehen einer Zweitehe und ihrer späteren moralischen Bewährung ergeben können, ist von außen oftmals unmöglich. Da derartige Lebenssituationen von objektiven Normen nicht immer adäquat erfasst werden können, bleibt auch der Rückschluss von dem objektiven Widerspruch zum Anspruch der verletzten Norm auf das Vorliegen schwerer Schuld in vielen Fällen (z. B. wenn ein Partner schuldlos vom anderen verlassen wurde) unangemessen. Die oberrheinischen Bischöfe gehen in ihrem Vorschlag deshalb davon aus, dass es Fälle geben kann, in denen wiederverheiratete Geschiedene, auch wenn sie amtlich nicht zur Kommunion zugelassen werden können, doch aufgrund ihres eigenen Gewissensurteils erlaubterweise zu ihr hinzutreten können. Sie beschränken sich darauf, Kriterien für ein verantwortliches Gewissensurteil anzugeben und ermuntern zu einer seelsorglichen Begleitung wiederverheirateter Geschiedener, die diesen den Weg zu einer eigenen Gewissensentscheidung aufzeigen soll.[4]

Ein großer Vorteil dieser Lösung besteht darin, dass sie die Selbsteinschätzung der eigenen Lebenssituation durch die Betroffenen ernst nimmt und die unhintergehbare Kompetenz des Gewissens achtet. Zugleich bleibt den Betroffenen jedoch die Sicherheit einer amtlichen Zulassung verwehrt; zudem könnte sich auch innerhalb einer Diözese eine örtlich unterschiedliche Praxis entwickeln, die von der Großzügigkeit oder Enge des beratenden Priesters abhängt. Deshalb suchen jüngere kirchenrechtliche Vorschläge nach einer Lösung, die den Betroffenen größere Rechtssicherheit *in foro externo* gewährt. Dazu bietet es sich an, die Grundsätze der *aequitas canonica* (= rechtliche Billigkeit) und der *salus animarum* (= Heil der Seelen, Wohl der Personen) als oberste Richtschnur allen kirchlichen Handelns zu berücksichtigen. Diese kanonistischen Meta-Regeln entsprechen in der lateinischen Tradition dem Ökonomie-Prinzip der Ostkirche, nach dem diese die Norm von der Unauflöslichkeit der Ehe im Geiste der Milde und Nachsicht auf die in einer Zweitehe lebenden Getauften anwendet, um ihnen einen Weg zur Buße und Wiederversöhnung mit der Kirche zu eröffnen. Eine stärkere Berücksichtigung der *aequitas canonica* als einem flexibleren Instrument, um den Anspruch einer allgemeinen Norm mit der konkreten Lebenssituation Betroffener zu vermitteln, könnte im Einzelfall dazu führen, dass die Sanktion des Ausschlusses von der Eucharistie vom Sakramentenspender nicht angewendet wird.[5] Dies hätte für die Betroffenen den Vorteil, dass sie nicht nur aus eigenem Entschluss hinzutreten, sondern sich auch wirklich zugelassen fühlen dürfen, da die Kirche in der Gestalt des sie repräsentierenden Priesters auf die Anwendung der entgegenstehenden Norm verzichtet. Auch auf diese Weise ließe sich allerdings nicht vermeiden, dass einzelne Gläubige von Ort zu Ort verschiedene Bedingungen antreffen, je nach dem, wie weit der zuständige Priester seinen rechtlichen Spielraum ausschöpft.

3.3. Die zweite Eheschließung nach dem Vorbild der orthodoxen Kirche

Ein dritter Lösungstypus, der vor vielen Jahren bereits von dem Moraltheologen *Bernhard Häring* unterbreitet und seitdem mit gewissen Abwandlungen von vielen aufgegriffen wurde, geht über die Zulassung zu den Sakramenten der Eucharistie, der Buße und der Krankensalbung hinaus. Dieser Ansatz fragt danach, welche Möglichkeiten einer theologischen Aufwertung der Zweitehe in der lateinischen Kirche bestehen. Zu diesem Zweck könnte zunächst die kirchliche Duldung einer Zweit- oder sogar Drittehe nach dem Modell der orthodoxen Kirche in Betracht gezogen werden.[6] Diese stellt die spätere Ehe nicht der ersten gleich, die auch nach orthodoxer Anschauung unauflösbar ist, sondern sie bringt dem schwachen, sündigen Menschen gegenüber das Prinzip der Ökonomie zur Geltung. Darunter ist das nachsichtige Erbarmen Gottes zu verstehen, durch das dieser den Sünder wieder aufrichtet, der in seiner ersten Ehe an dem Anspruch der Unauflöslichkeit und Treue gescheitert ist.

Der Sinn und das Ziel der Ökonomie, die nach orthodoxer Vorstellung die strenge Anwendung der Regel gemäß der Akribie ergänzen kann, wenn dadurch das Heil der an ihr gescheiterten Gläubigen gefährdet wäre, kommt in einem Zitat von Patriarch *Nikolaus Mystikos von Konstantinopel* (901–925) auf klassische Weise zum Ausdruck: »Die Ökonomie ist heilschaffende Herablassung, die den Menschen, der gesündigt hat, rettet, indem sie eine haltende Hand ausstreckt, um die Gestrauchelten aufzurichten; Ökonomie ist eine Nachahmung der Liebe Gottes zu den Menschen.«[7] Auch gemäß der orthodoxen Tradition steht die Zweitehe im Widerspruch zur Unauflöslichkeit der Ehe. Die zweite (oder dritte) Verbindung kann jedoch als ein »soteriologischer Weg für den Sünder« toleriert werden, den die Kirche nicht fallen lassen darf.[8] Die Ostkirche versteht die Unauflöslichkeit der Ehe daher nicht als eine starre rechtliche Norm, sondern als eine vom Geist Gottes gewirkte Gnadengabe, die bei der feierlichen Krönung des Brautpaares durch den Priester auf dieses herabgerufen wird.

Im Falle des späteren Scheiterns der Ehe geht die östliche Theologie davon aus, dass die Gnade der Ehe – diese gilt wie im Westen als ein Mysterium oder Sakrament – aus mangelnder Disposition, aus persönlichem Unvermögen oder auch aus sündhaftem, freien Entschluss eines Partners zurückgewiesen und daher nicht wirksam wurde. Anders als die augustinische Theorie vom Eheband nimmt die orthodoxe Kirche an, dass viele Ehen trotz der kirchlichen Trauung aufgrund der durch menschliche Hindernisse bedingten Unwirksamkeit der göttlichen Gnade zerstörbar sind. Dementsprechend versteht sich die orthodoxe Kirche nicht als eine richterliche Instanz, die ermächtigt ist, Ehen aufzulösen oder für nichtig zu erklären. Vielmehr will sie kraft ihrer Binde- und Lösegewalt nur das »lösen«, was die Sünde bereits zerstört hat.[9]

Die Duldung der Zweitehe trägt daher therapeutischen Charakter. Da sie dem sündhaften Menschen nach dem Scheitern der ersten Ehe zum Weiterleben unter den Bedingungen seiner Schwachheit verhelfen soll, unterscheidet sich die liturgische Begleitung der Zweitehe nach orthodoxer Vorschrift erheblich von der feierlichen Krönung des Brautpaares bei der ersten, eigentlichen Ehe. Diese liturgische Zeremonie steht ganz im Zeichen der Buße und des fürbittenden Gebets der Kirche, das die Umkehr des Sünders unterstützen soll.[10] Die neuen Ehen, die nach dem Grundsatz der Ökonomie nach dem Tod eines Gatten oder nach der Scheidung der ersten Ehe nach einem besonderen kirchlichen Trauritus mit Bußcharakter geschlossen werden, gelten auch nicht als sakramentale Ehen. Sie sind vielmehr wenigstens in der Theorie deutlich herabgestuft, um die Glaubensaussage von der Unauflöslichkeit der Ehe nicht zu gefährden.

Könnte der Weg der orthodoxen Kirche nicht auch für die lateinische infrage kommen, um einen Ausgleich zwischen den Normen des kirchlichen Eherechts und der oftmals schmerzlichen Realität des Scheiterns einer Ehe zu finden? Immerhin hat die katholische Kirche des Westens die östliche Praxis niemals verurteilt. Sie lässt diese vielmehr als Teil eines anderen »Ritus« gelten, der beim Wiedererlangen einer möglichen kirchlichen Einheit mit den orthodoxen Kirchen weiterbestehen kann.[11] Auch anerkennt die katholische Kirche die orthodoxe Form der Eheschließung für ihre eigenen Gläubigen als gültig an, wenn diese einen orthodoxen Christen heiraten wollen.[12] Wir werden auf diese Sonderregelungen zurückkommen, wenn die Behauptung, die Kirche könne von der auch ihr vorgegebenen Norm des Evangeliums nicht abrücken, im Licht des gesamten Überlieferungszeugnisses zu überprüfen ist.

Bei näherer Betrachtung zeigen sich jedoch auch gewichtige theologische, kirchenrechtliche und pastorale Bedenken, die gegen eine Übernahme der orthodoxen Praxis durch die Westkirche sprechen. Die Qualifikation der Zweitehe als bloßes Zugeständnis an die sündhafte Schwäche der Partner erscheint um des glaubwürdigen Festhaltens an der Unauflöslichkeit einer sakramental gültigen Ehe wegen unabdingbar. Dennoch entspricht diese Art von Duldung nicht den Erwartungen derjenigen geschiedenen Wiederverheirateten, die ihre zweite Ehe als »richtige« Ehe erleben, während die erste oft schon nach kurzer Dauer in die Brüche ging oder von einem der

Partner niemals als solche verstanden wurde. Einer ungeprüften Übernahme der östlichen Praxis durch die westliche Kirche stehen zudem erhebliche dogmatische Differenzen in der Lehre vom Ehesakrament entgegen. Diese betreffen zwar nicht die Unauflöslichkeit der Ehe als solche, wohl aber die Bedeutung des Konsensaustausches und die Rolle, die der Mitwirkung des Priesters bei der Eheschließung zukommt.

Während nach katholischem Verständnis der Konsensaustausch der Brautleute die Ehe begründet, ist dieser nach orthodoxer Auffassung nur eine Voraussetzung für die Eheschließung, die selbst ohne eine aktive Mitwirkung des Brautpaares zustande kommt. Dieses verhält sich vielmehr während des zentralen Bestandteils der orthodoxen Trauliturgie, der sogenannten Krönung des Brautpaares durch den Priester, völlig passiv. Das Sakrament der Ehe kommt dementsprechend nicht durch eine bindende Selbstverpflichtung der Ehegatten zustande, die diese im Vertrauen auf die verlässliche Treue Gottes eingehen. Vielmehr wird die Verbindung zwischen Mann und Frau durch das liturgische Handeln der Kirche zum Mysterium der Ehe erhoben. Das Ehesakrament spenden sich daher nicht die Eheleute selbst, wie in der lateinischen Tradition, sondern Spender ist der Priester, der das Wirken des Geistes und die göttliche Gnade auf das Brautpaar herabruft.[13]

Eine Eigentümlichkeit dieser radikal theozentrischen Form der Eheschließung, bei der die Brautleute selbst nur als Empfangende, nicht aber als aktiv Handelnde in Erscheinung treten, erscheint in einem Punkt sogar rigoroser als die lateinische Praxis. Während nach katholischer Auffassung der Tod eines Partners die Ehe auflöst, so dass der Zurückbleibende eine neue gültige Ehe eingehen kann, weil seine Verpflichtungen gegenüber dem verstorbenen Partner nicht mehr bestehen, überdauert die Ehe nach orthodoxem Verständnis auch den Tod eines Partners, da sie nicht durch die Selbstbindung der Brautleute, sondern durch den unwiderruflichen Segen Gottes und das dabei verliehene göttliche Charisma gestiftet wurde.

Stärkere Zweifel an der Übertragbarkeit des ostkirchlichen Modells als sie in diesen theologischen Differenzen zum Ausdruck kommen, begründet die Handhabung der liturgischen Regeln in der gegenwärtigen Praxis der meisten autokephalen orthodoxen Kirchen. Diese läuft in zahlreichen Fällen entgegen aller Beteuerungen ortho-

doxer Theologen darauf hinaus, dass die Lehre von der Unauflöslichkeit der Ehe nicht mehr überzeugend vertreten werden kann.
Durch die automatische Übernahme der staatlichen Scheidungs-
urteile, zu denen die orthodoxen Kirchen in den meisten Ländern
gezwungen sind und durch eine äußerst großzügige Anerkennung
vielfältiger Eheaufhebungsgründe wird der Grundsatz der Ökonomie seines eigentlichen Sinnes beraubt und vielerorts ins Gegenteil
verkehrt. Er wirkt dann wie ein theologischer Zauberschlüssel, der
das an sich Unmögliche am Ende doch ermöglicht, ohne dass der
Charakter einer pastoralen Notlösung noch hinreichend deutlich
wird, die von der Kirche nur aus Rücksicht auf die Schwäche der
Menschen toleriert ist. Zu einem weitgehenden Verschwinden des
Unterschiedes zwischen Normanspruch und Wirklichkeit trägt
nicht zuletzt eine liturgische Praxis bei, in der die zweite Hochzeit
vorschriftswidrig oft ebenso feierlich als Krönung des Brautpaares
begangen wird wie die erste.[14]

Auch wenn eine direkte Übernahme des ostkirchlichen Eheverständnisses für die katholische Kirche angesichts der gegenwärtigen
Infragestellung der Ehe in den modernen Industriegesellschaften
nicht ratsam erscheint, finden sich in der kirchlichen Tradition des
Westens genügend eigene Anknüpfungspunkte für eine vorsichtige
Neubewertung von Zweitehen. Die kanonistischen Überlegungen,
wie die Kirche nach dem endgültigen Scheitern einer Ehe die Partner aus deren Bindungswirkungen entlassen kann, um ihnen eine
Möglichkeit zur kirchlichen Wiederheirat zu gewähren, richten sich
auf zwei Rechtsfiguren: auf das Prinzip der kanonischen Billigkeit
und auf die Möglichkeit der Dispenserteilung. Der erstgenannte
Grundsatz entspricht der nachsichtigen Barmherzigkeits-Regelung
der Ostkirche; ihm zufolge könnte ein kirchliches Ehegericht feststellen, dass die Ehe als personale Lebensgemeinschaft der Ehegatten
endgültig zerbrochen ist und daher ihre gegenseitigen Verpflichtungen – in kanonistischer Terminologie: die sich aus dem Eheband
ergebenden Rechtsfolgen – nicht mehr bestehen. Der zweite Vorschlag führt zum selben Ergebnis. Die Befreiung von den rechtlichen
Wirkungen der Ehe soll auf dem Weg der Dispenserteilung durch
die zuständige kirchliche Autorität gewährt werden. Eine solche um
des geistlichen Wohls der Ehegatten willen mögliche Ausnahmeregelung setzt ebenfalls voraus, dass die Ehe unwiederbringlich zerstört

ist und keine Aussicht besteht, dass die Partner jemals wieder zueinander finden. Dabei soll nicht die Ehe selbst aufgelöst werden, was im Fall einer sakramentalen Ehe unmöglich ist, sondern es wird nur von ihren rechtlichen Wirkungen Dispens erteilt und die Zulassung zu einer zweiten Eheschließung als Ausnahmeregelung ausgesprochen.[15]

Nach diesen Vorschlägen könnte die Kirche für den unschuldigen Teil oder nach einer entsprechenden Zeit der Buße für beide eine neue Eheschließung gestatten, die jedoch erkennbar schlichter als die erste Eheschließung gefeiert werden sollte, wobei einzelne Elemente aus dem Bußritus der orthodoxen Kirche zumindest teilweise übernommen werden könnten.[16] Auch dieser Lösungstypus ist mit kritischen Gegenfragen zu konfrontieren: Unterschätzt er nicht den öffentlichen Symbolgehalt einer zweiten kirchlichen Trauungszeremonie? Wird diese nicht dazu tendieren, sich der liturgischen Vollform einer sakramentalen Eheschließung anzugleichen? Stellen die von vielen als hart und anstößig empfundenen Bußgebete der orthodoxen Liturgie geeignete Gebetsformen für die Ausgestaltung einer zweiten kirchlichen Trauung dar, zumal dann, wenn ihnen kein persönliches Schuldempfinden entspricht? Auch sind Zweifel daran erlaubt, wie glaubwürdig eine kirchenrechtliche Konstruktion sein wird, die an der inneren Unauflöslichkeit der Ehe festhalten möchte, aber zugleich für die Kirche die Vollmacht reklamiert, diese Ehe formell für »tot« zu erklären und Dispens von ihren Rechtsfolgen zu erteilen.

4. Ehe und Ehescheidung im Zeugnis der Bibel

Wie weit der Spielraum der Kirche zu einer Änderung ihrer bisherigen Praxis tatsächlich reicht, lässt sich nur im Blick auf das Zeugnis von Schrift und Tradition sowie durch systematische Überlegungen zum Verhältnis von Kirche und Eucharistie, zum Charakter der Ehe als »Bund«, zu ihrer Unauflöslichkeit und zu den möglichen Gründen ihres Scheiterns ersehen. Die folgenden Reflexionen wollen diesen Spielraum im Rückgriff auf die jüngere exegetische, theologiegeschichtliche und sakramententheologische Diskussion ausloten, bevor die aufgezeigten Lösungsvorschläge aus theologisch-ethischer Sicht bewertet werden.

4.1. Das Verbot der Ehescheidung in der Verkündigung Jesu

Jesus hat nicht nur in Worten gelehrt und gepredigt, sondern er hat seine Botschaft auch durch Taten bekräftigt. Den zentralen Inhalt seiner Verkündigung, den Anbruch des Reiches Gottes hat er in Zeichenhandlungen sichtbar gemacht, indem er Kranke heilte, Dämonen austrieb und mit Menschen Tischgemeinschaft suchte, die in der damaligen Gesellschaft am Rand standen. Auf diese Weise wollte er den Anspruch unterstreichen, dass in seinem öffentlichen Auftreten das Reich Gottes für die Menschen erfahrbar werden sollte, an die er sich mit seiner Botschaft wandte. In seinen Streitgesprächen mit den Repräsentanten einzelner Schulrichtungen der jüdischen Religion behandelte Jesus auch moralische Probleme, auf die ihn seine Gegner ansprachen, um ihn aufs Glatteis zu führen.

Weil Jesus in seinen Lehrgesprächen nicht das Gesetz, sondern die Menschen in den Mittelpunkt stellte, die mit ihm in Konflikt gerieten, wollten seine Gegner ihn zwingen, das Gesetz des Mose offen zu verwerfen. Da dieses Gesetz im Judentum als die oberste Richtschnur galt, um den Willen Gottes in jeder Frage der persönlichen Lebensführung zu erkennen, hätten die Pharisäer Jesus dadurch der Gotteslästerung, des schlimmsten todeswürdigen Verbrechens im Judentum, überführt. In seinen Antworten an die Pharisäer, die ihm eine Falle stellen wollten, ließ er sich auf den Streit über den genauen Wortlaut des Gesetzes überhaupt nicht ein. Vielmehr fragte Jesus nach dem eigentlichen Sinn des Gesetzes, indem er auf das Zentrum seiner Verkündigung verwies:»Die Zeit ist erfüllt, das Reich Gottes ist nahe. Kehrt um, und glaubt an das Evangelium!« (Mk 1,15)

Um zu erkennen, wie Jesus über die moralischen Probleme dachte, mit denen er konfrontiert wurde, müssen diese von der Mitte des Evangeliums aus betrachtet werden. Wie verändern sich moralische Konflikte, wenn wir sie im Licht seiner Botschaft vom Anbruch des Reiches Gottes betrachten? Da das griechische Wort *basileia tou theou*, das in der Regel mit »Reich Gottes« übersetzt wird, im Deutschen auch durch den Begriff der Gottesherrschaft wiedergegeben werden kann, lässt sich die entscheidende Frage auch so formulieren: Welche Lösung verlangen moralische Konflikte zwischen den Menschen, wenn unter ihnen Gottes Herrschaft anerkannt wird, und sie an seine Liebe als die alles bestimmende Macht in ihrem Leben glauben?

Das biblische Zeugnis zur Gesamtproblematik von Ehe, Ehescheidung und Wiederheirat lässt sich deshalb nicht von einem einzigen Jesuswort her gewinnen, auch wenn dessen Authentizität eindeutig gesichert ist.[1] Vielmehr ist der Vielfalt neutestamentlicher Antworten Rechnung zu tragen und die unter ihnen zu beobachtende Spannung ernst zu nehmen. Tatsächlich gibt es nicht nur innerhalb der verschiedenen neutestamentlichen Überlieferungen (Lk/Mk, Mt und Paulus), sondern auch in der Verkündigung Jesu selbst mehrere Aussagelinien, deren Stoßrichtung nicht einheitlich ist. Berücksichtigt man die Vielfalt biblischer Ausdrucksweisen und ihre unterschiedlichen Sprachintentionen, so zeigt sich – in starker Konzentration, aber nicht in unzulässiger Vereinfachung – folgendes Bild: Sowohl die Verkündigung Jesu als auch die Adaption seiner Weisung zu Ehe und Ehescheidung in den synoptischen Evangelien und bei Paulus sind von einer ausgesprochenen Hochschätzung der Ehe und einer eindeutigen Bekräftigung der Forderung nach unbedingter ehelicher Treue geprägt. Diese Sicht entspricht dem gesamten biblischen Zeugnis über die Ehe, das in zahlreichen Redeformen und Bildern zum Ausdruck kommt. Gleichwohl wird ihr in der bedingungslosen Vergebungszusage für die Sünder und in Jesu bevorzugter Zuwendung zu ihnen ein Kontrastmotiv zur Seite gestellt, das bereits im Neuen Testament selbst zu Ausnahmeregelungen führt.

Schon im Alten Bund beschreiben die Propheten das Verhältnis zwischen Jahwe und Israel durch die Metaphern von Ehe und Vermählung (vgl. Hos 2,18–23; Jer 2,2; 3,7–8; Ez 16,8; Jes 50,1; 54,5; 62,5). Dieselbe Ehe-Metaphorik steht auch hinter der Bezeichnung Israels als »Braut« Jahwes (vgl. Jer 2,2.32; Ez 16,8), die auch in negativer Bedeutung für den Glaubensabfall und die Untreue des Bundesvolkes stehen kann (vgl. Joël 1,8; Jer 7,34; 16,9; 25,10). Ebenso wird die Metapher der »Ehescheidung« verwandt, um das zerstörte Verhältnis zwischen Jahwe und Israel zu bezeichnen (vgl. Jes 50,1 und Jer 3,8). Diese biblische Ehe- und Brautsymbolik greifen die neutestamentlichen Schriftsteller auf, indem sie das Verhältnis von Jahwe zu Israel auf den Bund Christi mit seiner Kirche übertragen (vgl. 2 Kor 11,2; Eph 5,25.31 f.; Offb 19,7; 21,2; 22,17). Die hohe Wertschätzung der Ehe, die aus dieser Kontinuität zwischen beiden Teilen der Bibel spricht, wird freilich in unterschiedlicher Sinnrichtung ausgesagt. Während die Propheten das anthropologische Bild der Ehe heranziehen, um das Verhältnis zwischen Jahwe und Israel zu beschreiben, beziehen die entsprechenden neutestamentlichen Stellen die theologische Symbolik (Christus-Kirche) auf die menschliche Wirklichkeit der Ehe, um deren Verheißungscharakter und die unbedingte Zusage göttlicher Treue zu unterstreichen, die sich in der ebenso unbedingten Entschiedenheit der Ehepartner füreinander widerspiegeln soll.

In der Verkündigung Jesu wird die allgemeine biblische Hochschätzung der Ehe durch sein Verbot der Ehescheidung bekräftigt, das gegenüber der jüdischen Scheidungspraxis seiner Zeit als eindeutige Verschärfung zu bewerten ist, da Jesus das Zugeständnis zurücknimmt, das Mose um der Herzenshärte der Menschen willen (vgl. Mk 10,5 par) machte. Jesus greift hinter die gesetzliche Auslegung der Halacha, die dem Mann die Entlassung seiner Frau durch das Ausstellen einer Scheidungsurkunde gestattete, auf den ursprünglichen Willen Gottes zurück: »Am Anfang der Schöpfung aber hat Gott sie als Mann und Frau geschaffen. Darum wird der Mann Vater und Mutter verlassen, und die zwei werden ein Fleisch sein. Sie sind also nicht mehr zwei, sondern eins. Was aber Gott verbunden hat, das darf der Mensch nicht trennen.« (Mk 10,6–9) Während dieses Logion als ein Weisheitsspruch oder als ein prophetisches Mahnwort gelten kann, das den Willen Gottes ohne Rücksicht auf die menschliche Schwachheit verkündet, ist die von den Synoptikern mit unterschiedlichen Akzentsetzungen überlieferte anschließende Jüngerbelehrung in der Form kasuistischer Rechtsbestimmungen gehalten. Darin greift Jesus eine Form jüdischer Rechtssätze auf, die einen konkreten Anwendungsfall des Gesetzes beschreibt, um nach dem Muster »wenn ... dann« eine genau bezeichnete Rechtsfolge daran zu knüpfen. Einige Exegeten leiten daraus die Schlussfolgerung ab, dass das von Jesus ausgesprochene Scheidungsverbot in den frühen christlichen Gemeinden nicht nur als paränetische Aufforderung, als prophetische Mahnrede oder als ethisches Zielgebot, sondern als Rechtssatz verstanden wurde, aus der eindeutige Konsequenzen gezogen werden müssen.

Auch wenn die Worte Jesu oftmals einen konkreten »Sitz im Leben« haben, erheben sie sich »über das Singuläre und Situationsgebundene und werden zu grundsätzlichen, richtungweisenden Worten«.[2] Daher kann das Scheidungsverbot Jesu, so wie es in den urchristlichen Gemeinden verstanden wurde, als »potentielles Recht für das eschatologische Israel im Anbruch des Gottesreichs« charakterisiert werden.[3] Ein wichtiger Unterschied innerhalb des Zeugnisses der synoptischen Evangelien zeigt sich insofern, als Markus (wie auch Paulus) das Wort Jesu von der Ehescheidung nicht in seiner judenchristlichen Form als nur an den Mann gewandt überliefert, sondern vor dem Hintergrund griechisch-römischer Rechtsvorstellungen, die auch Frauen ein Recht zur Scheidung zusprachen, auf diese ausweitet. Die Tendenz zur Gleichstellung von Frau und Mann in der Ehe ist ein gegenüber dem zeitgenössischen Judentum charakteristischer Zug der Eheunterweisung Jesu. Das Verbot der Ehescheidung und die Forderung nach entschiedener ehelicher Treue richten sich unterschiedslos an beide, ohne dass der Mann irgendwelche einseitigen Privilegien in Anspruch nehmen dürfte.

4.2. Das Zugeständnis der Ehescheidung
nach dem Ehebruch der Frau bei Matthäus

Neben der prinzipiellen Betonung des Scheidungsverbotes lässt sich bereits innerhalb des Neuen Testamentes aber auch eine Seitenlinie beobachten, die in unterschiedlicher Weise die konkrete Handhabung dieses Verbots durch die Gemeinden sichtbar macht. Bereits in Mk 10,11 liegt in gewissem Sinn eine Einschränkung des Verbots, sich vom Ehepartner zu trennen vor, die durch den Zusatz »und eine andere heiratet« erfolgt. Nicht schon die Entlassung der Ehefrau oder des Ehemannes, sondern erst die erneute Eheschließung mit einem anderen Partner soll als ein rechtswirksames Zuwiderhandeln gegen das Verbot Jesu gewertet werden. Ebenso nimmt Matthäus durch die nur im Blick auf jüdische Vorstellungen erklärbare Unzuchtsklausel von Mt 5,32 (»Wer seine Frau entlässt, obwohl kein Fall von Unzucht vorliegt ...«) eine Adaption der Weisung Jesu auf eine konkrete Gemeindesituation vor. Auch die meisten katholischen Exegeten verstehen diese Klausel heute als Zugeständnis einer echten Ausnahme, die Matthäus mit Rücksicht auf die Gemeindemitglieder macht, deren Ehe ohne eigenes Verschulden zerbrochen ist.

Die früher von katholischen Autoren bevorzugte Deutung, nach der sich der Begriff *porneia* (= Unzucht) an dieser Stelle auf illegitime Verwandtenehen oder auf die Ehen von Proselyten bezieht,[4] die eine Schande darstellen und deshalb wieder aufgelöst werden müssen, wird in der gegenwärtigen Exegese kaum noch vertreten. Wenn die Formel »außer im Fall von Unzucht« eine wirkliche Ausnahme meint, die Matthäus in Abwandlung des strikten Verbots jeglicher Ehescheidung durch Jesus konzediert, stellt sich die Frage, wem diese Ausnahme gilt und worin das darin vorgesehene Zugeständnis besteht. Zunächst belegt Mt 5,32 freilich, dass auch in der Gemeinde des Matthäus das Scheidungsverbot Jesu als gültige Ordnung für das Leben in der Ehe angesehen wurde; erst unter dieser Voraussetzung kann Matthäus eine als Ausnahme gedachte Sonderregelung treffen. Diese zielt jedoch nicht auf eine liberalere Praxis, die allgemein Scheidung und Wiederheirat erleichtern soll, sondern sie stellt lediglich eine Konzession an den Mann dar, dessen Frau Ehebruch begeht.

Vor dem judenchristlichen Hintergrund des Matthäus-Evangeliums richtet sich Mt 5,32 (anders als Mk 10,11 f.) nur an den Mann: Ihm wird die Trennung von seiner ehebrecherischen Frau als Ausnahme vom Scheidungsverbot Jesu zugestanden, ja er soll die Verbindung mit ihr sogar auflösen, da er sich durch das weitere Zusammenleben mit ihr selbst beflecken und ebenfalls Schande auf sich ziehen würde. Das Zusammenleben mit einer Ehefrau, die (einmalig oder fortgesetzt) Kontakte zu einem fremden Mann unterhält, gilt in Israel als ein »Gräuel vor Jahwe« (vgl. Dtn 24,4; Lev 21,7.13 f.; Ez 44,22); nach Auffassung mancher Exegeten erhalten die matthäischen Unzuchtsklauseln erst von diesem archaischen Sexualtabu her ihren präzisen Sinn.[5] Von der sprachlichen Formulierung her bleibt zwar offen, ob der Mann eine ehebrecherische Frau entlassen *muss* oder nur *kann*, jedoch ist die erste Annahme im sozialen und kulturellen Milieu des Matthäus-Evangeliums wahrscheinlicher.

Dies führt zu der zweiten Frage: Ist der Mann, der sich von seiner ehebrecherischen Frau trennen soll, danach wieder frei, eine neue Ehe einzugehen? Diese großzügige Auslegung liegt aus heutiger Sicht nahe, ist aber für Matthäus keineswegs vorauszusetzen. Wichtige Gründe sprechen vielmehr für die Annahme, dass auch dem betrogenen Mann nur die Entlassung seiner Ehefrau, nicht aber eine zweite Ehe mit einer anderen zugestanden wird. Zwar ist von der jüdischen Scheidungspraxis her in der Regel die Wiederheirat mit der Auflösung der ersten Ehe verbunden, doch wird diese gesellschaftliche Gepflogenheit seiner Zeit durch die Weisung Jesu, an der eigenen Ehe unbedingt festzuhalten und so den Willen des Schöpfers zu erfüllen, radikal in Frage gestellt. Trotz seiner grundsätzlichen Treue gegenüber der Weisung Jesu gesteht Matthäus dem Mann eine eingeschränkte Ausnahme zu, indem er ihm die Scheidung, nicht aber eine anschließende Wiederheirat erlaubt. Von einer zweiten Ehe ist in Mt 5,32 *expressis verbis* überhaupt nicht die Rede, doch lässt die Parallelstelle Mt 19,9 (vor allem in der Fortsetzung von Vers 10: »Da sagten die Jünger zu ihm: Wenn das die Stellung des Mannes in der Ehe ist, dann ist es nicht gut zu heiraten«) kaum einen anderen Schluss zu, als dass die Erlaubtheit einer zweiten Heirat generell bestritten wird.[6] Dennoch halten einige Exegeten im judenchristlichen Milieu des Matthäus die Annahme für plausibel, dass dem Mann, der seine ehebrecherische Frau entlassen musste, die Wiederheirat nicht verweigert wurde. Die judenchristliche Gemeinde des Matthäus wäre mit dieser Ausnahmeregelung dann der Einsicht gefolgt, dass die vom Gesetz gebotene Entlassung der Frau nach deren Ehebruch anders bewertet werden muss als die willkürliche Entlassung der Frau, die Jesus als Ehebruch des Mannes verurteilt, obwohl sie von der jüdischen Scheidungspraxis her möglich war.[7]

Was ergibt sich aus der Sonderregelung des Matthäus für die Situation wiederverheirateter Geschiedener heute? Unmittelbare Bestimmungen lassen sich aus ihr für die gegenwärtige Pastoral nicht ableiten, da Matthäus nur eine auf den Mann bezogene Ausnahme vom Scheidungsverbot Jesu formuliert. Will man aber Frau und Mann in dieser Beziehung gleichstellen, was aus heutiger Sicht eine unabdingbare Konsequenz aus der Botschaft Jesu ist, so führt Mt 5,32 zu der Forderung, weder einen geschiedenen Mann noch eine geschiedene Frau zu heiraten. Die Form der Scheidung, die Matthäus einseitig dem Mann zubilligt, unterscheidet sich von der jüdischen vor allem dadurch, dass sie keine zweite Ehe ermöglicht. Mehr als die Trennung von seiner ehebrecherischen Frau wird nach Ansicht vieler Exegeten auch dem Mann nicht zugestanden. Im Grunde nimmt diese Konzession den späteren Gedanken einer Trennung von Tisch und Bett oder der Entlassung der Frau aus der gemeinsamen Wohnung vorweg. Im Blick auf dieses schroffe Nein zur Möglichkeit einer erneuten Heirat, das vor allem für die entlassenen Frauen eine große soziale Härte bedeutete, schreibt der evangelische Exeget *Ulrich Luz:* »Darum steht keine kirchenrechtliche Lösung der matthäischen so nahe wie die katholische.«[8]

Ist der Kirche somit eine Abkehr von ihrer bisherigen Praxis gegenüber wiederverheirateten Geschiedenen grundsätzlich verwehrt? Eine derart weitreichende Schlussfolgerung ist durch Mt 5,32 und Mt 19,9 keineswegs gedeckt. Vielmehr ist nach der Bedeutung der Tatsache zu fragen, dass Matthäus sich überhaupt zu einer Ausnahmeregelung befugt sieht, die das strenge Scheidungsverbot Jesu im Blick auf bestimmte Lebenssituationen abmildert. Wenn Matthäus unter der Inspiration des Heiligen Geistes ein ihm vorliegendes Jesuswort im Blick auf die konkreten Lebensprobleme seiner Gemeinde so einschneidend verändern kann, warum soll dies der vom Geist geführten Kirche einer späteren Zeit nicht in ähnlicher Weise möglich sein?[9] Wer diese Frage stellt, hält damit noch lange keinen Freibrief in Händen, der eine willkürliche Ausweitung der matthäischen Unzuchtsklausel auf weitere Ausnahmeregelungen rechtfertigen könnte. Er kann sich bei der Suche nach möglichen Auswegen, die angesichts der Not wiederverheirateter Geschiedener Abhilfe schaffen können, jedoch auf das Vorbild der urchristlichen Gemeinden berufen, die nach dem übereinstimmenden Zeugnis des Matthäus-Evangeliums und des Apostels Paulus vor ähnlichen Herausforderungen standen. Wenn diese sich in der zweiten oder dritten Generation nach dem Auftreten Jesu von Nazareth dazu befugt sahen, in bestimmten Fällen Sonderregelungen zu erproben, die zwischen der Forderung Jesu und konkreten Lebenssituationen im Alltag des Gemeindelebens vermitteln sollten, dann können analoge Bemühungen der gegenwärtigen Kirche nicht grundsätzlich zurückgewiesen und als Verrat am Evangelium diskreditiert werden.

4.3. Die Auflösung von Ehen mit Ungläubigen und die Erlaubnis der Wiederheirat bei Paulus

Auch im Bereich der heidenchristlichen Gemeinden, an die Paulus schreibt, kommt es zur Adaption der Weisung Jesu auf die in diesem Adressatenkreis des Evangeliums vorliegenden Besonderheiten. Keineswegs gibt Paulus in 1 Kor 7,10–16 eine allgemeine Dispens von dem Herrenwort, auf das er sich zu Anfang dieser Perikope beruft: »Den Verheirateten gebiete nicht ich, sondern der Herr: Die Frau soll sich vom Mann nicht trennen … und der Mann darf die Frau nicht verstoßen.« Dennoch gestattet er ungeachtet der soeben eingeschärften Geltung des Herrenwortes in bestimmten Fällen die Scheidung einer gültigen Ehe. Dabei berücksichtigt Paulus allerdings, auf wessen Initiative die Scheidung zurückgeht. Das Gebot Jesu, was Gott verbunden hat, solle der Mensch nicht trennen, besagt nach *Norbert Baumert* für Paulus »nur, dass niemand eine Scheidung *betreiben* darf; wenn es eine/r dennoch tut, bleibt die/der unschuldig Geschiedene frei für eine weitere Ehe«.[10] Ebenso gesteht Paulus dem gläubigen Partner die Scheidung einer Ehe mit dem ungläubigen zu, der sich von ihm trennen will. In einem solchen Fall ist der gläubige nicht wie ein Sklave gebunden, sondern zu einem »Leben in Frieden … berufen« (vgl. 1 Kor 7,15).

Paulus deutet das Wort Jesu von der Ehescheidung im Kontext der biblischen Botschaft vom Frieden unter den Menschen und der Streitentschärfung durch Versöhnung und Konfliktbeilegung (vgl. Mk 11,25; Mt 5,23–26). Dies führt ihn im Blick auf die extremen Belastungen, die in der Ehe zwischen Getauften und Nicht-Getauften auftreten können, zu der Einsicht: Es entspricht nicht Gottes Willen, dass ein getaufter Christ sein Zusammenleben mit einem ungläubigen Partner im fortwährenden Streit erdulden muss. Zwar soll er von sich aus in der Hoffnung an der Ehe festhalten, den ungläubigen Partner zu heiligen; doch wo diese Aussicht nach menschlichem Ermessen nicht mehr besteht, darf der gläubige Teil in das Scheidungsbegehren des ungläubigen einwilligen. Wie Markus und Matthäus anerkennt somit auch Paulus, dass es Ausnahmefälle geben kann, in denen das Wort Jesu zur Ehescheidung nicht verpflichtet. Unklar ist allerdings, ob Paulus in solchen Fällen auch die Möglichkeit einer Wiederheirat konzediert oder nicht. Die spätere kirchenrechtliche Praxis, die Ehe mit einem Ungläubigen *in favorem fidei* (= zugunsten des Glaubens) aufzulösen, hat dieses Paulus-Wort jedenfalls so verstanden, dass aus ihm auch eine Erlaubnis zur Wiederheirat abzuleiten ist, was heute von den meisten Exegeten unter Berufung auf die Gesamttendenz der Verkündigung Jesu bestätigt wird.[11]

4.4. Die Eheunterweisung Jesu und ihre situationsbezogene Fortbildung in den urchristlichen Gemeinden

Berücksichtigt man diese Nebenlinien des biblischen Zeugnisses zu dem Gesamtkomplex von Ehe, Scheidung und Wiederheirat, so zeigt sich, dass sich die diesbezüglichen Aussagen nicht auf einen einheitlichen Nenner bringen lassen. Einerseits greift Jesus hinter die kasuistischen Regelungen der jüdischen Halacha auf die ursprüngliche Schöpfungsordnung zurück, in der die Ehe als eine unverbrüchliche Lebensgemeinschaft von Mann und Frau gilt und die eheliche Liebe zwischen ihnen als ein geschöpfliches Abbild des dreieinigen Gottes verstanden wird:»Gott schuf also den Menschen als sein Abbild; als Abbild Gottes schuf er ihn. Als Mann und Frau schuf er sie.« (Gen 1,27) Der unverstellte Blick darauf, wie es im Anfang war und die Einschärfung des genuinen Gotteswillens sind in der Verkündigung Jesu vor dem Hintergrund seiner zentralen Botschaft vom Anbruch des Reiches Gottes zu sehen. Die Worte Jesu zur Ehe und Ehescheidung wollen keine eigenständige Ehelehre begründen, sondern in der Form prophetischer Mahnreden oder des eschatologischen Gottesrechts die Implikationen aufzeigen, die sich aus dem Kommen der Gottesherrschaft für das Leben in der Ehe ergeben.

Die Jüngerunterweisung zur Ehe und die Logien zur Ehescheidung gehören zu der eschatologischen Nachfolgeethik, die Jesus als neue Lebensordnung für das Reich Gottes in den Antithesen der Bergpredigt entwirft. Bei aller unbestreitbaren Radikalität, ja einer erschreckenden Kompromisslosigkeit, die für das Verbot der Ehescheidung in der ethischen Weisung Jesu charakteristisch sind, darf ihr Anspruch, auch wenn er in der Form eschatologischer Rechtssätze und prophetischer Mahnworte vorgetragen wird, die auf den Anbruch des Reiches Gottes verweisen, nicht nur als gesetzliche Verschärfung oder als Befreiung einer rechtlichen Norm von ihren späteren Zusätzen gedacht werden. Beachtet man die Sprachform, in der Jesus die unbedingte Gültigkeit der Ehe gemäß dem ursprünglichen, im Reich Gottes wiederhergestellten Willen des Schöpfers ausspricht, so ist eine exegetische Einsicht ernst zu nehmen, die *Joseph Ratzinger* bereits 1969 in noch immer gültiger Weise formulierte: »Da Jesus hinter die Ebene des Gesetzes zurückgreift auf den Ursprung, darf sein Wort selbst nicht wieder unmittelbar und ohne weiteres als Gesetz angesehen werden.«[12]

Deshalb kommt es bei Markus, Matthäus und Paulus mit unterschiedlichen Akzentsetzungen zu einer gegenläufigen Tendenz, die das unbedingte Verbot der Ehescheidung im Blick auf seine konkrete Handhabung in unterschiedlichen Lebenssituationen wieder einschränkt. Zu dieser Anpassung sahen sich die neutestamentlichen Gemeinden offenbar durch das Wort Jesu vom Binden und Lösen (vgl. Mt 16,19; 18,18) bevollmächtigt, von dem sie die Legitimität der situativen Ausnahmeregelungen ableiteten, die ihre Gemeindeordnungen vorsahen. Die dabei auftretende Spannung zwischen einer eschatologischen Jüngerethik und der daraus hervorgehenden Gemeindeethik, die vor der Aufgabe einer Veralltäglichung des Christseins steht, prägt nicht nur die gemeinsame Lebensführung in der Ehe, sondern auch das Verhalten der Christen in anderen

Lebensbereichen (Rechtsverzicht bei Streitigkeiten in der Gemeinde, Verzicht auf das Schwören, Bereitschaft zur Vergebung und Versöhnung, Fürsorge für die Armen, Stellung der Sklaven, Verhalten gegenüber den Amtsträgern des Staates usw.). Da das Leben in der Ehe einen besonders sensiblen Lebensbereich betrifft, in dem ein Partner von einem möglichen Fehlverhalten des anderen unmittelbar und in existenzieller Härte betroffen ist, erscheint eine als praktikabel empfundene Regelung für Notfälle hier jedoch besonders vordringlich.

Mit dem Exegeten *Hubert Frankemölle* lässt sich der Vorgang einer Konkretisierung und situationsbezogenen Fortbildung der Weisung Jesu zur Ehe zusammenfassen: »Die verschiedenen urchristlichen Gemeinden haben das Jesuswort von der unbedingten Gültigkeit der Ehe entsprechend ihrer gesellschaftlichen Situation immer wieder neu angepasst, nicht nur indem sie das ursprünglich auf den Mann bezogene Wort auf die Frau ausdehnten. Sie haben darüber hinaus auch das Wort Jesu von der unbedingten Gültigkeit der Ehe als Norm festgehalten und zugleich anerkannt, dass es Situationen gibt, die eine Scheidung der Ehe ermöglichen – mit der Folge, unverheiratet zu bleiben (1 Kor 7,11) oder neu zu heiraten (Mt 5,32; 19,9).«[13] Auch wenn die einzelnen Ausnahmeregelungen exegetisch umstritten bleiben – anderen Auslegern zufolge gestattete Paulus im genannten Fall die Wiederheirat, während Matthäus zwar die Scheidung bei Unzucht zugesteht, aber keine Möglichkeit der zweiten Ehe vorsieht – so herrscht doch im entscheidenden Punkt ein weitgehender Konsens unter den Exegeten: Die urchristlichen Gemeinden sahen sich in besonderen Härtefällen gezwungen, Abstriche von Jesu Verbot der Ehescheidung und seiner Forderung nach unbedingter ehelicher Treue zu machen, nicht um dieses Verbot und diese Forderung prinzipiell einzuschränken, sondern um seine Praktikabilität und ihre Lebbarkeit auch in Notsituationen extremer Belastung durch die Untreue oder ein anderes Fehlverhalten des Partners zu gewährleisten.

Die aufgezeigte Spannung zwischen der Unbedingtheit des Verbots der Ehescheidung und seiner nachsichtigen Adaption auf konkrete Lebenssituationen lässt sich im Übrigen bereits innerhalb der Verkündigung Jesu beobachten, wenn man diese im Licht seiner Praxis interpretiert. Jesus hat das Kommen der Gottesherrschaft nicht nur mit Worten verkündigt und in Gleichnissen ausgelegt, sondern auch durch sein Handeln bezeugt. Wie die Propheten ihre Botschaft durch Zeichenhandlungen verstärkten, so hat Jesus den zentralen Inhalt seiner Verkündigung in seinem Tun, vor allem durch sein Verhalten gegenüber Sündern und Aussätzigen, durch seine Mahlzeiten mit gesellschaftlich Deklassierten und durch seine Krankenheilungen am Sabbat erfahrbar gemacht. Zwischen den Worten und Taten Jesu, zwischen seiner Botschaft und Praxis herrscht ein Wechselverhältnis, so dass seine Worte sein Handeln auslegen, während dieses umgekehrt als »praktischer Kommentar zu seiner Rede von der Gottesherrschaft zu verstehen« ist.[14]

Im Blick auf diese Einheit von Wort und Tat lässt sich aber eine auffällige Spannung in der Verkündigung Jesu kaum bestreiten. Einerseits hält Jesus an dem ursprünglichen Willen Gottes mit äußerster Schroffheit fest, so dass man in seiner kompromisslosen Zurückweisung der Scheidung und in seinem entschiedenen Nein zu jeder Form einer Zweitehe geradezu »ein Moment potentieller Lieblosigkeit« erkennen kann.[15] Andererseits steht dieses unbedingte Insistieren auf dem unverkürzten Willen Gottes in einer unaufgelösten Spannung zum zentralen Inhalt der Verkündigung Jesu, dem Evangelium von der unbedingten Liebe Gottes zum Menschen und seiner besonderen Vorliebe für die Sünder und Gescheiterten. Die Perikope von der Begegnung Jesu mit der Ehebrecherin (vgl. Joh 7,53–8,11) verfolgt erkennbar eine andere Intention als die Jüngerunterweisung zur Ehe und das Logion zur Ehescheidung: Steht hier wie an zahlreichen anderen Stellen einzig und allein Gottes vorbehaltlose Zuwendung zum Menschen, gerade auch dem sündigen Menschen, im Mittelpunkt, während die Sorge um eine mögliche Abschwächung moralischer Forderungen nicht einmal als Randthema erwähnt wird, ist die Eheunterweisung Jesu von dem Willen geprägt, die Forderung ehelicher Treue und das Verbot der Trennung von Ehepartnern möglichst eindeutig herauszustellen.

In der Verkündigung Jesu hat beides seinen Platz, das Evangelium von der Liebe Gottes zum Menschen und das unbedingte Festhalten an der Unauflöslichkeit der Ehe, ohne dass beide Sachintentionen zueinander vermittelt oder ihr gegenseitiges Verhältnis reflektiert würden. Dies befreit eine kirchenrechtliche Regelung nicht von dem Anspruch, der Verkündigung Jesu und dem Gesamtzeugnis der Schrift in ihrer spannungsvollen Einheit gerecht zu werden. Wenn die Kirche in ihren eherechtlichen Vorschriften und ihren sakramentenrechtlichen Disziplinarmaßnahmen nur eine Seite der Verkündigung Jesu aufgreift, indem sie mit aller Entschiedenheit an der Unauflöslichkeit der Ehe festhält, ohne diese Norm an die konkrete Lebenswelt der Menschen zurückzubinden, bleibt sie hinter der inneren Weite der Verkündigung Jesu zurück. Die derzeitige Praxis der Kirche kann im Blick auf das biblische Gesamtzeugnis deshalb kaum als jene widerspruchsfreie Lösung gelten, die Augustinus in der retrospektiven Betrachtung seines Wirkens als Bischof und Theologe nach eigener Einschätzung nicht gefunden hatte.

5. Ehe und Ehescheidung im Zeugnis der Tradition

Es entspricht einem zentralen Grundsatz katholischer Schriftauslegung, dass der Zugang zum Verständnis der biblischen Offenbarung
über die Überlieferung des Wortes Gottes in der Glaubensgemeinschaft der Kirche führt, wobei der lehramtlichen Verkündigung und
der wissenschaftlichen Exegese eine je eigenständige, wechselseitig
aufeinander verwiesene Rolle zukommen. Vorausgesetzt ist dabei,
dass die Heilige Schrift, anders als es in einer alltagssprachlichen
Redeweise oftmals geschieht, nicht mit dem Wort Gottes gleichzusetzen ist. Vielmehr ist die Schrift die erste Bezeugungs- und Ver-
bürgungsinstanz des Wortes Gottes in der Kirche, die dessen leben-
diger Überlieferung als unüberholbarer Anfang, kritische Norm und
bleibender Referenzpunkt voransteht.[1] Obwohl die Schrift der
normsetzende Maßstab *(norma normans)* allen Hörens auf das Wort
Gottes bleibt, dessen Fülle jedem Verstehen die Richtung weist,
muss die Aufgabe der Schriftauslegung ihrerseits an der kirchlichen
Überlieferung Maß nehmen. »Denn die Heilige Schrift ist Gottes
Rede, insofern sie unter dem Anhauch des Heiligen Geistes schriftlich aufgezeichnet wird; die Heilige Überlieferung aber gibt das
Wort Gottes, das von Christus, dem Herrn, und vom Heiligen Geist
den Aposteln anvertraut wurde, unversehrt an deren Nachfolger
weiter, damit sie es – wobei der Geist der Wahrheit voranleuchtet –
durch ihre Verkündigung treu bewahren, erklären und ausbreiten.«[2]

Das Wort Gottes, das der Schrift und seiner Überlieferung im
Glauben der Kirche voransteht, soll in demselben Geist gehört und
ausgelegt werden, der den Prozess der Schriftwerdung des Wortes
Gottes in der ersten Phase der apostolischen Überlieferung bis zum
Abschluss des biblischen Kanons leitete. Wer die gegenwärtige Praxis
der Kirche in einzelnen Lebensfeldern am Maßstab des Evangeliums
messen möchte, kann dies deshalb nicht abseits der Tradition im
Überspringen der gesamten Auslegungsgeschichte des Wortes Got-
tes, gleichsam in einem hermeneutischen Kurzschlussverfahren tun.
Vielmehr ist in diese Nachfrage auch das Zeugnis der kirchlichen
Schriftauslegung einzubeziehen, in deren Medium das Wort Gottes
von Generation zu Generation überliefert wurde. Dabei wirkt die

Tradition nicht als eine zweite, unabhängige Instanz neben dem Wort Gottes, die dieses ergänzen oder gar korrigieren könnte. Vielmehr bezeugt die Tradition – und mit ihr das genauere Verständnis, das einzelne Bibelstellen in ihr gewinnen – den Widerhall, den das Wort Gottes unter der Führung des Geistes im Leben der Kirche und ihrer Überlieferung findet. »Was von den Aposteln überliefert ist, das umfasst alles, was zu einer heiligen Lebensführung des Volkes Gottes und zur Mehrung des Glaubens beiträgt.« [3]

Anders als das reformatorische Schriftprinzip, das gemäß Martin Luthers Grundsatz *Sacra scriptura sui ipsius interpres* (= die Schrift ist ihr eigener Ausleger) davon ausgeht, dass die Schrift sich ohne Vermittlung einer äußeren Instanz durch das innere Zeugnis des Heiligen Geistes in unmittelbarer Evidenz selbst auslegt[4], lehrt die katholische Kirche auf dem Zweiten Vatikanischen Konzil keine Autopistie der Schrift. Sie lehrt allerdings auch keine Selbstbegründung und Selbstüberlieferung der Kirche, durch die diese ihre gegenwärtige Praxis der notwendigen Sachkritik an der Norm des Evangeliums entziehen würde. Einer solchen Immunisierungsstrategie baut das katholische Schriftverständnis durch den Gedanken einer mehrdimensionalen Bezeugung des Wortes Gottes in und gegenüber der Kirche einen Riegel vor. Innerhalb dieser vom Geist gewirkten Gesamtkonstellation mehrerer Bezeugungsinstanzen wirken Schrift und Tradition, Lehramt und Theologie zusammen, ohne dass einer gegenüber den anderen eine Monopolstellung zukäme. Sie sind vielmehr so miteinander verknüpft, dass »das eine ohne die anderen besteht und alle zusammen, jedes auf seine Art, durch das Tun des einen Heiligen Geistes« dem Lebendigwerden des Glaubens dienen. [5]

Im Zusammenspiel der einzelnen Verbürgungsweisen des Wortes Gottes kommt der Schrift auch nach katholischem Verständnis eine einzigartige Bedeutung als höchster Richtschnur und kritischer Maßstab für den Glauben und das Leben der Kirche zu. Nur die Schrift ist das vom Geist Gottes inspirierte Wort Gottes, während die Tradition, das Lehramt und die wissenschaftliche Theologie dieses unter dem Beistand des Heiligen Geistes im ständigen Maßnehmen an der Schrift nur bezeugen. Dabei ist es letztlich der Heilige Geist selbst, der in jeder dieser Größen wirkt und ihr Zusammenspiel leitet. So wenig sich das biblische Gesamtzeugnis zu einer bestimmten Frage der Lebensführung unter dem Anspruch des Evangeliums von einer einzigen Schriftstelle her ermitteln lässt, so wenig kann das Zusammenwirken der Überlieferungsinstanzen des Wortes Gottes von einer einzigen her geleistet werden: »Es wird letztlich ausschließlich von der Wirksamkeit des Geistes geregelt, dessen Freiheit eben durch die nicht regulierbare Vielfalt von geschichtlichen Wirkprinzipien gewahrt ist.«[6]

5.1. Die Grundtendenz: das Verbot von Ehescheidung und Wiederheirat

Interpretiert man entsprechend diesen Prinzipien der Schriftauslegung die biblischen Aussagen zu Ehe, Ehescheidung und Wiederheirat im Licht der kirchlichen Überlieferung, so bestätigt sich das Bild, auf das wir in der Schrift selbst stoßen. Wenn die kirchliche Überlieferung so etwas wie der Resonanzboden ist, auf dem die Botschaft des Wortes Gottes zu den unterschiedlichen Zeiten und Räumen des kirchlichen Lebens erklingt, ist ein anderes Ergebnis auch gar nicht zu erwarten. Dass sich in einem vielschichtigen Tradierungsprozess sehr bald eine einheitliche Grundrichtung ausbildet und dennoch Nebenlinien nicht völlig zum Verschwinden gebracht werden, bezeugt das glaubwürdige Ringen darum, der spannungsvollen Einheit des biblischen Zeugnisses auf der Ebene des alltäglichen Gemeindelebens gerecht zu werden.

Die gegenläufige Tendenz, die nach der Weisung Jesu die Unauflöslichkeit der Ehe gemäß dem ursprünglichen Willen Gottes herausstellt und gleichwohl in Einzelfällen Ausnahmeregelungen bis hin zur Duldung einer Wiederheirat zulässt, prägt auch die kirchliche Auslegungsgeschichte der entsprechenden Schriftworte und die ihr folgende seelsorgliche und rechtliche Praxis der Kirche in Ost und West. Selbst dort, wo es zu Sonderregelungen kam, konnte kein Zweifel daran aufkommen, was der eigentlichen Norm des Evangeliums entspricht und was zu ihr im Widerspruch steht, auch wenn es mit Rücksicht auf die menschliche Schwäche und eine oftmals undurchschaubare Lebenswirklichkeit toleriert wurde. Nur wenn die vom Evangelium her geforderte Regel anerkannt ist, kann eine Ausnahme als solche geduldet sein, ohne in kurzer Zeit zur gleichermaßen anerkannten Gegenregel neben der Norm zu werden und diese in ihrer Alleingeltung zu verdrängen.

Bevor auf einzelne Nuancen der Überlieferung einzugehen ist und abweichende Stimmen befragt werden sollen, die in der Theologiegeschichtsschreibung der Moderne zu kontroversen Auslegungen führten, soll daher ein gedrängter Überblick über die Stellung der Kirchenväter zwischen der nachapostolischen Zeit bis zum Ende des ersten Jahrtausends gegeben werden, als es zur ersten großen, bis heute andauernden Kirchenspaltung, der Trennung der Ostkirche von der Westkirche, kam.

In den ersten drei Jahrhunderten verstanden nahezu alle patristischen Theologen das Wort Jesu von der Ehescheidung als ein allgemein gültiges Verbot. Folgerichtig lehnten sie – auch in Abgrenzung von der heidnischen Umwelt – die Ehescheidung von Getauften generell ab. Aus der Eheunterweisung Jesu leitete die frühe Kirche zudem das Verbot der Wiederheirat ab, das sie als sittliches Ideal sogar auf Verwitwete ausdehnte. Als das Christentum im vierten Jahrhundert zur Staatsreligon wurde, veränderte sich die kirchliche Praxis hinsichtlich von Scheidung und Wiederheirat in manchen Gegenden. Einige Bischöfe sahen sich genötigt, aus Rücksicht auf die früheren Lebensgewohnheiten der nun rasch anwachsenden Zahl der Gläubigen Zugeständnisse an die Regelungen des staatlichen Eherechts zu machen, die eine einvernehmliche Auflösung der Ehe vorsahen. Unter Berufung auf die Unzuchtsklauseln des Matthäus-Evangeliums wurde dem Mann einer ehebrecherischen Frau die Scheidung und häufig auch die Wiederheirat gestattet. Die Erinnerung an die Gleichbehandlung von Mann und Frau in der Eheunterweisung Jesu führte in einigen Gemeinden zu einer entsprechenden Ausweitung dieser Regelung auf Frauen; später wurde aber auch umgekehrt das einseitige Privileg des Mannes, das diesem Scheidung und Wiederheirat gestattete, wieder eingeschränkt. Geduldet wurde in manchen Gegenden auch die Wiederheirat von Frauen, deren Ehemänner durch Versklavung, Verbannung oder auswärtigen Militärdienst von ihnen getrennt wurden. Alles in allem ergibt sich für das vierte und fünfte Jahrhundert in Ost und West ein uneinheitliches Bild, das sowohl Übereinstimmung in den Kernfragen der kirchlichen Ehelehre als auch markante Unterschiede in einigen Randzonen ihrer disziplinären Anwendung aufweist.[7]

Die vorherrschende Tendenz eines klaren Verbots von Ehescheidung und Wiederheirat war in den ersten Jahrhunderten so ausgeprägt, dass es unter Christen (wie auch in ihrer paganen Umwelt) sogar als Problem galt, wenn verwitwete Ehepartner wieder heirateten. Zwar betonen mehrere der kirchlichen Schriftsteller in West und Ost, dass das Eingehen einer neuen Ehe nach dem Tod des Ehegatten oder der Ehegattin auch Christen freistehe, so dass sie keine Schuld auf sich laden, wenn sie ein zweites Mal heiraten. Dennoch versuchen die Theologen der frühen Kirche von der Wiederheirat nach dem Tod des Gatten abzuhalten, zumal die Ansicht, dass der Ehewille über den Tod hinaus andauert und daher eine Zweitehe im Widerspruch zur geforderten Treue gegenüber dem verstorbenen Partner steht, in der Antike verbreitet war.[8] Kein Kirchenvater begründete dies allerdings mit gleicher Stringenz wie *Tertullian*, der im Gegensatz zu Augustinus davon ausging, dass das Eheband über den Tod der Gatten hinaus bestehen bleibt. Dies führte er neben dem andauernden Ehewillen, der im Gegensatz zur Scheidung den Tod überdauert, auf den römischen Rechtsbegriff des *animus possidendi* zurück. Danach bleibt dem Wollenden der Besitz einer Sache bewahrt, auch wenn sie ihm ohne sein Verschulden genommen wurde.[9]

5.2. Eine Nebenlinie der Überlieferung: die Duldung flexibler Anpassungen

Die kompromisslose Befolgung der Eheunterweisung Jesu, die in den ersten Jahrhunderten bis zur konstantinischen Wende weithin praktiziert wurde, fügt sich in das Bestreben der christlichen Gemeinden ein, sich durch die Lebensführung ihrer Mitglieder von den Gebräuchen ihrer heidnischen Umgebung abzugrenzen und zumindest nicht hinter deren moralischen Idealen zurückzubleiben. Insofern entspricht das Verbot von Ehescheidung und Wiederheirat der von den kirchlichen Schriftstellern der ersten Jahrhunderte einhellig geteilten Ablehnung von Abtreibung, Kindesaussetzung und Kindestötung, sowie des Verbotes der Eidesleistung (entsprechend dem Wort Jesu Mt 5,33–37) sowie einer rigorosen Ablehnung jeglicher Gewaltanwendung bis hin zur Verweigerung des Militärdienstes.

Erstmals bahnt sich im 4. Jahrhundert im Osten ein Wandel hinsichtlich der entschiedenen Ablehnung der zweiten Ehe an. Tatsächlich wird es solche zweiten ehelichen Verbindungen von Geschiedenen im Osten wie auch im Westen schon früher immer wieder gegeben haben; zumindest legt dies die vielzitierte Bemerkung des *Origenes* zu Mt 19,3–12 (s. u.) oder die eingangs erwähnte Auseinandersetzung des *Augustinus* mit *Pollentius* nahe. Ausdrücklich zugestanden wird die Wiederheirat auch von den östlichen Kirchenvätern, deren Zeugnis nunmehr im Einzelnen zu betrachten ist, allerdings nur sehr zögerlich. Wenn in Einzelfällen eine Ehescheidung und – unter Berufung auf 1 Kor. 7,9 (»Wenn sie aber nicht enthaltsam leben können, sollen sie heiraten.«) – die Wiederheirat erlaubt wird, so ist dies aufs Ganze gesehen doch nur selten der Fall.[10] Dennoch bildete sich in den Ostkirchen, die grundsätzlich ebenso wie die Westkirche an der Unauflöslichkeit der Ehe festhalten, aus der anfänglichen Praxis der Duldung von Einzelfällen die bereits erwähnte, dem Prinzip der »Ökonomie« folgende Ausnahmeregelung heraus, die nach einer längeren Bußzeit eine zweite und gegebenenfalls auch eine dritte Ehe (erst die vierte Eheschließung ist strikt verboten) erlaubt.

In der lateinischen Kirche des Westens wurde diese östliche Praxis unter dem Einfluss der rigoroseren Bibelauslegung des *Hieronymus* und der augustinischen Theorie vom sakramentalen Eheband nicht übernommen. Allerdings kam es insofern auch im Bereich der lateinischen Kirche zu einer Abschwächung der ursprünglichen Forderung Jesu, als diese schon bald (erstmals bei *Justin dem Märtyrer*)[11] die Trennung von Tisch und Bett gestattet, wenn das weitere Zusammenleben in der ehelichen Gemeinschaft von einem der Partner als unerträglich empfunden wird. Seit dem Mittelalter erlaubt die lateinische Kirche, unter Berufung auf das *Privilegium Paulinum*, auch die Wiederheirat nach der Auflösung der Ehe mit einem ungläubigen Partner. Im Zuge der überseeischen Missionstätigkeit und der Entdeckung Amerikas erfährt dieses Zugeständnis im 16. Jahrhundert durch die Ausweitung päpstlicher Dispensvollmachten eine breite Anwendung.

Demnach weist das Zeugnis der kirchlichen Überlieferung eine größere Bandbreite auf, als es die einhellige Zurückweisung der Wiederheirat zu Lebzeiten des getrennten Partners in ihrer Generallinie vermuten lässt. Zwar sind sich die Kirchenväter darin einig, dass von der Weisung Jesu her für die Duldung oder gar Anerkennung solcher erneuten Verbindungen eigentlich kein Spielraum besteht. Es sind keine Anzeichen dafür erkennbar, dass die Theologen der frühen Kirche auf der doktrinären Ebene von der Lehre Jesu bezüglich der Unauflöslichkeit der Ehe abgewichen wären oder irgendwelche Abstriche von seiner Forderung nach ehelicher Treue gemacht hätten. Dennoch gibt es neben dieser Grundform patristischer Ehetheologie eine Nebenlinie, die sich durch die konkreten pastoralen Anordnungen mehrerer Kirchenväter hindurchzieht und in der Praxis eine flexiblere Vorgehensweise erkennen lässt. Ohne das Verbot von Ehescheidung und Wiederheirat prinzipiell in Frage zu ziehen, zeichnen sich doch Wege der Duldung und einer kompromisshaften Zur-Kenntnisnahme ab, die pastorale Notlösungen ermöglichen.

a. Ein frühes Zeugnis des Origenes: schriftwidrig, doch nicht unvernünftig

Bei *Origenes* ist dieses Zueinander von doktrinärer Entschiedenheit und seelsorglicher Nachsicht in klassischer Weise ausgesprochen. In seinem Matthäus-Kommentar benennt er das Dilemma, vor dem die kirchliche Verkündigung in derartigen Fällen steht, in aller Schärfe, ohne es am Ende auflösen zu können:»Nun haben einige der Vorsteher der Kirche entgegen dem, was geschrieben steht, gestattet, dass eine Frau zu Lebzeiten ihres Mannes (wieder) heiraten kann. Sie handeln damit gegen das Wort der Schrift: ›eine Frau ist gebunden, solange ihr Mann lebt‹ (1 Kor 7,39) und: ›wenn eine Frau zu Lebzeiten ihres Ehemannes einem anderen Mann angehört, wird sie Ehebrecherin genannt‹ (Röm 7,3). Sie haben dennoch nicht gänzlich unvernünftig gehandelt. Denn es erscheint angemessen, dass sie diese Nachsicht im Blick auf schlimmere Dinge gegen das von Anfang an Gesetzte und Geschriebene zugestanden haben.«[12] Dieser Text lässt, vor allem wenn man ihn mit anderen Passagen aus dem unmittelbaren Kontext des origeneischen Matthäus-Kommentars vergleicht, viele Fragen offen. Wird die Wiederheirat nur der Ehefrau zugestanden, die unschuldig von ihrem Mann verlassen wurde oder auch der, die ihre eigene Ehe gebrochen hat? Gilt Gleiches, wie man annehmen möchte, auch für den Mann?[13] Besonders merkwürdig ist, dass Origenes, obwohl er von den genannten Bräuchen im Rahmen eines Kommentars zum Matthäus-Evangelium berichtet, mit keinem Wort auf die dort erwähnten Unzuchtsklauseln eingeht, etwa durch eine Klarstellung, dass die Wiederheirat im Fall von Unzucht nur dem unschuldigen Partner gewährt werden kann. Offenbar spielt diese Frage für Origenes bei der Bewertung der von ihm berichteten, von der Regel des Evangeliums abweichenden Praxis keine entscheidende Rolle.

Immerhin lässt sich seinem Bericht ein Doppeltes entnehmen: Mehrfach unterstreicht Origenes, dass die einer Ehefrau zu Lebzeiten ihres Mannes gewährte Erlaubnis, erneut zu heiraten, von der Schrift nicht gedeckt ist oder sogar im Widerspruch zu dem von ihr überlieferten ursprünglichen Willen Gottes steht. Dennoch erachtet Origenes die Vorgehensweise der Bischöfe nicht als sinnlos, da sie noch Schlimmeres verhüten wollen. Bemerkenswert ist, dass Origenes diese Praxis als schriftwidrig bezeichnet, sie aber gleichwohl nicht verurteilt, sondern offensichtlich aufgrund der pastoralen Motivation (zur Vermeidung noch größerer Übel) für annehmbar hält. Dabei lässt sein Bericht kaum einen Zweifel daran zu, dass die Vorsteher der Gemeinden, deren Gebräuche er überliefert, die Wiederheirat von Frauen, die als Ehebrecherinnen angesehen wurden, nicht nur sanktionslos duldeten, sondern ausdrücklich erlaubten.[14]

b. Temporäre und regionale Sonderregelungen in der lateinischen Kirche des 4. Jahrhunderts

Aus dem 4. Jahrhundert sind zwei Texte besonders hervorzuheben, die wegen der Prominenz ihrer Verfasser eine lang andauernde Wirkungsgeschichte entfalteten. Die Bedeutung des einen beruhte auf dem Phänomen der Pseudepigraphie, da er fälschlicherweise der Autorität des Ambrosius zugeschrieben wurde; noch auf dem Konzil von Trient galt er deshalb als wichtiges Traditionszeugnis. Der andere Text wurde bekannt, weil sein Verfasser bei der orthodoxen Kirche bis heute in hohem Ansehen steht. Der kurze Abschnitt des Ambrosiaster erscheint insofern als ein Novum, als er explizit auf die Unzuchtsklausel des Matthäus-Evangeliums eingeht und diese mit einer eigenwilligen Auslegung von 1 Kor 7,11 verbindet. Die von

Paulus ausdrücklich an Frau und Mann gerichtete Mahnung, den Partner nicht zu verstoßen, sondern sich mit ihm zu versöhnen, oder aber unverheiratet zu bleiben, soll nach dem Ambrosiaster im Fall von Unzucht nicht gelten. Dann darf die Frau ihren Mann verlassen, muss aber auch in diesem Fall unverheiratet bleiben oder sich mit dem Mann aussöhnen. Dem Mann dagegen ist es erlaubt, wieder zu heiraten. Als Grund für diese Ungleichbehandlung von Frau und Mann, die einer Grundintention der Schrift und vieler Autoren vor ihm zuwiderläuft, gibt der Ambrosiaster zum einen an, dass der Mann das Haupt der Frau sei (vgl. 1 Kor 11,3); zum anderen beruft er sich darauf, dass Paulus das der Frau gegenüber ausgesprochene Verbot im Blick auf den Mann nicht ausdrücklich wiederholte.[15] Er glaubt, durch die Kombination der Aussagen von Matthäus und Paulus die angebliche Unklarheit des Letzteren bezüglich der Stellung des Mannes beseitigt und eine Regelung der Fragen von Trennung und Ehebruch sowie (im Fall des Mannes) einer möglichen Wiederheirat gefunden zu haben, die auf der Linie beider biblischer Autoren liegt. Diese auf einer rabulistischen Exegese beruhende Lösung des Ambrosiaster war nur scheinbar großzügig, denn sie lief auf den Versuch hinaus, im Widerspruch zur Lehre Jesu eine Sonderbehandlung des Mannes gegenüber der Frau zu rechtfertigen. Dennoch galt diese in einigen Kirchen des Westens im 4. Jahrhundert offenbar als eine tolerable, wenn nicht sogar legitime Praxis, die sich auf die Autorität des großen Ambrosius berufen konnte.

Die Dekretensammlung Gratians, in der die Ambrosiaster-Stelle Erwähnung findet, rückt die Dinge später wieder zurecht, indem sie zur Gleichbehandlung von Frau und Mann zurückkehrt. Das *Decretum Gratiani* (um 1140) ist deshalb so bedeutsam, weil es auch in anderen Punkten die strengere augustinische Tradition wiederherstellt, die fortan für die lateinische Kirche maßgeblich bleibt. Die von einigen fränkischen und keltischen Synoden des 7. und 8. Jahrhunderts gewährten Ausnahmeregelungen in Bezug auf den Mann, der nicht enthaltsam leben kann, werden von Gratian als nur zeitweilig gültige Übergangsbestimmungen dargestellt. Sie stammen dieser Sicht zufolge aus der Anfangszeit der Germanenmission und reflektieren die Schwierigkeiten, die einer Christianisierung der mittelalterlichen Gesellschaften Europas zunächst entgegenstanden. Ähnlich wie entsprechende Regelungen der mittelalterlichen

Pönitentialsummen werden die pastoralen Vorkehrungen regionaler Synoden im Decretum Gratiani als interimistische Notlösungen qualifiziert, die mit Rücksicht auf die noch heidnischen Lebensgewohnheiten und Familienverhältnisse der Germanen zeitweilig geduldet wurden.

Nach einer Konsolidierungsphase der Missionierung bei den Germanen und Angelsachsen gibt es für ein Abweichen von der Regel des Evangeliums keinen Grund mehr, so dass temporäre und regionale Sonderregelungen in der Kirche fortan keine Geltung mehr beanspruchen können. Damit entfiel in der lateinischen Kirche zukünftig auch die von den frühmittelalterlichen Bußbüchern zugestandene Möglichkeit einer zweiten oder dritten Ehe für den »Bigamus« oder »Trigamus«, die nach einer festgesetzten Bußzeit ohne den Segen der Kirche geschlossen werden durfte.[16]

c. Die Herausbildung der ostkirchlichen Duldungspraxis seit dem 4. Jahrhundert

Der andere bemerkenswerte Text aus dem 4. Jahrhundert bildet den Auftakt zu einer Reihe ähnlicher Stellungnahmen ostkirchlicher Theologen. In seinen so genannten Kanonischen Briefen, die teilweise in das *Syntagma*, eine Sammlung kirchenrechtlicher Entscheidungen der orthodox-chalkedonensischen Kirchen eingingen, beantwortet *Basilius der Große* Anfragen des Bischofs Amphilochius. In Kanon 9 erwähnt Basilius die zu seiner Zeit bereits bestehende Gewohnheit, dass einem Mann, der von seiner Frau verlassen wurde, Verzeihung gewährt werden kann, wenn er mit einer anderen Frau in zweiter Ehe zusammenlebt; in Kanon 77 referiert er die näheren Bestimmungen über eine abgestufte siebenjährige Kirchenbuße, die am Ende zur vollständigen Wiedereingliederung in die Kirche unter Einschluss der Teilnahme an der Eucharistie führt.[17] Dabei ist sich Basilius ebenso wie zwei Jahrhunderte vor ihm Origenes bewusst, dass die von ihm erwähnte kirchliche Gewohnheit von der Weisung des Herrn abweicht, da sie Mann und Frau insofern ungleich behandelt, als sie nur dem ersten eine zweite Ehe zugesteht, wenn er von seiner Frau verlassen wurde.

Allerdings ist auch in diesem Fall zu prüfen, ob die Frau nicht vielleicht einen schwerwiegenden Grund hatte, sich von ihrem

Mann zu trennen. Nur wenn dieser ohne einen solchen Grund, also schuldlos verlassen wurde, kann der Mann Verzeihung erlangen. Dass er in einem solchen Fall wieder heiratet, gilt Basilius als naheliegende Möglichkeit, gegen die er nichts einzuwenden hat. Dies geht aus einer anderen Stelle seines Werkes, einem Text aus den *Moralia* hervor, in dem Basilius anders als in den Kanones nicht konkrete Lösungen nach dem Prinzip der Duldung aufzeigt, sondern seine eigentliche Ehelehre entwickelt. Darin wiederholt er das Verbot Jesu, dass sich weder der Mann von seiner Frau noch die Frau von ihrem Mann trennen sollen, außer wenn der eine oder die andere – zwei allerdings sehr unterschiedliche Ausnahmegründe – entweder beim Ehebruch ertappt wurden oder aber ein monastisches Leben führen wollen. Wenn aber entgegen der ursprünglichen Weisung des Herrn eine Trennung stattgefunden hat, gelten für den Mann und die Frau unterschiedliche Vorschriften gemäß der kirchlichen Gewohnheit:»Es ist demjenigen nicht erlaubt, der seine Frau verlassen hat, eine andere zu heiraten. Diejenige, die von ihrem Mann verlassen wurde, darf nicht einen anderen heiraten.«[18] Im Klartext heißt dies: Während der Frau auch dann eine zweite Ehe verwehrt bleibt, wenn sie (unschuldig) verlassen wurde, ist dem Mann in diesem Fall die Wiederheirat von der Kirche erlaubt. Wie die von Basilius in seinen Briefen (Nr. 188, 199 und 217) wiedergegebenen Canones jedoch vorsichtig andeuten, brachte man in den Kirchen, deren Tradition er repräsentiert, den von ihrem Partnern verlassenen Verheirateten großes Verständnis entgegen, nicht nur einem von seiner Frau verlassenen Ehemann, sondern umgekehrt auch der Frau, sofern sie schuldlos war. Wenn einer der beiden, ob Mann oder Frau, nach der Trennung wieder heiratete, vermied man es, die neue Verbindung als Ehebruch zu bezeichnen, sofern der wiederverheiratete Partner die erste Ehe nicht durch eigenes moralisches Fehlverhalten zerstört hatte.

Deutlicher noch als Origenes lässt Basilius erkennen, dass er diese aus Nachsicht gewährten Konzessionen für rechtmäßig hält, obwohl sie nicht schriftgemäß sind und eindeutig im Widerspruch zur Vorschrift des Herrn stehen. Er respektiert sie als legitime Gewohnheiten, die sich in seiner Kirche als Antwort auf die verworrenen Lebenslagen herausgebildet hatten, in die verheiratete Männer und Frauen durch das Scheitern ihrer Ehe geraten konnten. Die kirchliche Disziplin in Fragen der Eheführung, der Auflösung von Ehen und auch der Wiederheirat danach schien keineswegs einheitlich; auch lassen sich die Bestimmungen, die eine Art Vorstufe der späteren kirchenrechtlichen Regelungen darstellen, nicht immer widerspruchsfrei (vor allem hinsichtlich ihrer Geltung für Männer und Frauen) interpretieren.[19]

Erst *Epiphanius von Salamis* nimmt für die nachsichtige Haltung der Kirche gegenüber den Männern (wohlgemerkt, nur ihnen gegenüber), die wegen des Ehebruchs ihrer ersten Frau ein zweites Mal geheiratet haben, die Autorität des Evangeliums in Anspruch:»Das göttliche Wort und die Kirche Gottes haben Barmherzigkeit in Bezug darauf, besonders wenn die beiden fromm sind und nach dem Gesetz Gottes leben.«[20] Dagegen steht dem Kirchenvater *Johannes Chrysostomos* die Differenz zwischen dem ursprünglichen Schöpfungswillen Gottes, nach dem der Bund der Ehe unauflösbar ist, und den kirchlichen Gewohnheitsregeln seiner Zeit noch deutlich vor Augen.[21] Dennoch sucht Chrysostomos einen triftigen Grund dafür anzugeben, warum die Kirche von dem Wort des Herrn abweicht und gemäß den paulinischen Ratschlägen von 1 Kor 7,10–13 (die er ganz selbstverständlich von Mt 5,32 und 19,9 her liest) aus verschiedenen Motiven eine Trennung vom Ehepartner zulässt, z. B. wenn dieser ungläubig ist oder Unzucht begangen hat. Offenbar bewertet er diese Fälle unterschiedlich, und zwar in der Weise, dass er für den ersten Fall nur die Trennung, im zweiten aber auch die Möglichkeit der Wiederheirat annimmt, obwohl doch die Unzucht eine geringere Schuld als der Unglaube bedeutet. Den Grund für die unterschiedliche Behandlung beider Situationen sieht Chrysostomos in Folgendem: Während in einer Ehe mit einem ungläubigen Partner immer die Möglichkeit besteht, ihn für den Glauben zu gewinnen und dadurch zu retten, droht der Mann sich selbst Schande zuzuziehen, wenn er die Verbindung zu seiner ehebrecherischen Frau aufrecht erhält. In diesem Fall muss die Wiederheirat nicht mehr ausgeschlossen werden, da die Ehe durch den Ehebruch der Frau bereits aufgelöst und der Mann nicht mehr ihr Ehemann ist.[22]

Wie sehr die Reflexionen der patristischen Theologen zu Ehe, Scheidung und Wiederheirat anfangs noch zusammengehen, bis sie sich im 4. Jahrhundert trennen, zeigt ein kurzer Rückblick auf einen lateinischen Autor, der noch vor Hieronymus und Augustinus lebte.

Für *Hilarius von Poitiers* (315–367) macht sich der Mann, der seine Frau entlässt, entsprechend dem Verbot Jesu schuldig, da er diese dem Ehebruch ausliefert, wenn sie wieder heiratet. Allerdings akzeptiert Hilarius die Entlassung der Frau dann, wenn diese Ehebruch beging. Die Begründung, die er dafür angibt, entspricht der des Johannes Chrysostomos: Durch das weitere Zusammenleben mit seiner ehebrecherischen Frau würde sich der Mann selbst beflecken. Daher *darf* er sich nicht nur von seiner Frau trennen, sondern er *soll* diese Verbindung auflösen. Denkt Hilarius dabei nur an eine Trennung der beiden Ehegatten oder an eine rechtmäßige Scheidung mit der Folge, dass der unschuldige Teil wieder heiraten kann? Während einige Ausleger dies für unentscheidbar halten, sprechen sich andere für die letztgenannte Interpretation aus, da Hilarius mit dem Ausdruck *desinendi a coniugio* einen juristischen Fachterminus gebraucht, der über eine bloße Trennung vom Ehegatten hinausgeht und die rechtliche Auflösung der Ehe bezeichnet.[23]

Dem Zeugnis des Hilarius kommt für die lateinische Tradition besondere Bedeutung zu – nicht nur weil er nach der Kontroverse mit Arius, in der er die Wesensgleichheit des menschgewordenen Sohnes Gottes mit dem ewigen Vater betonte, und nach seiner Verbannung in den Osten als ein Vorkämpfer der Orthodoxie im Westen galt. Wenn die Deutung der entsprechenden Hilarius-Stelle im Sinne einer Konzession auch der Wiederheirat an den unschuldig verlassenen Ehemann im Recht ist,[24] dürften wir für das 4. Jahrhundert zumindest in Teilen der westlichen Kirche eine ähnliche pastorale Notlösung vermuten, wie sie sich seit dieser Zeit in der Ostkirche auszubilden begann. In diesem Fall wäre auch der Ambrosiaster innerhalb der lateinischen Überlieferung nicht der erratische Fremdkörper, als der er bis heute vielen gilt. Die oft zitierte Formel aus der Katechetischen Rede des *Gregor von Nazianz*, nach der die erste Ehe dem Gesetz der Kirche gemäß ist, die zweite nachsichtig toleriert werden könne und die dritte ins Unheil führe,[25] würde dann nicht nur die Praxis der Ostkirche wiedergeben, sondern wenigstens in einem kurzen Zeitabschnitt auch für ähnliche Lösungsansätze in der lateinischen Kirche gelten.[26]

d. Probleme der Interpretation des Überlieferungsbefundes

Einige moderne Ausleger rekonstruieren für den Zeitraum zwischen dem 3. und 5. Jahrhundert einen vorherrschenden Lösungstypus, der von den genannten kirchlichen Schriftstellern in Ost und West mehr oder weniger einheitlich, mit der einzigen Ausnahme von Hieronymus und Augustinus im Westen, vertreten worden sei. Nach dieser Deutung des Traditionsbefundes gestand die kirchliche Disziplin während einiger Jahrhunderte dem unschuldigen Ehemann nach der Trennung von seiner Gattin auch die Wiederheirat zu, sofern er nicht enthaltsam leben konnte, während dem schuldigen Mann eine zweite oder gar dritte Ehe verwehrt blieb. Entgegen dem Wortlaut von 1 Kor 7,11 wurde auch der Frau die Wiederheirat nicht verwehrt, wenn sie schuldlos verlassen wurde.[27]

Diese Interpretation stößt jedoch auf sachliche und methodische Einwände, von denen nur einige genannt seien: Sie widerspricht der von Paulus und den synoptischen Evangelien herausgestellten Ebenbürtigkeit von Frau und Mann in der Ehe, die ihre Ungleichbehandlung im Fall einer Trennung ausschließt. Ein einseitiges Zugeständnis der Wiederheirat an den Mann würde die auf eine prinzipielle Gleichberechtigung von Frauen und Männern zielende Intention aufs Spiel setzen, durch die sich die Ehelehre Jesu vom zeitgenössischen Judentum unterscheidet. Für ein solches Abrücken von einem charakteristischen Grundzug aller einschlägigen neutestamentlichen Texte gibt es in den Schriften der Kirchenväter (mit den genannten Ausnahmen) jedoch keine expliziten Hinweise. Alle Autoren halten vielmehr grundsätzlich daran fest, dass Mann und Frau hinsichtlich ihrer Rechte und Pflichten in der Ehe gleichgestellt sind; in dieser Aussage ist ein hervorstechendes Merkmal der überwiegenden patristischen Überlieferung zu sehen.

Zudem enthalten die sakramententheologischen, katechetischen und kanonistischen Ausführungen der genannten kirchlichen Schriftsteller anders als die zitierten Texte von Basilius und dem Ambrosiaster keine ausdrückliche Erlaubnis einer zweiten Ehe für den Mann. Diese muss vielmehr auf indirekte Weise aus Andeutungen erschlossen werden. Dazu kommt entweder ein *argumentum e silentio* in Frage, weil im Gegensatz zum Fall einer verlassenen Ehefrau, der die Wiederheirat in jedem Fall untersagt bleibt, kein entsprechendes explizites Verbot für den Mann erwähnt wird, oder man muss die seelsorgliche Nachsicht, die aus vielen Texten spricht, als Zugeständnis oder gar als formelle Erlaubnis interpretieren. Ähnliche Schlussfolgerungen können aus der häufigen Redeweise gezogen werden, die Ehe sei durch den Ehebruch eines Partners bereits »zerstört« oder »aufgelöst«. Die Begriffe *dialuein* und *matrimonium solvere* oder *divortium* bezeichneten in der damaligen Gesellschaft die rechtsgültige, durch den Ehebruch eines Partners vollzogene Auflösung der Ehe mit der (nach gesellschaftlichem Verständnis) selbstverständlichen Folge, dass beide Partner wieder heiraten konnten. Obwohl sich für diesen Sprachgebrauch zahlreiche Textbeispiele aus der patristischen Literatur anführen lassen, muss die Frage offen bleiben, welche Konsequenzen die einzelnen Autoren für das Weiterleben der Ehegatten nach ihrer Trennung daraus zogen. Der Schluss auf eine verbreitete Duldung der Wiederheirat des Mannes ist von den Texten her möglich, aber nicht zwingend. Im Blick auf die meisten Autoren muss ein weitergehendes Urteil daher in der Schwebe bleiben.[28] In aller Vorsicht lässt sich aber vermuten, dass die Wiederheirat nach der Trennung von einem ehebrecherischen Partner an vielen Orten geduldet wurde. Ansonsten wäre die unbefangene Ausdrucksweise kaum erklärbar, die diesen Schluss für damalige Hörerinnen und Hörer nahelegen musste.[29]

Zusammenfassend zeigt sich ein widersprüchliches Bild: Trotz der vorherrschenden Grundtendenz, die durch den Ausschluss der Wiederheirat geprägt ist, lässt sich das Zeugnis der kirchlichen Überlieferung nicht auf einen einheitlichen Nenner bringen. In zahlreichen patristischen Texten spiegelt sich der bereits in dem neutestamentlichen Gemeindeethos zu beobachtende Versuch wider, die Lehre Jesu von der Unauflöslichkeit der Ehe in Beziehung zu den Lebensumständen derjenigen getauften Christen zu setzen, die in ihrer ersten Ehe an der Forderung unbedingter Treue gescheitert sind. Mit *Joseph Ratzinger* lassen sich zwei Ebenen des patristischen Überlieferungsbefundes unterscheiden: »Unterhalb der Schwelle der klassischen Lehre, sozusagen unterhalb oder innerhalb dieser eigentlich die Kirche bestimmenden Hochform, hat es offensichtlich immer wieder in der *konkreten Pastoral eine geschmeidigere Praxis* gegeben, die zwar nicht als dem wirklichen Glauben der Kirche ganz konform angesehen, aber doch auch nicht schlechthin ausgeschlossen wurde.«[30]

Die Doppelstrategie, die einerseits die biblische Norm der Unauflöslichkeit der Ehe als schriftgemäße Weisung verkündet und andererseits in Grenzfällen aus Nachsicht mit der menschlichen Schwäche nach unter den gegebenen Umständen lebbaren Lösungen sucht, bestimmt während der ersten Jahrhunderte bis ins frühe Mittelalter hinein die Praxis der Kirche in Ost und West. Erst danach trennen sich die Entwicklungslinien: Im Osten etabliert sich die Praxis einer Duldung von Zweit- und Drittehen nach dem Prinzip der Ökonomie, während die westliche Kirche gemäß der augustinischen Theorie vom Eheband strikt daran festhält, dass die Ehe von getauften Christen unauflöslich ist und daher eine Wiederheirat zu Lebzeiten der Partner ausgeschlossen bleibt.

5.3. Was folgt aus der Doppelgleisigkeit der Überlieferung für heute?

Welche Schlussfolgerungen sind aus dem Zeugnis der kirchlichen Überlieferung in den ersten Jahrhunderten für die Gegenwart oder eine geänderte zukünftige Praxis der Kirche im Umgang mit gescheiterten Ehen und wiederverheirateten Geschiedenen zu ziehen? Diese Frage stellt sich der Patrologe *Henri Crouzel* am Ende seiner umfangreichen historischen Studie über die Stellung der frühen Kirche gegenüber der Ehescheidung. Seine Antwort ist umso bemerkenswerter, als er in seinen philologischen Detailanalysen mit äußerster methodischer Sorgfalt vorgeht und sich dort, wo bei einem Autor alternative Deutungsmöglichkeiten bestehen, in der Regel für die vorsichtigere, d. h. aus seiner Sicht: für die strengere Sinnvariante, entscheidet. Obwohl er auf diese Weise jeder Versuchung widersteht, die Texte nach modernen Vorstellungen glattzubügeln, gelangt er zu einer bemerkenswerten Bilanz. Nachdem er einer Ausweitung der Binde- und Lösegewalt der Kirche über sakramental gültige Ehen, die deren Unauflöslichkeit in Frage stellen würde, eine Absage erteilt, fordert er mit gleichem Nachdruck eine praktische Unterscheidung ein: Es bleibt vom Evangelium her unmöglich, getauften Christen ein formelles Recht auf Ehescheidung und Wiederheirat gemäß den Vorstellungen der säkularen Gesellschaft zuzu-

sprechen. Etwas anderes ist es jedoch, eine zivile Ehe zu dulden, die sich aufgrund der gewachsenen Verantwortung der Partner füreinander und für mögliche Kinder nicht mehr ohne erneute moralische Schuld auflösen lässt.»Wird diese Unterscheidung nicht gemacht, so riskiert man, dass jede Entwicklung der kirchlichen Disziplin in Hinblick auf die Pastoral an wiederverheirateten Geschiedenen blockiert wird.«[31]
Die Kirche muss dann entsprechend den unterschiedlichen Lösungen der Vergangenheit in Ost und West zwischen zwei Alternativen wählen, die erst durch den Ausschluss der jeweils anderen Möglichkeit zu Widersprüchen werden. So steht die kirchliche Verkündigung noch immer vor dem Dilemma, das bereits Origenes am Anfang der Entwicklung in aller Schärfe aufzeigte: Entweder Zeugnis für das Ideal des Evangeliums von der Unauflöslichkeit der Ehe und der Forderung ehelicher Treue abzulegen und diejenigen mehr oder weniger zurückzuweisen, die dieses Ideal nicht mehr leben können *oder* sie mit Nachsicht zu behandeln – auch um den Preis,»bis zu einem gewissen Grad das zu opfern, was Christus wollte.«[32] Dann präzisiert Crouzel jedoch, dass es trotz der eindeutigen Lehre Jesu zur Ehe nicht von vornherein feststeht, was seinem Willen im konkreten Fall entspricht. Das Evangelium selbst legt der Kirche nämlich gegensätzliche Verpflichtungen auf, je nachdem, ob sie in ihrer Verkündigung mehr die Bedürfnisse der menschlichen Gesellschaft oder die konkrete Situation einzelner Menschen vor Augen hat. Wenn die Kirche dem Willen ihres Herrn treu bleiben möchte,»darf sie zwischen diesen verschiedenen Aspekten des Evangeliums nicht wählen noch einen davon opfern, um den anderen zu retten.«[33]
Da sich die beiden zentralen Anliegen des Evangeliums – das Festhalten an der Unauflöslichkeit der Ehe und die Botschaft von der Barmherzigkeit Gottes – nicht widerspruchsfrei zur Deckung bringen lassen, kann es auch in Zukunft keine einfachen Auswege geben. Keine der im Einzelfall gefundenen Lösungen wird den Erfordernissen der menschlichen Logik in allem gerecht, aber es ist unstatthaft,»die Zielsetzung einer der beiden Alternativen zu opfern, um eine einfache und glatte Position zu erhalten.«[34] Ist damit nicht exakt das Ungenügen der gegenwärtigen kirchlichen Lösung und ihr Zurückbleiben hinter dem spannungsreichen Anspruch des Evangeliums beschrieben, nicht nur Gottes Willen bezüglich des Zu-

sammenlebens von Mann und Frau in der Ehe zu verkünden, sondern auch Gottes Erbarmen gegenüber dem Sünder? Entscheidet sich nicht die lateinische Kirche des Westens, wie umgekehrt auch die orthodoxe im Osten, für das Eine und gegen das Andere? Diese Frage impliziert nicht die Behauptung, dass beide Lösungen die spannungsvolle Einheit des Evangeliums mit ihren gegenläufigen Vorgaben auf symmetrische Weise, nur unter umgekehrtem Vorzeichen, verfehlen. Wenn dem so wäre, ließe sich eine Abkehr von der bisherigen Praxis im Westen mit der Notwendigkeit begründen, eine letztlich willkürliche Entscheidung zwischen zwei gleichermaßen unbefriedigenden und aus diesem Grund doch irgendwie möglichen Alternativen zu treffen. Dieser Anschein des beliebigen Wählen-Könnens ist jedoch trügerisch. Das Gesamtzeugnis der biblischen Überlieferung lässt durchaus den Schluss zu, dass die katholische Lösung mit ihrer Weigerung, zu Lebzeiten des Partners eine Wiederheirat zu gestatten, der bipolaren Lehre des Evangeliums von der Unauflöslichkeit der Ehe und der grenzenlosen Vergebungsbereitschaft Gottes eher gerecht wird als die zum Laxismus neigende Praxis der Ostkirchen in ihrer gegenwärtigen Form.

Dennoch stützt der dargestellte vielschichtige Traditionsbefund keineswegs die Behauptung, die Kirche habe gegenüber wiederverheirateten Geschiedenen keinerlei Spielraum zur Änderung ihrer gegenwärtigen Praxis, weil sie selbst an das Wort und die Weisung Jesu gebunden sei. Es lohnt sich, am Ende dieses theologiegeschichtlichen Überblicks einen kritischen Seitenblick auf diese vom Lehramt der katholischen Kirche vorgetragene Argumentation zu werfen.

5.4. Welchen Spielraum hat die Kirche im Licht des Traditionsbefundes?

Bereits die Auseinandersetzung mit der exegetischen Literatur führte zu der Einsicht, dass sich die Weisung Jesu zum Umgang mit wiederverheirateten Geschiedenen nicht an einzelnen Jesusworten ablesen lässt, sondern von seiner Botschaft insgesamt her erhoben werden muss. Die Verkündigung des genuinen Gotteswillen bezüglich der Ehe ist innerhalb der Botschaft Jesu vor dem Hintergrund seiner Predigt vom Anbruch des Reiches Gottes zu sehen, dessen

Anspruch sich nicht zuletzt im provozierenden Verhalten Jesu gegenüber Sündern, Zöllnern und Ehebrechern zeigt. Da der verbindliche Maßstab des Evangeliums für das Handeln der Kirche nicht allein die Worte Jesu, sondern auch seine Zuwendung zu den Sündern umfasst, ergab sich eine größere Bandbreite denkbarer Lösungen, die vor dem Evangelium zu verantworten sind. Nunmehr lässt sich aber auch aus historischer Sicht erkennen, warum die Behauptung falsch ist, die Kirche habe keinerlei Spielraum für ein weiteres Zugehen auf die wiederverheirateten Geschiedenen in ihrer Mitte, weil sie selbst durch die Weisung Jesu gebunden sei.

Die lateinische Kirche des Westens hat die abweichende Praxis der Ostkirche, die sich auf eine Seitenlinie des biblischen Zeugnisses und der patristischen Tradition stützt, nämlich niemals verurteilt. Im Gegenteil: Sie hat auf dem Trienter Konzil ihre eigene Lehre von der Sakramentalität der Ehe und die damit in Einklang stehenden kirchenrechtlichen Regelungen zur Auflösung nicht-sakramentaler Ehen und den Ausschluss einer Wiederheirat zu Lebzeiten der Partner gegenüber Luthers Einspruch so verteidigt, dass die abweichende Praxis der Ostkirchen von dieser Zurückweisung nicht miterfasst wurde. Luther hatte in seiner Streitschrift über die babylonische Gefangenschaft der Kirche die gesamte Ehetheologie und das Sakramentenverständnis der katholischen Kirche in Bausch und Bogen verworfen. Unter Berufung auf die Ausnahmeregelungen des Matthäus-Evangeliums behauptet er, dass sich der Papst im Irrtum befinde, wenn er einerseits Ehen auch aus anderen Gründen auflöse und andererseits denen die Wiederheirat verweigere, die von ihrem ersten Ehegatten getrennt leben.»Wenn nämlich Christus die Scheidung im Fall des Ehebruchs gestattet und umgekehrt niemanden zur Ehelosigkeit zwingt; wenn Paulus will, wir sollten lieber heiraten als vor Begierde brennen, dann lässt er doch wohl deutlich zu, dass einer anstelle der fortgeschickten Frau eine andere nimmt.«[35] Luthers Protest gegen die Ehelehre der römisch-katholischen Kirche wird in seiner ganzen Schärfe nur aufgrund der Deutung verständlich, die er in seinen Katechismen vom 6. Gebot gibt. Seine Auslegung gipfelt in der Überordnung des Ehestandes über jede andere Lebensform in der Kirche sowie in der Behauptung, außer in ganz seltenen Fällen übersteige es die schöpfungsmäßigen Kräfte des Menschen, ehelos und enthaltsam zu leben.[36]

Gegenüber dieser grundsätzlichen Infragestellung jeglicher Vollmacht der Kirche, die Lebensordnung der Ehe zu regeln, stellt das Konzil von Trient fest: Die Kirche verfälscht nicht die Worte Christi, sondern sie handelt in ihren Anordnungen zur Unauflöslichkeit der Ehe »gemäß der Lehre des Evangeliums und des Apostels.«[37] Über den Sinn der sorgfältig gewählten Formel *iuxta evangelicam et apostolicam doctrinam* besteht in der Dogmengeschichtsschreibung weitgehend Einigkeit. Die kirchliche Praxis soll demnach nicht einfach als mit der Lehre des Evangeliums identisch dargestellt werden, aber das Konzil besteht darauf, dass sie deren Intentionen in positiver Weise entspricht, indem sie diese entsprechend ihrem eigenen Sinngefälle aufnimmt und konkretisiert. Damit ist nicht nur Luthers Behauptung zurückgewiesen, Papst und Kirche befänden sich im Irrtum, sondern zugleich die Übereinstimmung der kirchlichen Festlegungen bezüglich der konkreten Fragen des Ehelebens mit der Lehre des Evangeliums aufgezeigt. Nicht verworfen wird dabei die abweichende Praxis der orthodoxen Kirche, die zwar nicht den in der katholischen Kirche geltenden Bestimmungen gleichgestellt, aber doch als eine Lösung toleriert wird, die vom Evangelium her als immerhin möglich erscheint. Die vorsichtige Form der Anerkennung oder einer bewussten Nicht-Verurteilung der ostkirchlichen Praxis ist mit Rücksicht auf die im damaligen venezianischen Herrschaftsgebiet lebenden Orientalen gewählt, die in einer besonderen Form der Kirchenunion mit Rom standen. Diese umfasst die Anerkennung des Papstes unter Beibehaltung des ostkirchlichen Ritus, zu dem nicht nur die liturgischen Gebräuche, sondern auch die ostkirchliche Duldungspraxis im Fall von Ehescheidung und Wiederheirat gehören.[38]

Wie bereits bei der Darstellung der orthodoxen Praxis angedeutet, geht das Zweite Vatikanische Konzil in seinem Dekret über die Ostkirchen über die vorsichtige Anerkennung der Sonderregelungen des orthodoxen Ritus in Trient deutlich hinaus. Trotz der verschiedenen Riten und Gebräuche, zu denen ausdrücklich auch die jeweiligen Bestimmungen bezüglich der einzelnen Sakramente unter Einschluss der Ehe zählen, stehen die beiden Teilkirchen – die östliche und die westliche – in einer engen kirchlichen *communio*, so dass »die Vielfalt in der Kirche deren Einheit nicht nur nicht schadet, sondern sie vielmehr deutlich macht.«[39] Ausdrücklich bekennt die katholische Kirche ihren Wunsch, dass die Überlieferungen jeder einzelnen Teilkirche »unversehrt« erhalten bleiben *(salvae et integrae maniant).*[40] Sodann beschreibt das Konzil das Verhältnis der beiden Teilkirchen zueinander: »Sie verfügen daher über die gleiche Würde, so dass keine von ihnen aufgrund des Ritus den übrigen voransteht, genießen dieselben Rechte und werden durch dieselben Verpflichtungen gehalten, auch was die Verkündigung des Evangeliums an die gesamte Welt (vgl. Mk 16,15) unter der Leitung des römischen Bischofs anbelangt.«[41]

Nur die Anerkennung des Papstes wird von den Ostkirchen als Zeichen der kirchlichen Einheit verlangt. Unter seiner Führung *(sub moderamine Romani Pontificis)* können sie alle abweichenden liturgischen Gebräuche, rechtlichen Regelungen und disziplinären Lebensgewohnheiten beibehalten. Diese werden vom Konzil nicht nur »mit gebührender Hochachtung und gerechtem Lob«, sondern auch »fest als Erbe der gesamten Kirche Christi« betrachtet. Deshalb erklärt die Heilige Synode »feierlich, dass die Kirchen des Ostens wie auch des Westens über das Recht verfügen und durch die Pflicht gehalten werden, sich nach den ihnen eigenen besonderen Ordnungen zu leiten, die sich ja durch ihr ehrwürdiges Alter empfehlen, den Gewohnheiten ihrer Gläubigen mehr entsprechen und für die Sorge um das Wohl der Seelen angemessener erscheinen.«[42]

Die Wertschätzung, die das Konzil den Lebensgewohnheiten der Ostkirche, ihren liturgischen Bestimmungen und ihren Anordnungen für die Verwaltung der Sakramente entgegenbringt, läuft faktisch auf eine gleichrangige Anerkennung der unterschiedlichen Riten in Ost und West hinaus. Diese vorbehaltlose Billigung hat erhebliche Rückwirkungen auf die lateinische Kirche selber, denn es lässt den Stellenwert der disziplinären Regelungen, die sie in ihrem Eigenbereich getroffen hat, in einem neuen Licht erscheinen. Wenn die lateinische Kirche der abweichenden Praxis der Ostkirchen eine derartige Hochschätzung entgegenbringt und sie sogar als wertvollen Teil des gemeinsamen Erbes der gesamten Kirche Jesu Christi anerkennt, wie lässt sich dann die Behauptung noch aufrecht erhalten, die Kirche des Westens könne in ihrem eigenen Bereich keine der orthodoxen Praxis vergleichbaren Regelungen treffen, ohne von der ihr selbst unverfügbaren Weisung Jesu abzuweichen? Wenn die Praxis der Ostkirchen einen Teil des gemeinsamen Erbes der gesamten Kirche Jesu Christi repräsentiert, wie sollte sie dann im Blick auf das Evangelium illegitim sein?

Beide Behauptungen lassen sich aus logischen Gründen nicht zugleich festhalten: Entweder widerspricht die Praxis der orthodoxen Schwesterkirchen der verbindlichen Lehre des Evangeliums, dann darf die westliche Kirche in ihren Respektbekundungen vor den abweichenden Gewohnheiten der Ostkirche über diesen Widerspruch nicht hinweggehen. Oder aber diese Praxis hat vor dem Zeugnis der Schrift und dem gemeinsamen Erbe der ungeteilten Christenheit Bestand (nicht als die einzige vom Evangelium her geforderte Möglichkeit, wohl aber als eine neben der strengeren Lösung der westlichen Kirche ebenfalls denkbare), dann kann sie nicht der Lehre Christi und der Apostel widersprechen. Die eigentliche Frage lautet deshalb nicht, ob die westliche Kirche von ihrer bisherigen Regelung im Umgang mit wiederverheirateten Geschiedenen abweichen *kann*, sondern ob sie dies tun *soll*. Nur wenn sie dazu gute Gründe erkennt, wird sie eine Praxis ändern, an deren Rechtmäßigkeit vor dem Anspruch der Schrift sie immer festgehalten hat. Dass sie die Vollmacht besitzt, andere Wege zu erproben, zeigt ihr der Seitenblick auf die orthodoxen Kirchen, deren abweichende pastorale Praxis sie ausdrücklich als mit dem Evangelium vereinbar anerkennt.

6. Systematische Überlegungen:
die Ehe als personale Lebensgemeinschaft

6.1. Die Sorge um die Leitbildfunktion der unauflöslichen Ehe

Theologische Reflexionen sind, auch wenn sie nach dem bleibend
Gültigen in der Kirche fragen, um davon das Wandelbare unterscheiden zu können, immer zeitbedingt und kontextabhängig. Sie
stehen in einem kulturellen Horizont, dessen Vorannahmen sie prägen und reflektieren die Herausforderungen und Probleme der jeweiligen Epoche. Dies ist heute nicht anders als in den Jahren nach
dem Konzil, als die ersten Vorschläge zu einer Änderung der kirchlichen Praxis im Umgang mit wiederverheirateten Geschiedenen
unterbreitet wurden. Verändert hat sich seitdem nur eines: Der Pro-
blemdruck nahm weiter zu. Eine theologische Überlegung darüber,
wie die Kirche angemessen auf die Lage der wiederverheirateten Geschiedenen in ihrer Mitte reagieren soll, steht heute vor zwei großen
Herausforderungen, die sich in den vergangenen 40 Jahren beide
nochmals verschärft haben. Zum einen stieg die Zahl der getauften
Christen, die nicht in einer kirchenrechtlich gültigen Ehe leben, sei
es, dass sie unverheiratet zusammen wohnen, sei es, dass sie nach der
Trennung vom ersten Ehepartner eine zweite zivile Ehe eingingen,
immer weiter an. Nimmt die Kirche ihre eigenen Maßstäbe ernst,
dann kann sie darüber nicht einfach zur Tagesordnung übergehen.
Der trockene statistische Befund – über 30 % der Ehen, darunter
auch solche zwischen Getauften, wird wieder geschieden; viele der
Geschiedenen heiraten vor dem Standesamt ein zweites Mal – besagt
nämlich im Klartext, dass ein Großteil der getauften Christen nicht
am vollen sakramentalen Leben der Kirche teilnehmen kann, weil sie
sich in einer (dauerhaften oder zeitweiligen) Lebenssituation befinden, die nach den Normen des kirchlichen Eherechts als irregulär
gilt. In anderen Ländern, wie Großbritannien oder den USA, ist die
Zahl der Ehescheidungen schon seit vielen Jahren bedeutend höher;
dort wird jede zweite Ehe nach staatlichem Recht wieder aufgelöst.[1]
Die zweite große Herausforderung, vor der jede Überlegung über
eine mögliche Änderung der kirchlichen Praxis im Umgang mit

wiederverheirateten Geschiedenen steht, hängt mit der ersten aufs Engste zusammen: Die kirchliche Lehre und auch die persönliche Überzeugung vieler Menschen von der Unauflöslichkeit der Ehe geraten in einem gesellschaftlichen Umfeld, in dem alternative Lebensformen zur Ehe nicht nur praktiziert werden, sondern weithin anerkannt sind, immer mehr unter Druck. In dem Maße, in dem Scheidung und Wiederheirat ihre moralische Anstößigkeit verlieren, ändert sich auch das gesellschaftliche Verständnis der Ehe.[2] Sie gilt vielen Menschen heute nicht mehr als unauflöslich, auch wenn sie zunächst unter diesem Anspruch eingegangen wird. Man heiratet, weil man im Augenblick der Eheschließung von der großen Liebe überzeugt ist und bleibt solange zusammen, wie diese andauert. Die Partner hoffen, dass es mit ihrer Ehe gut gehen wird, aber viele sind vorsichtig genug, ein mögliches Scheitern ihrer Ehe nicht von vornherein auszuschließen. Die Vorstellung, eine Ehe sei als Bund für das ganze Leben geschlossen, entspricht zwar den aufrichtigen Wünschen und den persönlichen Idealen vieler Menschen, doch bedeutet dies nicht, dass die Unauflöslichkeit der Ehe als eine rechtlich bindende Norm betrachtet wird, die auch in Krisenzeiten und angesichts unerwarteter Belastungen das Rechnen mit Alternativen ausschließt.

In diesem gesellschaftlichen Kontext muss die Gefahr ernst genommen werden, dass die kirchliche Lehre von der Unauflöslichkeit der Ehe in der Außenwahrnehmung durch die säkulare Gesellschaft, aber auch im Empfinden der Gläubigen, zu einem bloßen Lippenbekenntnis wird. Die Sorge darum, dass das Vertrauen in die Unauflöslichkeit der Ehe in der Gesellschaft und auch in der Kirche lebendig bleibt, darf nicht als übertriebener Pessimismus oder als Ausdruck einer modernitätsskeptischen, restaurativen Ängstlichkeit verdächtigt werden. Ebenso wenig dürfen die Phänomene von Ehebruch, Ehescheidung und Wiederheirat als »normale« Gegebenheiten des Lebens verharmlost werden, mit denen bei realistischer Betrachtung des Lebens eben zu rechnen ist. Auch der Hinweis auf die Barmherzigkeit Gottes darf, so angebracht er bei der Suche nach lebbaren Lösungen in ausweglos erscheinenden Situationen ist, nicht dazu dienen, das Unrecht und die menschliche Not zu bagatellisieren, die mit einer Ehescheidung häufig verbunden sind. Es stellt einen Missbrauch des Wortes »Barmherzigkeit« dar, wenn es dazu verwendet wird, den Anspruch moralischer Normen aufzugeben oder diese solange weichzuspülen, bis sie von den meisten Menschen nur noch als rhetorische Leerformeln betrachtet werden, denen keine verbindliche handlungsleitende Kraft mehr zukommt.

Dies stünde auch im Widerspruch zur biblischen Botschaft, nach der die Ehe die einzige Lebensform für das Zusammenleben von Mann und Frau ist, die dem ursprünglichen Willen Gottes entspricht. Auch die im exegetischen Teil untersuchten Schriftstellen, die im Blick auf besondere Lebenssituationen (Ehebruch eines Partners, Zusammenleben mit einem ungetauften Partner in einer »Mischehe«) Ausnahmen vom Verbot der Ehescheidung zugestehen, verfolgen nicht das Ziel, die Unauflöslichkeit der Ehe zu relativieren. Sie sind nur im Ganzen der Lehre Jesu über die Ehe angemessen zu interpretieren, die uns in dem Streitgespräch über die Ehescheidung mit den Schriftgelehrten (vgl. Mk 10,2–12 par), in den Antithesen der Bergpredigt (vgl. Mt 5,27–32) und auch in der Jüngerunterweisung über die Ehe (vgl. Mt 19,10–12) entgegentritt. Alle diese Texte sprechen eine eindeutige Sprache, die den Ehebruch oder die Ehescheidung in keiner Weise verharmlost. Vielmehr ist das biblische Zeugnis über die Ehe ein »eindringlicher Umkehrruf an alle, die leichtfertig über die Ehe denken und die mit der Ehescheidung gegebene Schuld in Abrede stellen oder bagatellisieren.«[3]

Die Suche nach pastoralen Lösungen, die den in einer zivilen Zweitehe lebenden Christen eine Wiederversöhnung mit der Kirche und die Teilnahme an ihren Sakramenten ermöglichen könnten, darf daher die kirchliche Lehre über die Unauflöslichkeit der Ehe und über das Erfordernis ehelicher Treue nicht zur Disposition stellen. Wollte die Kirche einen solchen Weg einschlagen, würde sie tatsächlich dem Wort und der Weisung Jesu untreu, die ihrer Verkündigung und ihrem seelsorglichen Handeln als oberste Richtschnur dienen sollen. Das normative Leitbild der Ehe, das die Kirche in ihrer Verkündigung und Theologie vertritt, unterscheidet sich in drei Punkten von andersartigen Vorstellungen, die in unserer Gesellschaft heute bei vielen Menschen auf Zustimmung stoßen: Eine Ehe ist nach dem Leitbild des Evangeliums die Lebensgemeinschaft von Mann und Frau, die die ganze noch ausstehende Zukunft bis zum Tod eines Partners umfasst und für die Zeugung und Erziehung von Kindern offen ist. Der am Institut Catholique in Paris lehrende französische Moraltheologe *Philippe Bordeyne* bringt dieses charakteristische Eigenprofil des kirchlichen Eheverständnisses in einer prägnanten Formel zum Ausdruck: Danach ist die Ehe heterosexuell, monogam und für das Zusammenleben mit Kindern offen. Die vier Pfeiler, auf denen sie ruht, sind: Freiheit, Treue, Unaufhörlichkeit und Fruchtbarkeit (im sozialen wie im biologischen Sinn).[4] Die Kirche wäre schlecht beraten, wenn sie von einem dieser Erkennungszeichen einer christlichen Ehe Abstriche vornehmen würde.

Wie schnell das glaubwürdige Zeugnis für die Unauflöslichkeit der Ehe beschädigt werden kann, darauf verweist das Urteil des Volksmundes, nach dem man in der katholischen Kirche nur einmal heiraten darf, während andere christliche Kirchen eine oder sogar mehrere Ehen erlauben. Auch wenn dieses Urteil im Blick auf die theologischen Intentionen, die von den reformatorischen und orthodoxen Kirchen in ihrer jeweiligen Praxis verfolgt werden, falsch ist, macht es doch deutlich, was für die kirchliche Verkündigung auf dem Spiel steht.

Dem unbeirrbaren Eintreten für die Unauflöslichkeit der Ehe, das als ein charakteristisches Merkmal der katholischen Kirche gilt, kommt dabei nicht nur gegenüber der säkularen Öffentlichkeit, sondern auch im ökumenischen Gespräch mit den Kirchen der Reformation und den orthodoxen Schwesterkirchen besondere Bedeutung zu. Während nämlich katholische Christen, die unter der Härte und Unerbittlichkeit ihrer Kirche leiden, ihre protestantischen Mitchristen nicht selten wegen der großzügigeren und angeblich menschenfreundlicheren Regelungen ihrer Kirchen beneiden, verhält es sich für manche unter ihren protestantischen Glaubensschwestern und -brüdern umgekehrt: Sie leiden unter der Unverbindlichkeit ihrer eigenen Kirche und erwarten dafür von der katholischen umso dringlicher, dass sie an einem klaren, unzweideutigen Bekenntnis zur Unauflöslichkeit der Ehe festhält. Der protestantische Exeget *Ulrich Luz* formuliert die spiegelbildlich verkehrten Befürchtungen und Erwartungen, die sie mit der Unzweideutigkeit der kirchlichen Ehelehre verbinden, mit den Worten: »Die unverrückbaren Pfähle der göttlichen Ordnung, die in der katholischen Kirche für viele Menschen zur Last und zum Zwang werden, halten in den protestantischen Kirchen die dringend nötige Frage wach, ob es nicht von Gott gesetzte Orientierungszeichen gibt, über die sich der Christ auf keinen Fall hinwegsetzen kann.«[5]

6.2. Der Anspruch unwiderruflicher Lebensentscheidungen

Die Unauflöslichkeit der Ehe, die in der Sprache des Kirchenrechts neben der Ausschließlichkeit (Monogamie) der Lebensgemeinschaft von Mann und Frau als ihre zentrale Wesenseigenschaft bezeichnet wird, findet im Eheversprechen, das die Partner einander vor Gott und der Kirche geben, eine angemessene Sprachgestalt. »Ich verspreche dir die Treue in guten und bösen Tagen, in Gesundheit und Krankheit, bis der Tod uns scheidet. Ich will dich lieben, achten und ehren alle Tage meines Lebens.« Dieses feierliche Versprechen ist zugleich eine öffentliche liturgische Proklamation und ein persönliches Wort von höchster existenzieller Dichte.[6] Indem sich Mann und Frau das Eheversprechen geben und diesen feierlichen Sprechakt durch die begleitende Symbolhandlung des Ringtausches unterstreichen, bringen sie die Wirklichkeit ihrer Ehe hervor, die ihnen ein Leben lang als bleibender Auftrag vorausliegt. Ihr gemeinsames Leben ist fortan von der eigentümlichen Spannung des *doch schon* und *noch nicht* geprägt, die für die christliche Existenzweise in der Nachfolge Jesu charakteristisch ist. Die Ehe ist mit dem feierlichen Eheversprechen und dem verbindlichen Konsensaustausch als Ehebund gestiftet, doch muss sie in einem langen prozesshaften Geschehen täglich neu mit Leben erfüllt werden. Sie ist schon da, doch steht ihre volle Verwirklichung noch aus. Ihre Kennzeichnung als »Bund fürs Leben« bringt treffend zum Ausdruck, dass sie zugleich unwiderruflicher Anspruch und offener Prozess ist.

Die gegenwärtige Sakramententheologie bezeichnet das Eheversprechen wegen seiner wirklichkeitsstiftenden Funktion als eine performative Sprachhandlung, durch deren Vollzug die im Versprechen bezeichnete Realität der Ehe als unauflöslicher personaler Lebensgemeinschaft hervorgebracht wird. Indem sich die Ehepartner das Eheversprechen vor dem Traualtar geben, bringen sie zum Ausdruck, dass sie ihre Ehe im Vertrauen auf die unbedingte Liebe und Treue Gottes schließen, die sie einander auf ihrem gemeinsamen Lebensweg bezeugen wollen. Auf diese Weise werden Mann und Frau füreinander zum lebendigen Zeichen der Liebe und Treue Gottes, in dem diese bis in die alltäglichen Gesten des Füreinander-Daseins und Miteinander-Teilens konkret erfahrbar wird. Nichts anderes ist gemeint, wenn die Ehe zwischen Getauften ein Sakrament genannt wird. Wie in jedem Sakrament die Liebe Gottes als wirksames Zeichen sichtbar ist, so soll sich Gottes letzte Entschiedenheit für den Menschen, die sich im Leben, im Sterben und in der Auferstehung seines Sohnes Jesus Christus offenbart, in der unwiderruflichen Entschiedenheit der Eheleute füreinander abbilden.

Viele Menschen bezweifeln heute, ob sie tatsächlich zu einer unwiderruflichen Entscheidung fähig sind, wie sie das christliche Leitbild einer unauflöslichen Ehe voraussetzt. Sie begründen ihre Zweifel durch die Ansicht, wir Menschen könnten einander Liebe und Treue immer nur für die Gegenwart oder einen überschaubaren Zeitraum, nicht aber für unsere gesamte noch ausstehende Lebenszeit versprechen. Manche Brautpaare stellen deshalb im Ehevorbereitungsgespräch die Frage, ob sie das von der Liturgie der Kirche vorgesehene Eheversprechen nicht abwandeln könnten. An die Stelle des »solange ich lebe« und »bis der Tod uns scheidet« soll etwa die Formel treten: »Ich will mich immer für das Gelingen unserer Beziehung einsetzen und jederzeit das Beste aus ihr machen.« Zwar ist es ein existenzieller Selbstwiderspruch, in dem Augenblick, in dem man sich wirkliche Liebe und Treue verspricht, bereits einem möglichen Scheitern der Beziehung ins Auge zu sehen. Doch schrecken sie vor dem Anspruch einer lebenslangen Bindung zurück, den sie als eine gegenseitige Überforderung empfinden.

Hinter derartigen Zweifeln verbirgt sich weniger das Rechnen mit einem individuellen Unvermögen von der Art, dass die Eheleute sich selbst etwas nicht zutrauen, das sie an sich für eine grundsätzliche Möglichkeit des Menschseins halten. Die Skepsis, die sich in der alternativen Versprechensformel äußert, sitzt tiefer. Das verbreitete Lebensgefühl der Postmoderne rät dazu, angesichts der Komplexität gegenwärtiger Lebenslagen auch in gemeinsamen Partnerschaftsprojekten auf Sichtweite zu fahren und nur den nächsten, überschaubaren Lebensabschnitt ins Auge zu fassen. Wenn die Beziehung für immer andauert, ist es gut; dann erfüllt sich das Eheversprechen so, wie die Partner es sich erhoffen: Sie machen tatsächlich das Beste aus ihrer Ehe. Gelangen sie eines Tages zu der schmerzlichen Gewissheit, dass ihre Beziehung gescheitert ist, so können sie sich damit trösten, dass sie sich wenigstens nach Kräften für ihr Gelingen eingesetzt haben.

Eine solche Einstellung, die sich vor einer Selbstüberforderung durch zu hohe Erwartungen an das eigene Leben durch vorsorgliche Beschränkungen schützen möchte, kann als pragmatische Antwort auf tiefgreifende Umbrüche der gegenwärtigen Lebenswelt verstanden werden. Die einschneidenden Veränderungen, die der gesellschaftliche Transformationsprozess für das Leben in Partnerschaft, Ehe und Familie hervorgebracht hat, lassen sich mit zwei sozialwissenschaftlichen Deutungskategorien beschreiben: Unser Leben ist durch eine immer stärkere Pluralisierung der Lebensformen geprägt, die eine Segmentierung individueller Lebensläufe nach sich zieht. Die soziale Einbindung des Lebens und das Vertrauen in die Verlässlichkeit gesellschaftlicher Institutionen sind brüchiger geworden; die gegenläufigen Anforderungen an die Lebensführung, denen man in der Risiko- und Erlebnisgesellschaft genügen muss, verlangen in den Augen vieler Menschen ein flexibleres Reaktionsvermögen, um in wechselnden Lebenslagen bestehen zu können.

Ein charakteristischer Zug der modernen Lebenswelt ist ihre Komplexität und Unübersichtlichkeit. Die steigende Lebenserwartung stellt vor die ungewohnte Herausforderung, ein längeres Leben sinnvoll zu planen, wobei die Langzeitfolgen gegenwärtiger Entscheidungen nur schwer abschätzbar sind.[7] An die Stelle klarer Rollenaufteilungen für das Leben in Ehe, Familie und Beruf tritt heute die Anforderung, Erwerbstätigkeit und Familienarbeit zu koordinieren, eine Aufgabe, die durch die Mobilitätsanforderungen des Berufslebens und versetzte Arbeitszeiten der Partner zusätzlich erschwert wird. Zugleich verändert sich die Erwartungshaltung an das eigene Leben. Das Schwinden einer asketischen Kultur, die auch über längere Zeiträume hinweg um eingegangener Pflichten willen zu Verzicht und Einschränkung bereit ist, führt zu einer geänderten Grundeinstellung zur eigenen Biographie, die sich das Lebensglück in kleiner Münze auszahlen lassen möchte. Darüber schwindet die Fähigkeit, auch ein Leben als ein glückliches ansehen zu können, das unter einem hohem Anspruch steht, der es lohnt, Belastungen zu ertragen.

Schließlich verändert sich nicht erst in unserer Zeit, sondern schon seit der Epoche der bürgerlichen Romantik das moderne Liebesideal in eine Richtung, die das Festhalten an der Unauflöslichkeit der Ehe als utopisch erscheinen lässt. Der Psychoanalytiker *Erich Fromm* führt die wachsende Unfähigkeit vieler Menschen zu echter

Liebe darauf zurück, dass sie Liebe mit bloßen Gefühlen füreinander verwechseln und auf einer unreifen Entwicklungsstufe stehenbleiben, die ihre Liebesfähigkeit blockiert:»Man weigert sich, in der erotischen Liebe einen wichtigen Faktor zu sehen, nämlich den des Willens. Einen anderen zu lieben ist nicht nur ein starkes Gefühl – es ist eine Entscheidung, ein Urteil, ein Versprechen. Wäre die Liebe nur ein Gefühl, gäbe es keine Basis für das Versprechen, einander für immer zu lieben.«[8] Auch der Philosoph *Theodor W. Adorno* diagnostiziert die Selbsttäuschung, durch die sich die Menschen vor den Entfremdungszwängen der modernen Welt in die»friedliche Enklave«ihrer privaten Gefühle glauben zurückziehen zu können. »Überall besteht die bürgerliche Gesellschaft auf der Anstrengung des Willens; nur die Liebe soll unwillkürlich sein, reine Unmittelbarkeit der Gefühle.«[9] Dieser Versuch, das wahre Leben inmitten einer Gesellschaft der Unwahrheit und Lüge, der Ausbeutung des anderen für die eigenen Interessen, ohne den»bewussten Widerstand«einer fortgesetzten Anstrengung des Willens aufzurichten, ist jedoch zum Scheitern verurteilt. Wahres Leben, wie es die Liebe verspricht, kann nur aus einer Transzendenz der Gefühle erwachsen: »Nur der liebt, der die Kraft hat, an der Liebe festzuhalten. Es ist die Probe aufs Gefühl, ob es übers Gefühl hinaus geht durch Dauer, wäre es auch Obsession.«[10]

Das Zerbrechen von Partnerschaften und die steigende Zahl von Ehescheidungen, deren Folgen durch Mediationsangebote zugleich abgemildert und verharmlost werden, haben Rückwirkungen auf den allgemeinen Plausibilitätshorizont eines gesellschaftlichen Lebensgefühls, in dem die Bereitschaft zur nachträglichen Korrektur von Lebensentscheidungen als Erfordernis allgemeiner Lebensführungskompetenz oder einer wachsamen Sensibilität im Umgang mit eigenen Bedürfnissen erscheint. Was ist damit gemeint? Zahlreiche Ehen gehen heute wegen der strukturellen Rücksichtslosigkeit der industriellen Wohlstandsgesellschaft und ihrer Handlungszwänge gegenüber den Schutzräumen des privaten Lebens in die Brüche. Das Scheitern einer Ehe ist zwar kein unabwendbarer, schicksalhafter Prozess, doch wird es von den Betroffenen häufig als ein Geschehen erlebt, das ihnen entgleitet und sie beschädigt zurücklässt. Ist es angesichts dieser allgemeinen Ausgangslage nicht ratsamer, die Erwartungen an das Leben zurückzuschrauben und sich mit enttäuschungsfesteren Aussichten zu begnügen? Ist es nicht Zeichen einer reiferen Einstellung gegenüber dem Leben, der Verheißung großer Worte zu misstrauen? Sollten wir uns nicht endlich von der Vorstellung ehelicher Treue und dauerhafter ehelicher Bindung verabschieden, weil sie die meisten Menschen überfordert?

6.3. Liebe als vorbehaltlose Annahme des Anderen

Während sozialwissenschaftliche Analysen nach den empirisch überprüfbaren Gründen für die wachsende äußere und innere Instabilität von Partnerschaftsbeziehungen forschen, finden sich in der Literatur der Gegenwart zahlreiche Versuche, das Zerbrechen von Beziehungen aus der individuellen Perspektive der jeweiligen Paarbeziehung nachzuzeichnen. Romanfiguren stehen nur unter dem Anspruch, ihr subjektives Erleben und Empfinden authentisch widerzuspiegeln; sie müssen nicht ausgewogen sein, sie dürfen mit gedanklichen Tabuverletzungen experimentieren, Lebensbrüche ausloten, Spannungen überdehnen, und vor allem: sie dürfen mit existenzieller Ernsthaftigkeit oder auch nur probeweise alles in Frage stellen, worauf wir bisher gebaut haben. In seinem Roman »Paarungen« legt *Peter Schneider* seiner Hauptfigur Theo die Worte in den Mund: »Die Institutionen der Liebe befinden sich in offener Auflösung, weil die ihnen zugrunde liegenden sozialen und kulturellen Zwänge verschwinden.« Mit dieser kaum bestreitbaren Feststellung verbindet er eine provozierende Frage, deren mögliche Antwort er jedoch in der Schwebe lässt: »Warum nicht eigentlich von der gegenteiligen Annahme ausgehen, nämlich von der Untreue als Regel, von der Zwangsläufigkeit der Trennung, von der Endlichkeit jeder Liebe? ... Warum beklagen wir uns, warum sind wir immer wieder enttäuscht, warum erklären wir uns nicht einverstanden mit der Erfahrung, dass die Vergänglichkeit der Normalfall der Liebe ist?«[11]

Diese bohrenden Fragen lassen eine doppelte Antwort zu: Sie können als Aufforderung verstanden werden, Abschied von zu großen Hoffnungen zu nehmen, die sich mit den Worten Treue, Verlässlichkeit, Liebe und Geborgenheit verbinden. Wenn man mit nüchternen, realitätserprobten Erwartungen in die Zukunft des eigenen Lebens vorausblickt, ist man weniger enttäuscht, wenn das

Unvermeidliche tatsächlich eintritt. Theos Fragen können aber auch im entgegengesetzten Sinn gelesen werden; sie haben einen Bedeutungsüberschuss, der dazu anleitet, die Folgen einer in spielerischunernster Manier dahingesagten Antwort zu bedenken. So verstanden, sind diese Fragen eine Aufforderung, eine oberflächliche Betrachtungsweise des Lebens zu überwinden und den Dingen auf den Grund zu gehen. Was würde es für das menschliche Selbstverständnis, für die Vorstellung einer durch uns gestalteten Biographie tatsächlich bedeuten, wenn der Normalfall der Liebe ihre Vergänglichkeit wäre? Was hätte dies für Konsequenzen für unseren Anspruch, in unserer Würde geachtet und nicht nur als Bezugspunkt fremder Wünsche und Selbstverwirklichungsprojekte behandelt zu werden?

Zunächst gilt es anzuerkennen, dass die Liebe tatsächlich vergehen kann. Wenn zwei Menschen die unwiderrufliche Entscheidung für ein gemeinsames Lebensprojekt treffen, indem sie sich für immer aneinander binden, heißt dies nicht, dass sie ihre Entschiedenheit füreinander nicht wieder revidieren könnten. Jede Lebensentscheidung hat nicht nur eine Vorgeschichte, die der Selbstprüfung und der Abklärung von Sehnsüchten und Erwartungen dient, sondern auch eine Nachgeschichte, von der letztlich ihr Gelingen abhängt. Im strikten Sinn unwiderruflich ist nur das Vergangene, das auch Gott nicht mehr auslöschen kann.

Vielmehr ist die Unwiderruflichkeit der Lebenswahl, die Mann und Frau durch ihren Entschluss zur Ehe treffen, von normativintentionaler Art. Sie ist in dem begründet, was Liebe eigentlich will und worauf sie ein Leben lang aus ist, wenn sie sich selbst treu bleiben möchte. Die Unauflöslichkeit der Ehe ist keine normative Erwartung, die von außen an diese herangetragen würde; sie ist vielmehr eine Forderung, die die Ehepartner, indem sie ihrer Liebe vertrauen, an sich selbst stellen. Eine solche Lebensentscheidung impliziert die freie und definitive Selbstbestimmung beider Partner zu dem gemeinsamen Willen, dem Wachsenkönnen ihrer Liebe keine Grenzen zu setzen. Der eigentliche Grund, warum die Ehe eine auf das Ganze des Lebens angelegte, ihrem Wesen nach unauflösliche Gemeinschaft ist, die eine unwiderrufliche Entschiedenheit der Partner füreinander verlangt, liegt darin, dass sie Ausdruck der personalen Wahrheit zweier Menschen ist, die sich gegenseitig in ihrem Personsein achten und anerkennen wollen.»Die Unauflöslichkeit der Ehe ist ... ebenso wie ihre Einheit begründet in der Unbedingtheit der wechselseitigen Annahme und Bejahung der Ehepartner.«[12] Die wesentlichen Merkmale der Ehe, nämlich ihre Ausschließlichkeit (Monogamie), ihre Vorbehaltlosigkeit und die unbegrenzte Bereitschaft zur gemeinsamen Zukunft ergeben sich aus dem, was mit sozialwissenschaftlichen Kategorien die »Inklusion der Vollperson« genannt wird *(Niklas Luhmann)*. Es geht nicht wie in anderen Formen menschlicher Vergesellschaftung um eine temporäre Kooperation in Teilbereichen des Lebens, sondern um die bedingungslose Annahme von Mann und Frau in allen Aspekten ihres Personseins.

Weil der Mensch als Person auf endgültige Annahme hin angelegt ist und er in der Liebe um seiner selbst willen bejaht werden will, darf er nicht nur probeweise oder auf Zeit geliebt werden. Das christliche Verständnis der Ehe als einer unauflösbaren Lebensgemeinschaft von Mann und Frau ergibt sich nicht erst aus ihrer sakramentalen Symbolik, die sie zum Zeichen der Treue Gottes macht; vielmehr folgt der exklusive und unauflösliche Charakter der Ehe bereits auf anthropologischer Ebene aus der Einmaligkeit und Würde der menschlichen Person. Der evangelische Theologe *Wolfhart Pannenberg* hat den anthropologischen Sinn der Ehe überzeugend herausgearbeitet: »Für unser heutiges Verständnis kommt in der Unauflöslichkeit der Ehe außerdem die auf das Ganze der Lebensführung gerichtete Aufgabe der Identitätsbildung des Menschen zum Ausdruck, also die Personalität des Menschen, deren mitmenschlicher Sinn in der Unverbrüchlichkeit der ehelichen Gemeinschaft von Mann und Frau konkrete Gestalt findet ... Der Grund für die Normativität der Ehe ist die Verbindung der sexuellen Differenzierung menschlicher Existenz mit der Personalität des Menschen, die in der dauerhaften, das ganze Leben beanspruchenden Gemeinschaft von Mann und Frau in der Ehe ihren Ausdruck findet.«[13]

Hinsichtlich der personalen Dimension der Ehe, die ihrer Unauflöslichkeit zugrunde liegt, unterscheidet sich das protestantische Eheverständnis nicht von dem der katholischen Kirche. Wenn die Ehe nach deren Glauben ein Sakrament ist, bedeutet dies nicht, dass die Unauflöslichkeit der Ehe erst aus ihrer religiösen Symbolik erwächst, die sie zu einem Zeichen der unbedingten Treue Gottes zum

Menschen macht.[14] Vielmehr ist die innere Vorbehaltlosigkeit des Eheversprechens zunächst anthropologisch begründet; sie ergibt sich aus dem im Wesen des Menschen angelegten Bedürfnis nach unbedingter Bejahung und endgültiger Annahme durch andere. Die »Gemeinsame Synode der Bistümer in der Bundesrepublik Deutschland«, der ersten und bislang letzten ihrer Art, die noch vor der Wiedervereinigung Deutschlands stattfand, drückt dies so aus: »Der Mensch ist darauf angewiesen, von anderen anerkannt zu werden. Er lebt davon, dass andere ihm bezeugen: Es ist gut, dass es dich gibt. Eine Anerkennung, die den Menschen um seiner selbst willen meint, darf nicht nur auf seine positiven Eigenschaften und Leistungen bauen. Wirklich angenommen ist der Mensch nur dort, wo jemand ihn auch in seiner Hinfälligkeit und Schwäche und mit all den Belastungen annimmt, die ihm im Laufe seines Lebens, mit oder ohne eigene Schuld, zugewachsen sind. Eine solche Annahme ist auch nicht abhängig davon, wie der andere Mensch sich entwickelt oder was ihm widerfährt. Sie gilt für immer. Wo das geschieht, wird die Annahme durch den anderen Menschen eine unbedingte.«[15]

Wenn Mann und Frau sich zur gemeinsamen Lebensform der Ehe verbinden, wird diese beiderseitig zu einem zentralen Wesenselement ihrer jeweiligen Lebensgeschichte. In der definitiven Bindung an die Person des anderen ergreifen die Partner die personale Wahrheit ihres eigenen Daseins, die sie fortan nicht mehr für sich alleine, sondern nur im gemeinsamen Miteinander finden können. Als »soziale Lebensform individueller Personalität« eröffnet die Ehe den Partnern einen gemeinsamen Lebenshorizont als Mann und Frau, der jedem für sich allein verschlossen bliebe. Insofern impliziert die Ehe »eine Steigerung der Personalität und Individualität des Menschen über sein Selbst-Können hinaus.«[16] Dies bedeutet zunächst, dass Mann und Frau in der Ehe Möglichkeiten ihres Menschseins verwirklichen, die jedem für sich verschlossen wären. Nur gemeinsam werden sie über ihr individuelles Selbst-Können hinausgeführt, ohne dass sie genau angeben könnten, woher ihnen die Kraft zu dieser gemeinsamen Selbsttranszendierung zuwächst. Nach dem katholischem Verständnis der Sakramentalität der Ehe darf diese Erfahrung als ein Hinweis auf die größere Liebe Gottes verstanden werden, die in der Liebe der Ehepartner wirksam ist.

Die Rede von der sakramentalen Würde der Ehe vertraut darauf, dass dem Mensch von Gott her Möglichkeiten verbürgt sind, die er nicht aus eigener Kraft verwirklichen kann. Dahinter steht die Überzeugung des christlichen Glaubens, dass die Möglichkeiten des Menschen von Gott her zu definieren sind, und nicht umgekehrt.[17] Diese Grundlogik der theologischen Anthropologie, der jede Aussage über den Menschen folgt, prägt das katholische Eheverständnis in besonderer Weise. Der kreatürliche Mensch wird durch die im Sakrament empfangene Zusage der Nähe Gottes, der die eheliche Liebe von Mann und Frau durch seinen Heiligen Geist lenkt, formt und erfüllt, zu neuen Möglichkeiten des Menschseins befähigt. Mehr noch: Dem Glauben an die sakramentale Würde der Ehe liegt die Überzeugung zugrunde, dass die im Eheversprechen übernommenen Verpflichtungen die Ehepartner heillos überfordern würden, dürften sie nicht des wirksamen Beistandes Gottes gewiss sein, der ihre begrenzte Liebeskraft durch seine göttliche Liebe trägt und stärkt.

Das Beispiel getrennt lebender, geschiedener oder in einer zivilen Zweitehe lebender Christen zeigt freilich, dass auch das Vertrauen auf den göttlichen Beistand eine sakramentale Ehe nicht immer vor dem Scheitern bewahren kann. Die Erfahrung, die gläubige Menschen in den Zeiten des Gelingens ihrer Ehe machen, wenn sie sagen, dass in ihrer Liebe mehr wirksam ist, als sie auf die eigenen Anstrengungen zurückführen können, gilt dann plötzlich nicht mehr. Das bittere Eingeständnis, dass auch sakramentale, im Vertrauen auf die helfende Nähe Gottes eingegangene Ehen scheitern können, führt zu kritischen Anfragen an das sakramentale Ehemodell: Bleibt Gottes Gnade im Fall der gescheiterten Ehen unwirksam? Wenn ja, woran liegt dies? Die Antwort, dass die Betroffenen dem Beistand Gottes zu wenig Vertrauen schenkten und dem Wirken der göttlichen Gnade zu große Widerstände entgegensetzten, bleibt in vielen Fällen unbefriedigend. Sicherlich gibt es Paare, die auseinandergehen, ohne sich ernsthaft und über längere Zeiten hinweg um die Fortsetzung ihrer Ehe bemüht zu haben. Doch gibt es auch genügend andere, die an ihrer Ehe festhalten wollten, so lange es ging und am Ende doch resigniert feststellen mussten, dass sie dem Zerbrechen ihrer Ehe nichts mehr entgegenstellen konnten. Die Auskunft, dass die »Ehegnade« des Sakramentes nicht automatisch wirkt, hält dann, so richtig sie an sich ist, nur wenig Trost bereit. Das sakramentale Eheverständnis droht lebensfremd zu werden, wenn es nicht gelingt, aus der Erfahrung einer bleibenden, den Bruch des Scheiterns überdauernden Nähe Gottes heraus Wege zur Verarbeitung des Scheiterns und Chancen zu einem Neubeginn nach der Trennung aufzuzeigen. Auch eine lebensnahe, den Alltagsproblemen der Menschen zugewandte Theologie muss freilich zuerst von den positiven Möglichkeiten sprechen, auf die der Mensch angelegt ist. Die Auskunft, Ehen müssten scheitern, weil dauerhafte Treue eine prinzipielle Überforderung der Partner darstellt und ihre spätere Trennung bei realistischer Betrachtung schon vorprogrammiert ist, macht es sich zu einfach. Es verharmlost das Scheitern einer Ehe, wenn man darin nur das Misslingen eines illusionären Traumes sieht, für den der Mensch ohnehin nicht geschaffen ist. Eine solche Erklärung nimmt auch die Erfahrungen und Gefühle der Menschen nicht ernst, die am Scheitern ihrer Ehe leiden. Die Antwort auf die Frage, warum wir uns trotz der Erfahrung des Scheiterns nicht mit der Vergänglichkeit der Liebe abfinden und die im Eheversprechen vollzogene Selbstbindung der Partner von vornherein als eine für beide Seiten korrekturoffene Entscheidung betrachten dürfen, muss daher tiefer gehen. Sie lautet: Weil nur in einer unwiderruflich gewollten Entschiedenheit von Mann und Frau füreinander ihre Einmaligkeit als Person und die Achtung vor ihrer Lebensgeschichte einen angemessenen Ausdruck finden. Die Dauerhaftigkeit der Ehe entspricht einem anthropologischen Grundbedürfnis, das dem gesellschaftlich-kulturellen Wandel von Lebensformen vorausliegt.[18] Weil wir Menschen als kontingente, bedürftige und fragile Wesen auf endgültige Bejahung und Annahme angelegt sind, stünde ein an Bedingungen geknüpftes Versprechen im Widerspruch zu den existenziellen, in unserer anthropologischen Verfassung gründenden Sinnbedürfnissen, von denen wir uns auch durch freiwilligen Verzicht oder vertragliche Abmachung nicht befreien können.

Wahre Liebe will von sich aus aufs Ganze gehen und alles geben. Diesen Anspruch, den jede große Liebe erhebt, sollten auch geschiedene oder in Trennung lebende Menschen im Rückblick auf das Scheitern ihrer Beziehung nicht verdrängen. Der Versuch, die Gründe für das Scheitern ihrer Liebe zu verstehen, muss sich der Erinnerung an die Hoffnungen, Erwartungen und Träume stellen, die ein Teil der eigenen Lebensgeschichte bleiben, auch wenn sie in der Erinnerung nur noch als durchkreuzte, nicht in Erfüllung gegangene

Hoffnungen präsent sind. Wenn Menschen am Tag ihrer Hochzeit versprechen, einander zu lieben, vertrauen sie auf das Gelingen ihrer Liebe. Leitet sie nicht der ernsthafte Wille, alles auf eine Karte zu setzen, sollten sie es lieber bleiben lassen. Wollten die Partner ihren Selbsteinsatz für das gemeinsame Lebensprojekt von vornherein begrenzen, so wäre es nicht Selbsthingabe und Liebe, sondern ein subtiles wechselseitiges Eigeninteresse, durch das sie sich aneinander zu binden versuchen. Die Erwartung ehelicher Treue ist der Liebe nicht von außen als ein ihr fremdes Gesetz oder als eine ihre Spontaneität tötende moralische Norm auferlegt. Der Anspruch der Treue »erhebt sich vielmehr aus der Liebe selbst und bleibt ohne sie durchaus unverständlich. Sie ist nichts anderes als das Festhalten der Liebe an sich selbst.«[19] Daher verlangt die Liebe selbst, die zwei Menschen dazu führt, einander in ihrem einmaligen Personsein anzunehmen, von sich aus nach einer unverbrüchlichen, dauerhaften Lebensform, wie sie das Modell der unauflöslichen monogamen Ehe darstellt.

Wenn es der existenzielle Sinn der Liebe ist, dem Aufbau eines verlässlichen Lebensraumes zu dienen, in dem Intimität gelebt und alle Aspekte der körperhaften Existenz des Menschen von Zärtlichkeit und sexueller Bedürftigkeit bis hin zu Krankheit und Tod angenommen werden können, kann sich dieser Sinn nur in einem Akt der unbedingten Annahme und der vorbehaltlosen Selbstübereignung erfüllen. Bliebe die Bereitschaft zur Annahme und Selbstübereignung an Bedingungen geknüpft, würde die dadurch entstehende Lebensform der existenziellen Erwartung, im Spiegel des anderen die eigene Individualität als »bedeutungsvolle Form des Daseins« zu erleben, nicht mehr gerecht.[20] Ein nur probeweises, an Vorbehalte gebundenes Ja kann dem Partner nicht die unbedingte Wertschätzung verbürgen, auf die er als Person angelegt und angewiesen ist. Daran ändert auch der Umstand nichts, dass Ehen scheitern können, und die Partner zum Zeitpunkt der Eheschließung nicht wissen, ob nicht auch ihre Ehe scheitern wird. Als Ausdruck eines Ethos der Menschenwürde, das beide Partner dazu anleitet, sich als einander ebenbürtige Subjekte zu achten, ist die unauflösbare und monogame Ehe »trotz aller statistischen und psychologischen Nachweise über die Seltenheit und Unwahrscheinlichkeit ihrer Verwirklichung als letzter Anspruch an das Verhältnis zwischen Mann und Frau in unserer Kultur unverlierbar.«[21]

6.4 Liebe als Antwort auf die Vergänglichkeit des Lebens

Die Bedeutung einer unwiderruflichen Lebensentscheidung, der die innere Vorbehaltlosigkeit des gemeinsamen Willens zur Ehe entspricht, ergibt sich aus einer weiteren Überlegung. Wenn wir danach fragen, wie und warum wir endliche Menschen zu einer dauerhaften Treue fähig sein können, so werden wir auf die Zeitlichkeit unseres Daseins verwiesen. Die Vergangenheit, Gegenwart und Zukunft unseres Lebens wird von uns jeweils anders erlebt. Dennoch sind und bleiben wir dieselben, auch wenn wir uns entsprechend der unterschiedlichen Zeitformen des Daseins in unterschiedlicher Weise, nämlich im Modus von Erinnerungen an das Vergangene, von gegenwärtigen Aufgaben oder von Erwartungen an die Zukunft auf uns selbst beziehen. Da unser Dasein alle drei Zeitdimensionen umfasst, die nur in ihrer Gesamtheit unsere Lebenszeit ausmachen, erfordert unsere biographische Identität den Ausgriff auf das Ganze der noch ausstehenden Zukunft. Die anthropologische Bedingung der Möglichkeit unwiderruflicher Entscheidungen liegt in der Zeitlichkeit des Menschen, der »seine Vergangenheit, Gegenwart und Zukunft in unterschiedlicher Weise, aber zugleich hat und ist«.[22] Nur in der Bereitschaft zu unwiderruflicher Treue wird die Identität der Person in der Einheit ihrer Lebensgeschichte bewahrt.

Diese Einsicht findet eine weitere Bestätigung, wenn wir nach dem Sinn der Endlichkeit unseres Daseins fragen. In der Philosophie des 20. Jahrhunderts ist das Phänomen des Todes vor allem im Hinblick auf das analysiert worden, was *Søren Kierkegaard* seine »rückwirkende Kraft« auf das Leben nannte.[23] Insbesondere *Martin Heidegger* knüpfte an dessen Gedanken eines »Vorlaufens« zum Tod an, das unser ganzes Leben hindurch geschieht, und ergänzte Kierkegaards Analyse des Ernstes durch das Konzept der »Sorge«, in der unser Dasein erst zu dem findet, was es eigentlich sein soll. In seinen Untersuchungen zur zeitlichen Struktur des Daseins zeigt Heidegger, dass wir unser Leben verfehlen, wenn wir es nicht von seinem Ende her als »Sein zum Tode« begreifen.[24] Die daseinserschließende Macht des Todes liegt dabei darin, dass dieser das Leben nicht nur von außen als sein Ende begrenzt, sondern als innere Ausrichtung auf dieses Ende hin zugleich in ihm präsent ist. Erst der Tod und das Wissen um die eigene Sterblichkeit geben dem Dasein Gewicht, denn erst dadurch, dass es nicht beliebig wiederholbar ist und nicht auf jeden misslungenen Versuch ein neuer folgen kann, gewinnt das Leben seine irreversible Richtung und einmalige Bedeutung. Nur wenn ein gewagter Einsatz für immer gewonnen ist und vertane Möglichkeiten nicht beliebig wiederkehren, haben einzelne Entscheidungen für das Gelingen unseres Lebens bleibende Bedeutung. »Der im Ernst gedachte Gedanke an den Tod ermöglicht erst wahres, wirklich gelebtes und gerichtetes Leben.«[25]

Im Lichte dieser Analysen über die Zeitstruktur des menschlichen Daseins zeigt sich, dass die Unfähigkeit, in einer unwiderruflichen Entscheidung über sich selbst zu verfügen und einem anderen Menschen definitive Treue zu versprechen, letzten Endes auf einer illusionären Einstellung zum eigenen Leben beruht, die das Wissen um die Sterblichkeit verdrängt. Umgekehrt befähigt das Bewusstsein der eigenen Endlichkeit, wenn es zur Grundlage eigener Lebenspläne wird, sich über die Möglichkeiten des Lebens im Ganzen Rechenschaft zu geben; die Gewissheit des Todes zwingt zu der Frage, worauf sich im Leben wirklich bauen lässt, und verleiht so der eigenen Biographie Richtung und Sinn. Der Moraltheologe *Klaus Demmer* beschreibt die große Lebensaufgabe, die sich jedem Menschen stellt: »Der Vergänglichkeit muss ein Projekt eingeprägt werden, dessen Sinnhaftigkeit den Tod überlebt.«[26] Dagegen verführt das Fernhalten des Todes zu einem unernsten Spiel mit imaginären Möglichkeiten. Auf diese Weise löst sich das Ganze des Lebens in eine Abfolge von Segmenten auf, die untereinander nur durch die schnell verdrängten Enttäuschungen zusammengehalten werden, wenn ein Lebensinhalt die Erwartung nicht erfüllte, um deretwillen er einst gewählt wurde. Wo das Wissen um die Endlichkeit des eigenen Lebens verdrängt und durch die Illusion einer unbegrenzten Lebenszeit abgelöst wird, schwindet unsere Fähigkeit, durch Enttäuschungen hindurch zu tragfähigen Lebensinhalten vorzustoßen und in der Hoffnung auf dauerhaftes Gelingen definitive Lebensentscheidungen zu fällen.[27]

6.5. Die positive Bedeutung von Krisen und Enttäuschungen

Wer sich in seinen Erwartungen an das Leben auf den Normalfall der Liebe einstellt, denkt deshalb nicht an ihr mögliches Scheitern.

Er rechnet vielmehr in nüchterner Voraussicht damit, dass auch eine im festen Willen zu unverbrüchlicher Treue eingegangene Beziehung vor Krisen und Enttäuschungen nicht bewahrt bleiben wird. Treten Krisen und Enttäuschungen auf, so wird er sie in der gefassten Haltung annehmen, dass eben dies das Alltägliche in jeder Liebe ist, das keinem Paar erspart bleibt. Enttäuschungen sind kein Indikator für eine verfehlte Lebenswahl, der eine Korrektur der ursprünglichen Entscheidung füreinander nahelegt, sondern sie bieten eine Chance zu notwendigen Reifungs- und Wachstumsschritten auf dem gemeinsamen Lebensweg. Gemeinsam durchstandene Krisen stärken die Beziehung, produktiv angenommene und verarbeitete Enttäuschungen befreien von illusionären Erwartungen an den Partner wie an sich selbst. Längerdauernde Krisen, die von den Partnern als Entwicklungschance für ihre Beziehung angenommen werden, können sogar zu einer Schlüsselsituation führen, in der die Partner zu einer zweiten Entscheidung finden, durch die sie ihre ursprüngliche Lebenswahl aufgreifen und vertiefen. Diese Bestätigung ihrer ersten Lebensentscheidung befähigt sie dann nicht nur zum Festhalten an ihrer Ehe, sondern auch dazu, unreife Entscheidungsanteile besser zu verstehen und die zurückliegenden Krisenerfahrungen in ihr Lebenskonzept zu integrieren.[28] In Krisenzeiten, in denen ihre Beziehung auf dem Spiel steht, sollten die Partner sich deshalb von dem Grundsatz leiten lassen, dass die besseren Gründe für die Richtigkeit der ursprünglichen Lebenswahl sprechen. Die Trennung an sich löst noch keines der Probleme, die eine Beziehung an den Rand des Scheiterns bringen können. Nüchtern und realistisch ist vielmehr damit zu rechnen, dass die eigenen Schwächen einen auch in einer neuen Partnerschaft einholen werden. »Denn das sollten Menschen bedenken, die von der Änderung ihrer Orte und ihrer Beziehungen etwas erwarten: Wo immer man hingeht, sich selber nimmt man mit.«[29]

In dem Augenblick, in dem sie durchlitten werden, sind Enttäuschungen oft schmerzlich, aber sie werden selten als etwas nur Negatives erlebt. Oftmals sind sie unausweichlich, da sie uns aus Selbstblockaden und Fixierungen auf unrealistische Erwartungen lösen und uns so zu einer wirklichkeitsgerechteren Selbstannahme befreien. Statt die ursprüngliche Lebenswahl und die aus ihr hervorgehende Lebensgeschichte ständig durch bohrende Zweifel in Frage zu stellen, bis ihr Scheitern tatsächlich unabwendbar geworden ist, bedarf es einer Grundhaltung der Gelassenheit gegenüber dem eigenen Leben, die auch unreife Anteile der Lebenswahl durchschauen und als Wahrheitsmoment des eigenen Lebens annehmen kann. Die geforderte Haltung prophylaktischer Vorsicht kalkuliert nicht die Eventualität des Scheiterns ein, sondern sie fragt nach den alltäglichen Voraussetzungen, die man selbst schaffen muss, um der eigenen Lebensentscheidung treu bleiben zu können. Zu dem Ethos heilsamer Voraussicht gehört zunächst, wie der jahrzehntelang in Rom lehrende Moraltheologe *K. Demmer* in seinen Analysen zur Lebenswahl unermüdlich betonte, die Ausbildung einer anspruchsvollen Gedankenwelt, die zu einer affektiven Kultur des eigenen Gefühlslebens im Blick auf die versprochene Treue befähigt. Wegen ihrer Bedeutung sollen Demmers Überlegungen ausführlich wiedergegeben werden:

»Mit einer getroffenen Wahl muss man sich gedanklich anfreunden, ihre schönen Seiten wollen entdeckt sein. Der Anlässe gibt es genug, sie werden einem zugespielt vornehmlich dann, wenn man nicht darauf gefasst ist. Das ist eine Sache der positiven Lebenseinstellung, die einem nicht unverdient in den Schoß fällt, die vielmehr den Mut zu seelischer Hygiene verlangt. Gewiss denkt man zuerst an die gehegten Erwartungen: Haben sie sich erfüllt? Aber damit ist es nicht getan, die Erwartungen selbst müssen kritischer Prüfung standhalten. Sind sie, bei Licht betrachtet, realistisch, bringt man die Voraussetzungen für sie mit, oder müssen sie sich auf ein nüchternes Maß zurückschrauben lassen?«[30]

Ein bewusstes Ethos vorausschauender Sorge zielt darauf, ein günstiges Umfeld für das gemeinsame Leben auf der Basis der getroffenen Wahl entstehen zu lassen und äußere Lebensumstände zu arrangieren, die einem die Wahrheit der getroffenen Lebenswahl immer wieder in Erinnerung rufen.

»Was lässt man an sich herankommen, auf der Ebene von Weggenossen, Gesprächen, sinnenhaften Eindrücken? Schließlich besetzt die Umwelt das eigene Denken und Empfinden, sie kann einen, unmerklich aber beharrlich, von der Treue zur getroffenen Wahl ablenken, vielleicht gar eine schattenhafte Gegenwelt aufbauen. Einer solchen Entwicklung ist hellsichtig zuvorzukommen; seelische Hygiene tut Not, und sie beginnt tunlichst bei den ganz alltäglichen Dingen.«[31]

Wenn von der Ehe die Rede ist, darf nicht nur von ihren Gefährdungen, ihrem drohenden Scheitern und der Mühe gesprochen werden, dieses durch stets von Neuem aufzubietende Gegenkräfte abzuwenden. Gewiss braucht es fortgesetzte Aufmerksamkeit füreinander, Einfühlungsvermögen für die Bedürfnisse der Partner, die Bereitschaft zum gegenseitigen Verzeihen und die Fähigkeit, Schwächen des anderen zu ertragen. Ebenso ist es für das Gelingen der Ehe erforderlich, dass die Partner Konflikte ansprechen, aber dabei Schuld nicht nachtragen und die Liste des jeweiligen Fehlverhaltens nicht penibel verrechnen. Auch kann es Zeiten geben, in denen man sich größere Distanz und das Recht zum Alleinsein einräumen muss, um sich wieder besser nahekommen zu können.

Dabei wird die Fähigkeit, angemessen auf die Bedürfnisse des Partners zu reagieren (auch wenn dabei eigene Erwartungen zurückgestellt werden müssen) und die Fähigkeit, in den täglichen Angelegenheiten des gemeinsamen Lebens tragfähige Kompromisse zu finden, oftmals erst in einem langen und schmerzhaften Prozess durch Phasen der Mutlosigkeit, der gegenseitigen Verletzungen und Missverständnisse und auch des Sich-Voneinander-Abwendens erworben werden. Doch kann es in Paarbeziehungen, in denen die Partner das ganze Leben teilen, auf Dauer kein Ausweichen voreinander geben. Nur wenn man sich immer wieder aufeinander einlässt und den anfänglichen Ehekonsens erneuert, gelingt der Aufbau einer Wir-Gestalt des gemeinsamen Lebens, in der sich die prekäre Balance von Autonomie und Abhängigkeit, Für-Sich-Sein und Miteinander-Sein wie von selbst, aus spielerisch erworbener Routine einstellt. Auf diese Weise können die Ehepartner in gemeinsamer Anstrengung die Entwicklungsaufgaben erfüllen, die am Beginn ihrer Ehe vor ihnen liegen: der Aufbau einer gemeinsamen inneren und äußeren Welt, die Entwicklung der eigenen Persönlichkeit in gemeinsamer Weiterentwicklung mit dem Partner sowie die Übernahme von Verantwortung in der Erziehung der Kinder und in der Bereitschaft zu ehrenamtlichem Engagement über den Kreis der Familie hinaus.[32]

Doch bringt die Ehe nicht nur immerwährende Mühe, angestrengte Beziehungsarbeit und den Zwang zur ständigen Selbstbeobachtung mit sich, wie die Konsultation einer einschlägigen psychologischen Ratgeberliteratur suggerieren könnte. Es gibt auch ein gemeinsames Vertrautwerden der Eheleute, das ihnen über die Jahre ihres gemeinsamen Ehelebens hinweg eine immer größere Gewissheit vermittelt, miteinander auf einem guten Weg zu sein. Zwar ist es ihnen niemals möglich, in ihrer Liebe und Treue im Vertrauen auf das gemeinsam Zurückgelegte nachzulassen. Dennoch kann sich unter den Partnern ein letztes Vertrautsein einstellen, das stärker ist als alle Sorge und Angst.»Wo ... die Partner aus dem Ursprung ihrer Freiheit heraus einander zugewandt bleiben, da verdichtet sich die Einheit der Ehe so sehr, dass ihre Aufhebung immer unmöglicher wird. Schließlich kann ihre Ehe durch nichts mehr, durch kein Versagen und keine Krisen, geschieden werden. Der Gedanke an eine Trennung kommt erst gar nicht auf, weil diese von der Tiefe der beteiligten Personen her nicht gewollt werden kann.« [33] Wenn die Ehe auf diese Weise gelingt, ist sie tatsächlich zu der unauflösbaren personalen Lebensgemeinschaft geworden, von der die kirchliche Verkündigung als Leitperspektive spricht. Die Partner sind dann in jene letzte und unbedingte Verlässlichkeit hineingewachsen, die sie in ihrem Eheversprechen gemeinsam vorweggenommen haben. »Trotz und in all ihrer Endlichkeit erlangen sie eine Dimension des Seins, welche jenseits der Labilität der Herzen liegt. Eine nicht mehr rückgängig zu machende Solidarität, die wie ein Aufgang des Ewigen und damit ›seinshaft‹ im vollsten Sinn ist, nämlich als Verdichtung der Treue, als Gestalt der unbedingten Anerkennung.« [34]

Diese Überlegungen zum anthropologischen Sinn unwiderruflicher Lebensentscheidungen und zum Leitbild einer auf unbedingte Treue gegründeten Ehe zeigen, warum wir uns instinktiv weigern, den Verrat an der Liebe als den Regelfall und die Auflösung der Ehe als ihr zwangsläufiges Ende anzusehen. Wollte die Kirche hier irgendwelche Abstriche an der Vorstellung einer verbindlichen Lebenswahl und der Ehe als einer unauflöslichen Lebensgemeinschaft von Mann und Frau vornehmen, indem sie andere Lebensformen als gleichrangige Alternativen zur Ehe akzeptiert, würde sie ihren Auftrag verraten, freimütig das Evangelium zu verkünden. Zu sehr entspricht die Ehe den zentralen anthropologischen Überzeugungen des christlichen Glaubens – der Gottebenbildlichkeit des Menschen und seiner darin begründeten unbedingten Würde, dem schöpfungsgemäßen Sinn seiner Zweigeschlechtlichkeit, seinem Status als verleiblichter, sexuell geprägter Person – als dass es aus der Sicht einer christlichen Ethik im Blick auf die Anerkennung der Ehe irgendwelche Spielräume der Relativierung oder der Umdeutung ihrer Alleingeltung als normatives Leitbild geben könnte.

Die Problematik der wiederverheirateten Geschiedenen kann deshalb nicht dadurch gelöst werden, dass man das Scheitern ihrer Ehe bagatellisiert, was oftmals auch im Widerspruch zu ihren eigenen Gefühlen stünde, oder die Missbilligung ehelicher Untreue als unbarmherzigen Rigorismus abtut. Tatsächlich ist die Erwartung verlässlicher Treue, die Mann und Frau im Eheversprechen sich gegenseitig zusichern, keine Überforderung des Menschen, sondern eine seiner großen Möglichkeiten, durch die sich seine Sehnsucht nach unbedingter Annahme und Geborgenheit erfüllt. Allerdings dürfen Theologie und Kirche, wenn sie unbeirrt an dieser Möglichkeit des Menschseins festhalten, darüber nicht aus den Augen verlieren, dass erschreckend viele Ehen scheitern, sei es durch schuldhafte Nachlässigkeit, durch fortgesetzte Untreue oder weil die Partner in ihrer Ehe tatsächlich überfordert sind. Auch die in ihrer Ehe gescheiterten Partner haben ein Recht darauf, dass ihre gemeinsamen Erfahrungen ernst genommen und ihre Entscheidung zur Trennung und später zum Eingehen einer zivilen Zweitehe geachtet werden.

Die Forderung nach einem respektvollen Umgang mit geschiedenen und wiederverheirateten Menschen steht nicht im Widerspruch dazu, dass die Kirche am Leitbild der monogamen, auf unbedingte Treue gegründeten Ehe festhält. Vielmehr ist es umgekehrt so, dass sie dieses Ehemodell nur dann glaubwürdig verkünden kann, wenn sie auch denen eine von menschlicher Wertschätzung inspirierte Zukunftsperspektive aufzeigen kann, die ihm in ihrem Leben nicht gerecht werden konnten. Das Ideal der unauflöslichen Ehe gerät nämlich auch dann in Misskredit, wenn es als eine unbarmherzige Norm empfunden wird, die Menschen in ausweglose Sackgassen treibt. Die Angst vor einem möglichen Scheitern ohne jede Aussicht, wie es dann weitergehen soll, kann davor zurückschrecken lassen, das Wagnis einer unwiderruflichen Lebensentscheidung überhaupt erst einzugehen.

6.6. Die Korrektur von Lebensentscheidungen und die Möglichkeit des Scheiterns

Die Entscheidung für den eigenen Lebensentwurf steht unter dem Anspruch der Unwiderruflichkeit und Treue, weil sich in ihr die personale Wahrheit eines Menschen ausdrückt. Die in der Entscheidung zur Ehe getroffene Lebenswahl stellt einen Ausgriff in die Zukunft dar, der diese in bestimmter Weise vorwegnimmt und ihr eine verbindliche Richtung vorgibt. Lebensentscheidungen legen eine Grundlage für das spätere Leben, die im Verlauf der eigenen Biographie eingeholt und bestätigt werden soll. Die notwendige Ratifizierung der Lebensentscheidung in der alltäglichen Lebensführung ist nicht nur in einem kalendarisch-quantitativen Sinn zu verstehen, weil die noch ausstehende Zukunft mit ihren offenen Möglichkeiten erst noch ablaufen wird, sondern auch auf eine qualitative Weise, insofern nämlich die ursprüngliche Lebensentscheidung einen Handlungsrahmen oder einen Interpretationsschlüssel für die noch vorausliegende, gemeinsam zu gestaltende Lebenszeit bildet.

Die Ehepartner stellen ihre alltägliche Lebensführung unter den Anspruch, ihre Partnerschaft so erfüllend zu gestalten, dass eine Trennung für sie nicht mehr in Frage kommt und die Auflösung ihrer Lebensgemeinschaft zu einer »unmöglichen Möglichkeit« wird. Wenn ihr gemeinsames Lebensprojekt im Sinne der ursprünglichen Wahl gelingen soll, muss diese in einem lebenslangen Wachstums- und Reifungsprozess vertieft und in Krisen wiedergewonnen werden. Die Eigenart personaler Wahrheit, in der sich eine biographische Lebensgestalt ausdrückt, zeigt sich gerade darin, dass sie »niemals abgeschlossen sein kann, sondern der dauernden Neubestätigung bedarf, sofern sie nicht zerfallen will.«[35] Manche Erwartungen und Motive, die mit der ursprünglichen Entscheidung verbunden waren, müssen im Verlauf der gemeinsamen Lebensgeschichte korrigiert und andere neu erworben werden, weil die Entscheidung im Lichte späterer Erfahrungen und Reifungsschritte als ergänzungsbedürftig erscheint. Die Fähigkeit zur Treue erfordert so die Bereitschaft, das Neue anzunehmen und in die gemeinsame Lebensgestalt zu integrieren, in der die Partner zu ihrer biographischen Identität gefunden haben.

Die erforderliche Bestätigung der ursprünglichen Lebensentscheidung kann auf eine unspektakuläre Weise durch ein allmähli-ches »Nachreifen« erfolgen, das unreife Erwartungen an den eigenen Lebensentwurf ausscheidet.

Es kann aber auch sein, dass es im Leben zweier Menschen einer krisenhaften Erschütterung bedarf, die den Prozess einer produktiven Neuorientierung auslöst und den Durch-bruch zu einem vertieften Verständnis ihrer ursprünglichen Ent-scheidung füreinander ermöglicht. In der einen oder anderen Weise ist das Gelingen der Ehe darauf angewiesen, dass die Partner sich gemeinsam weiterentwickeln, an ihrem ursprünglichen Lebensent-wurf weiterbauen und ihre Entschiedenheit füreinander lebendig halten.

Auch wenn Krisen, die in jeder Ehe auftreten, zunächst immer als Wachstums- und Reifungschance betrachtet werden sollen, ist anzu-erkennen, dass Lebensentwürfe trotz des ernsthaften Bemühens bei-der Partner, ihrem Anspruch gerecht zu werden, auch endgültig scheitern können. Es gibt Konflikte, die eine lange Vorgeschichte im Leben der jeweiligen Partner haben und erst in einem späteren Lebensabschnitt mit ganzer Wucht aufbrechen. Unter Umständen gelangen die Ehepartner in ihrer Beziehung an einen Punkt, an dem sie erkennen müssen, dass sie das angestaute Konfliktpotential nicht mehr entschärfen können. Nachdem sie viele Jahre lang um ihre Beziehung gerungen haben, fehlt ihnen die Energie, weiter an ihr festzuhalten. Auch wenn es nicht selten vorkommt, dass ein Part-ner die Beziehung mutwillig und leichtfertig aufs Spiel setzt, trennen sich Eheleute in der Regel nicht aus willkürlichen Gründen. Oftmals stellen Trennung und Ehescheidung dramatische Einschnitte im Le-ben der davon betroffenen Menschen dar, an die sie für immer eine traumatische Erinnerung bewahren.

Es kann eine überaus schmerzliche Erkenntnis sein, dass zwei Menschen in ihrer Ehe über lange Zeit hinweg aneinander vorbei gelebt haben und es für diese keine gemeinsame Basis mehr gibt, ja vielleicht nie gegeben hat. Aber auch wenn sie glücklich miteinander in das gemeinsame Lebensprojekt gestartet sind, können sie durch anfängliche Nachlässigkeit allmählich in einen Prozess der Entfrem-dung geraten, der sich am Ende nicht mehr aufhalten lässt. Es kön-nen sich im Leben zweier Partner Situationen verfestigen, in denen sich die ursprüngliche Wahl so sehr verdunkelt hat, dass sie nicht mehr auf diese zurückkommen können. Es gibt dann keinen Weg zurück an den Anfang mehr, sondern nur noch eine Umkehr »nach vorne«, weil die Partner an dem eingetretenen Zustand nichts mehr ändern können. In diesem Fall helfen auch Appelle an das Durchhaltevermögen und die Leidensfähigkeit der Betroffenen nicht weiter, da keine wirkliche Aussicht auf eine Versöhnung der Partner und eine Heilung ihrer Beziehung mehr besteht.

Wenn Ehepartner das endgültige Scheitern ihrer Beziehung feststellen müssen, verfügen sie häufig über keine reale Alternative mehr, an der sie festhalten könnten. Natürlich könnten beide Partner, den gemeinsamen Willen dazu vorausgesetzt, ihre Ehe äußerlich weiterführen und so die eingegangenen Verpflichtungen zum Schein erfüllen. Geschieht dies um der Kinder willen, denen man die Belastungen von Trennungskonflikten ersparen möchte, verdient eine derartige Einstellung hohen Respekt. Dies ist insbesondere dann der Fall, wenn ein Partner, der unter der Missachtung und fortgesetzten Zurückweisung durch den anderen leidet, mit Rücksicht auf die Kinder an der Ehe festhält. Doch wird dies in der Regel nur so lange gelingen, wie die Kinder zu ihrer eigenen Entwicklung tatsächlich einer fürsorglichen Atmosphäre bedürfen. Spätestens wenn sie auf eigenen Füßen stehen, stellt sich die Frage, welchen moralischen Wert das Festhalten an der eigenen Ehe besitzt, wenn eine wirkliche Versöhnung der Partner nicht mehr möglich ist, und sie ihre Beziehung nicht mit neuem Leben erfüllen können. Auch wenn Treue als Selbstkonstanz der Partner und als Verlässlichkeit füreinander zweifellos einen hohen Wert darstellt, kann Treue zur Selbsttäuschung werden, wenn sie glaubt, an etwas festhalten zu können, was sich nicht mehr festhalten lässt. Es bleibt den Betroffenen dann nur die schmerzliche Einsicht, dass sie in ihrer Partnerschaft aneinander gescheitert sind. Meistens ist dieser Einsichtsprozess von Gefühlen der Schuld, der Wut und des Versagens begleitet. Oftmals sind sich beide Partner aber auch keiner persönlichen Schuld bewusst, weil sie am Ende ihrer Kräfte sind und die Trennung als einzigen Ausweg ansehen.[36]

Nicht immer erfolgt die Trennung in beiderseitigem Einvernehmen, auch wenn dies nach außen so dargestellt wird. Der Partner, der lange Zeit hoffte, er könnte den anderen wieder von einem Weg der Entfremdung zurückführen, und der in dieser Hoffnung erhebliche Selbstverleugnung an den Tag legte, gelangt irgendwann zu der

Gewissheit, dass er den Partner doch nicht festhalten kann. Er muss sich mit dem Scheitern seiner Ehe abfinden, obwohl er sich lange gegen diesen Prozess gewehrt und ein hohes Maß an Opfer und Verzicht aufgebracht hatte, um ihn aufzuhalten. Eine Ehe kann nicht auf Dauer bestehen bleiben, wenn der eine sich innerlich schon von ihr verabschiedet hat und nur darauf wartet, bis sich auch der andere in das Unabwendbare fügt. Besonders bitter ist es für den zurückgelassenen Partner, wenn der andere ihn einfach verlässt, weil er eine neue Beziehung eingegangen ist, von der er sich in Zukunft mehr verspricht.

Die wohlfeilen Ausreden, mit denen ein Schritt, der sich nicht rechtfertigen lässt, irgendwie doch noch gerechtfertigt werden soll – man muss loslassen können, wir beide haben einander nichts mehr zu sagen, unsere Beziehung hat sich leider erschöpft, wir können uns nur noch getrennt weiter entwickeln usw. –, wirken auf den anderen verstörend und beleidigend. Die verlassene Ehepartnerin oder der verlassene Ehepartner empfinden das plötzliche Verlassenwerden als infame Kränkung, weil sie den vergleichenden Blick spüren, mit dem sie gegen eine andere Person, die in ihre Ehe eingebrochen ist, abgewogen werden. Zu Recht empfinden sie es als Verrat, wenn ihnen im Klartext die Botschaft übermittelt wird: Es lohnt sich für mich nicht mehr, bei dir zu bleiben, du bist es nicht mehr wert, dass ich mein Leben mit dir teile. Von daher ist es verständlich, dass der zurückgelassene Partner mit Zorn, Wut und Empörung auf die Niedertracht des anderen reagiert. In diesen Reaktionen äußert sich nicht nur die berechtigte Enttäuschung über das moralische Versagen des anderen, sondern auch eine tiefe Verletzung des eigenen Selbstwertgefühls. Dennoch bleibt dem verlassenen Partner keine andere Wahl, als sich mit dem abzufinden, das sich nicht mehr ändern lässt. Gerade die Rücksichtslosigkeit, mit der er vor vollendete Tatsachen gestellt wurde, besiegelt das definitive Scheitern der Ehe.

Die Ursachen, warum Ehen scheitern können, sind vielfältig; sie reichen von den strukturellen Zumutungen der modernen Lebenswelt über zu hohe emotionale Erwartungen oder unreife Überforderungen der Partner bis hin zu ihrem mangelnden moralischen Selbsteinsatz oder dem schweren moralischen Versagen eines Partners, der die Ehe durch mutwilliges und verantwortungsloses Fehlverhalten zerstört. So unterschiedlich die der Trennung vorangehenden Paarkonstellationen in ihrem krisenhaften Verlauf auch sein mögen, so zeigen sie doch eines: Es kann endgültiges Scheitern geben, mit dem die Betroffenen sich dann abfinden müssen. Mehr noch: Sie müssen danach weiterleben und sich mit dem Scheitern so auseinandersetzen, dass daraus die Möglichkeit eines Neubeginns erwächst.

Wenn die Situation endgültigen Scheiterns eingetreten ist, helfen die guten Gründe nicht mehr weiter, die man vorher dafür anführen kann, an der Ehe festzuhalten, eine Krise gemeinsam durchzustehen und die ursprüngliche Lebenswahl nicht zu korrigieren. Das Pochen auf die Unauflöslichkeit der Ehe und das Einfordern der einst versprochenen Treue gehen ins Leere, wenn die menschlichen Voraussetzungen nicht mehr bestehen, unter denen Ehe und eheliche Treue gelebt werden können. Wenn das Scheitern bereits eingetreten ist, versagen die Ermahnungen, die zu einem früheren Zeitpunkt des Ehekonfliktes durchaus angebracht gewesen wären.

In der unmittelbaren Konfrontation mit der Tatsache, dass das Scheitern der eigenen Ehe unabwendbar geworden ist, verstärken moralische Vorwürfe nur den Leidensdruck, der auf den Partnern lastet. Je höher die Selbstbindung an persönliche Ideale und Werte ist, desto stärker reagieren die Betroffenen häufig mit Versagensgefühlen auf das Scheitern ihrer Ehe. So wenig Schuld, die eigene wie die des Partners, bagatellisiert werden darf, so wenig lässt sich leugnen, dass bloße Schuldzuweisungen nichts zum Besseren wenden. Im Gegenteil: Sie nageln die Betroffenen auf ihr Scheitern fest und verstärken nur ihre Selbstzweifel und Versagensgefühle.

Eine Ethik, die nur moralische Überzeugungen kundtut und daraus Appelle, Aufforderungen und Ermahnungen ableitet, erweist sich spätestens dann als lebensfremd, wenn man mit der Realität des Scheiterns konfrontiert wird. Davor die Augen zu verschließen, ist kein Zeichen moralischer Stärke. Wer die Möglichkeit, hohe selbstgesetzte Ziele zu verfehlen und im Leben Niederlagen zu erleiden, ständig überspielt, sitzt einer gefährlichen Selbsttäuschung auf. Der Beschwörung moralischer Werte wohnt als solcher noch keine apotrophäische Kraft inne, die existenzielle Erschütterungen und Einbrüche gleich dem Abwehrzauber archaischer Rituale von uns fernhalten könnte. Vielmehr muss derjenige, der von der Unauflöslichkeit der Ehe und der Notwendigkeit ehelicher Treue zu ihrem Gelingen spricht, auch ein hilfreiches Wort zu denen sagen können, die in ihrem Leben an diesen eingegangenen Verpflichtungen scheitern. Es ist geradezu eine Art Lakmustest für die Glaubwürdigkeit moralischer Überzeugungen, ob sie auch die existenzielle Gegenprobe angesichts des eigenen Scheiterns bestehen, oder ob sie einen gerade dann im Stich lassen, wenn man des Trostes am meisten bedürfte. Eine Ethik, die uns dazu anhält, die Möglichkeit von Niederlagen zu überspielen, mag die Einbildungskraft von Siegertypen stärken, sie könnten von Krisen und Niederlagen unbehelligt durchs Leben gehen. Eine solche Ethik hat ihre Bewährungsprobe erst noch vor sich, solange Krisen und Erschütterungen ausbleiben. Ihr liegt eine falsche Vorstellung vom Gelingen des Lebens zugrunde, die spätestens dann zerbricht, wenn man die Erfahrung machen muss, dass man unverhofft selbst vom Scheitern bedroht sein kann.

7. Theologie des Scheiterns

Angestoßen durch die unbefriedigende Situation geschiedener und wiederverheirateter Menschen in der Kirche entwickelten in den vergangenen Jahrzehnten mehrere Autoren *(Dorothee Sölle, Dietmar Mieth, Jürgen Werbick, Gotthard Fuchs* und *Dieter Eckmann)* Ansätze zu einer Theologie des Scheiterns. Diese verfolgen nicht das Ziel, den mit dem Scheitern von Lebensentwürfen verbundenen Bruch zu verharmlosen oder das Scheitern in irgendeiner Weise zu verklären. Es geht nicht um ein Lob des Scheiterns, das eine verborgene Weisheit im Scheitern aufdecken und gescheiterte Menschen als die wahrhaft glücklichen preisen wollte. Eine Verklärung des Scheiterns, die den Eindruck erweckt, dass gescheiterte Menschen authentischer als andere leben, weil sie zu den Niederlagen in ihrem Leben stehen und den Brüchen ihrer Lebensgeschichte nicht ausweichen, steht im Widerspruch zur Selbsterfahrung der Betroffenen. Ebenso wenig soll das Scheitern als notwendige, von Anfang an vorprogrammierte Folge zu hoher moralischer Ideale dargestellt werden, als sei die Forderung ehelicher Treue unerfüllbar. Schließlich soll das Scheitern nicht nach der Logik des Sprichworts *tout comprendre, c'est tout pardonner* (= alles verstehen heißt alles verzeihen) gerechtfertigt oder die mit ihm verbundene Schuld wegerklärt werden. Vielmehr fragen die Versuche zu einer Theologie des Scheiterns danach, ob nicht aus der Mitte des christlichen Glaubens heraus, im Blick auf das Leben, das Sterben und die Auferstehung des Jesus von Nazareth und seiner Botschaft von der unbedingten Liebe Gottes zu jedem Menschen Angebote zu einer Sinnfindung in Situationen äußerster existenzieller Not zu entdecken sind, die gescheiterten Menschen die Annahme ihrer Lage erleichtern und ihnen Wege zu einem Neubeginn aufzeigen können.

7.1. Die Fehlbarkeit des Menschen

Anders als eine oberflächliche Moralauffassung suggerieren möchte, die die dunklen Seiten der Wirklichkeit überspringt, sind Erfahrungen des Scheiterns dem christlichen Glauben und seiner Ethik nicht fremd. Im Gegenteil: Einer ihrer Vorzüge liegt gerade darin, dass sie Quellen des Trostes und der Sinngebung anbieten, die zur Bewältigung des Scheiterns anleiten können. Auch wenn die christliche Ethik von anspruchsvollen moralischen Idealen geleitet ist und hohe Forderungen an den Menschen stellt, so liegt ihr doch zugleich die Einsicht in die Fehlbarkeit des Menschen zugrunde. Jeder, der sich auf das Leben einlässt, macht sich verletzlich, indem er sich der Möglichkeit des Scheiterns aussetzt; das Versagen gehört ebenso wie das Gelingen zum Menschsein. Die Illusion der Unverwundbarkeit und einer vermeintlichen Ich-Stärke, die alle Anfechtungen und Lebenskrisen in der Attitüde des ewigen Gewinners überspielt, entspricht ebenso wenig der vom christlichen Glauben geforderten Grundeinstellung zum Leben wie die Lässigkeit der scheinbar Abgebrühten, die Niederlagen in sportlicher Manier meinen einfach wegstecken zu können. Dagegen leitet der christliche Glaube zu einer realistischen Wahrnehmung des eigenen Lebens an, die seine Schattenseiten nicht verdrängt. Der Glaube lehrt, den Negativerfahrungen des Lebens standzuhalten, weil er einem Licht vertraut, dem man auch im Dunkeln folgen kann.

7.2. Scheitern als endgültiger Verlust

Dem Versuch, das Scheitern menschlich oder religiös, ethisch oder theologisch aufzuwerten, ist von vornherein eine letzte Grenze gesetzt: Jedes Scheitern an der eigenen Ehe, sei es ein schuldhaft verursachtes oder ein schuldlos erlittenes, bedeutet das endgültige Misslingen eines ursprünglichen Lebensentwurfs, dessen Gelingen das an sich Wünschenswerte gewesen wäre. In dem Wort »Scheitern« steckt das Bild vom Holzscheit, das gespalten wird; das Leben bricht auseinander, man wird vom Scheitern zerrieben und erleidet Schiffbruch. Wer scheitert, erfährt sich hilflos einer fremden Macht ausgeliefert, die ihn zu vernichten droht.[1] Weil Scheitern, anders als eine Krise, die sich zum Guten wie zum Schlechten entwickeln kann, immer die Erfahrung eines unheilbaren, endgültigen Bruches in der eigenen Lebensgeschichte bedeutet, kann das Ende einer Beziehung wie ein physisches Sterben und der Verlust eines geliebten Menschen durch den Tod erfahren werden.

In ihrem autobiographischen Buch »Die Hinreise« gebraucht *Dorothee Sölle* diesen Vergleich, um die Trauer zu beschreiben, in die sie nach ihrer Ehescheidung verfiel: »Dieser Tod (es geht um den Beziehungstod – E. S.) war für mich die vollständige Zerstörung eines ersten Lebensentwurfs. Alles, worauf ich gebaut hatte, was ich gehofft, geglaubt, gewollt hatte, war vernichtet. Es ist wahrscheinlich eine ähnliche Erfahrung wie beim Tod eines sehr geliebten Menschen. Nur dass in der Geschichte einer Ehe und einer Trennung das Moment der Schuld notwendig eine größere Rolle spielt und das Bewusstsein, etwas vergessen, versäumt und unwiderruflich falsch gemacht zu haben, nicht durch irgendeine Form von Schicksalsglauben beschwichtigt werden kann. Ich habe über drei Jahre gebraucht, nicht um damit fertig zu werden, sondern um die mich ständig begleitenden Wunschphantasien des Selbstmordes zu überwinden. Sterbenwollen, war die einzige Hoffnung, der einzige Gedanke.«[2]

Sölle erlebt das Scheitern ihrer Ehe als einen schlimmeren Verlust, als wenn ihr Mann gestorben wäre, da sie mit dem Gefühl leben muss, dem drohenden Scheitern, als es noch abwendbar gewesen wäre, nichts entgegen gesetzt zu haben. Auch die ehemalige Bischöfin *Margot Käßmann* sieht die Scheidung von ihrem ersten Mann als einen einschneidenden Verlust an, der ihr gleichwohl am Ende unabwendbar erschien. Anders als für Sölle, die ihre Ehescheidung wie den frühzeitigen Tod eines geliebten Menschen als ein unverhofftes Ereignis erlebte, mit dem sie an sich niemals rechnete, gehört für die Bischöfin die Überprüfung der eigenen Partnerschaft jedoch zu den Herausforderungen, die jeder Mensch während einer bestimmten Lebensphase zu bewältigen hat:

»In der Mitte des Lebens müssen wir uns auch dem möglichen Scheitern von Beziehungen stellen. Ich selbst wollte das mit Blick auf meine eigene Ehe lange nicht wahr haben und habe viele Jahre gebraucht, mir einzugestehen, dass mein damaliger Mann und ich nicht zusammen alt werden können. Es war ein schmerzhafter Prozess, bis ich zu der inneren Überzeugung gelangte: Ich kann so nicht leben, und ich habe auch nicht mehr die Kraft, nach außen die Fassade einer gelingenden Beziehung aufrecht zu erhalten … Niemand lässt sich leichtfertig scheiden, das jedenfalls ist meine Erfahrung. Mit einem solchen Weg sind für alle Schmerz, Enttäuschung und der Verlust eines Lebensentwurfes verbunden.«[3] Es macht sicherlich in der Selbsterfahrung der Betroffenen einen Unterschied aus, ob man durch eigenes Versagen oder unverschuldet gescheitert ist. Häufig greift aber auch beides ineinander, so dass sich die eigenen Schuldanteile in der Entwicklung, die dem Scheitern voranging, nicht eindeutig erkennen lassen. Eines haben alle Situationen des Scheiterns, ganz gleich aus welchen Gründen man in sie geraten ist, jedoch gemeinsam: Es gibt keine befriedigende Antwort darauf, warum man gescheitert ist. Sicher ist nur, dass der Bruch endgültig ist und es keine Heilung der Beziehung mehr geben kann. Das Wissen um die Unumkehrbarkeit dessen, was geschehen ist, gehört zu der undurchdringlichen Härte in der Erfahrung des Scheiterns, die keine noch so gescheite Theologie abmildern kann.

Dennoch bedeutet Scheitern nicht *nur* Scheitern und *totale* Ausweglosigkeit. Es gibt zwar kein heilsames Scheitern, das erstrebenswert wäre, aber doch im Scheitern auch etwas Heilsames, das Erfahrungsmöglichkeiten eröffnen kann, die sonst verschlossen geblieben wären. Dies lässt sich aus dem Vergleich des Scheiterns mit einer ernsthaften Erkrankung ersehen, die nicht zum Tode führt. Obwohl die Krankheit nicht herbeigesehnt werden darf, kann sie für manche Menschen eine heilsame Wirkung haben, wenn diese nämlich durch die Konfrontation mit einer ernsthaften Erkrankung von einer oberflächlichen Lebenseinstellung befreit werden. Wie eine schwere Krankheit kann auch das Scheitern bislang verschlossene Türen zur Wahrheit des eigenen Lebens öffnen, ohne dass deshalb Kranksein und Scheitern als die besseren und in höherem Maße authentischen Existenzmöglichkeiten angesehen werden dürften.

Das Scheitern ist ein bleibender Verlust, der durch neue Erfahrungen, auch wenn der erhoffte Wiederbeginn tatsächlich gelingt, nur teilweise kompensiert werden kann. Das Gelingen einer Beziehung ist dagegen ein dauerhafter Gewinn, der das endgültige Ins-Ziel-Gelangen des Lebens, das ewige Glück in der Gemeinschaft des Menschen mit Gott schon jetzt antizipiert. Doch kann das Scheitern, ohne dass es durch eine tragische Lebensauffassung überhöht würde, Einblicke in das Leben gewähren, die dem bruchlosen Gelingen versagt bleiben. Da das Gelingen ihres ursprünglichen Lebensentwurfes den meisten Menschen nicht mühelos in den Schoß fällt, sondern unter Anstrengungen erkämpft werden muss, sollten wir besser sagen: Ein gemeinsam errungenes und durch die Dauer der Zeit gewachsenes Gelingen bedarf der Entdeckungsmöglichkeiten nicht mehr, die das Scheitern bieten kann. Dennoch können die Brucherfahrungen, die anderen erspart bleiben, gescheiterten Menschen eine Weiterentwicklung ermöglichen und einen Neubeginn nach dem Scheitern begünstigen, der sie zu tieferen Schichten der Wahrheit ihres Lebens führt, als dies ohne die Erfahrung des Scheiterns möglich gewesen wäre.

7.3. Die Verarbeitung von Niederlagen und Scheitern

Viele Menschen, die in ihrer Ehe gescheitert sind, erleben sich von ihrer Umgebung als ausgegrenzt und abgeschrieben. In den Phasen der Trauer- und Verlustverarbeitung, die von tiefer Niedergeschlagenheit und Resignation geprägt sind, übernehmen sie das Unwerturteil, das andere über sie zu sprechen scheinen, in ihrer von Schuldgefühlen und Selbstanklagen geprägten Selbstwahrnehmung.[4] Auch wenn sie am Zerbrechen ihrer Ehe keine Schuld trifft, erfahren sie sich als wertlos, weil sie in das Scheitern hineingerissen wurden. Handelt es sich um gläubige Menschen, die aktiv am Leben ihrer Kirche teilnehmen, verstärken sich solche Selbstzweifel häufig; die Betroffenen erleben gerade die Kirche als einen gegen das Scheitern abgeschotteten Raum, in dem man nur anerkannt ist, solange die eigene Lebensführung »stimmt« und der Anschein einer bruchlosen Normalbiographie wenigstens nach außen hin aufrecht erhalten bleibt. Für Erfahrungen des Scheiterns und des Zerbrechens von Lebensentwürfen scheint in der Kirche kein Platz zu sein; die Wirklichkeit des Scheiterns wird nicht zugelassen, sondern durch individuelle Schuldzuweisungen oder Nicht-Wahrhaben-Wollen verdrängt.

Die Erfahrungen von Niederlagen und Scheitern werden auf kurzem Weg entsorgt, indem man einfach die Augen vor ihnen verschließt. Umso stärker belasten sie als verdrängte Erinnerungen das Gewissen derer, für die das Scheitern zur bitteren Lebensrealität geworden ist. Deren Schuld- und Versagensgefühle müssen zweifellos ernst genommen werden, auch wenn sie objektiv häufig unbegründet sind, wenn z. B. der verlassene Partner von Gewissensnöten geplagt wird, weil er sich selbst Vorwürfe macht, den anderen durch emotionale Vernachlässigung aus der Ehe vertrieben zu haben. Schuldgefühle sollen nicht leichtfertig ausgeredet werden; sie können sich als Reaktion auf tatsächliches Fehlverhalten und Versagen einstellen. Häufig aber bleiben Schuldgefühle ambivalent; als Indikator echter oder vermeintlicher Schuld bedürfen sie der Aufklärung und Interpretation. Dazu kann die Theologie einen wichtigen Beitrag leisten, indem sie falsche Gottesbilder aufdeckt und zu einer Lektüre der Bibel aus der Perspektive gescheiterter Menschen anleitet. Diese Neuaneignung zentraler Glaubensaussagen wird zu dem überraschenden Ergebnis führen, dass viele der biblischen Glaubensgeschichten ihren Ausgangspunkt im Scheitern menschlicher Pläne, Lebensentwürfe oder Zukunftsvorhaben haben.

7.4. Niederlagen und Scheitern als Schlüsselerfahrungen des Glaubens

Ein guter Einstieg in die Entdeckungsreise auf der Landkarte des eigenen Glaubens, zu der eine Theologie des Scheiterns einladen möchte, sind die Selbstzweifel gescheiterter Menschen, die sich in der Kirche nicht mehr als vollwertige Mitglieder angenommen fühlen. Wir greifen ihre diffusen Schuldgefühle auf und fragen: Ist die Kirche wegen ihrer hohen moralischen Ideale tatsächlich ein Ort, an dem man das Scheitern nicht zulassen darf? Bereits ein kurzer Blick in die Bibel belehrt eines Besseren: Diese erzählt in vielfachen Varianten Geschichten von gescheiterten Menschen, die trotz ihres Scheiterns, ja gerade in ihrem Scheitern von Gott erwählt sind. Das Volk Israel erfährt seinen Gott im entscheidenden Wendepunkt seiner Geschichte, in der Situation äußerster Erniedrigung als Gott der Befreiung und als Gott der Rettung. In den Schlüsselerfahrungen des Exodus und des Exils erweist sich Gott als der, der die Israeliten aus dem Sklavenhaus Ägypten befreit und aus der babylonischen Gefangenschaft heimführt. »Wir schrien zum Herrn, dem Gott unserer Väter; der Herr hörte unser Schreien und sah unsere Rechtlosigkeit, unsere Arbeitslast und unsere Bedrängnis« (Dtn 26,7) – so deutet Israel in der Rückschau das Exodusgeschehen, das in jeder

Feier des Paschamahles erinnert und vergegenwärtigt wird. In der Trostschrift des Propheten Jeremia verheißt Gott seinem Volk Rettung aus der Bedrängnis des Exils:»Denn seht, es werden Tage kommen – Spruch des Herrn –, da wende ich das Geschick meines Volkes Israel und Juda ... Ich führe sie zurück in das Land, das ich ihren Vätern zum Besitz gegeben habe.« (Jer 30,3) Die großen Heilsereignisse und Glaubenserfahrungen Israels erwachsen aus dem Erleben menschlicher Not und menschlichen Scheiterns; viele der biblischen Erzählungen können überhaupt nur richtig verstanden werden, wenn wir sie als»Dokument(e) der Verarbeitung von Niederlagen« lesen, die davon berichten, wie aus Unterdrückung, Leid und Zerstörung neues Leben erwächst.[5]

a. Geschichten des Scheiterns in der Bibel Israels

Indem Israel diese Glaubenserfahrungen theologisch reflektiert, verändert sich sein Gottesbild. Aus der Vorstellung eines Stammesgottes, der mit seinem Volk in den Krieg zieht, entsteht im 6. und 7. Jahrhundert v. Chr. der Glaube an den einen und einzigen Gott, den Schöpfer der Welt, der ein Gott aller Menschen ist. Dennoch weiß sich Israel Gott besonders nahe und von ihm als sein eigenes Volk erwählt. Das Erwähltsein Israels zeigt sich nicht mehr nur in den Siegen, die es über andere Völker erhofft, sondern auch in den Unglückserfahrungen und Niederlagen, die es durchleiden muss. Die Erfahrung des Elends wird zur *disclosure-situation*, in der Israel zugleich Gottes Nähe erfährt. Der Offenbarung des Gottesnamens auf dem Berg Sinai, einem zentralen Text des Alten Testaments gehen die Worte voran:»Der Herr sprach: Ich habe das Elend meines Volkes in Ägypten gesehen und ihre laute Klage über ihre Antreiber habe ich gehört. Ich kenne ihr Leid.« (Ex 3,7) Erst vor dieser dunklen Kontrastfolie lässt sich ermessen, was Gottes Selbstoffenbarung für Israel bedeutet:»Da antwortete Gott dem Mose: Ich bin der ›Ich-bin-da‹.« (Ex 3,14)

Der Umstand, dass es häufig Situationen des inneren und äußeren Scheiterns sind, in denen das Volk der machtvollen Nähe Jahwes in besonderer Weise gewiss ist, prägt nicht nur die kollektive Selbstdeutung Israels, sondern auch individuelle Glaubenswege. Die Bibel ist voller Geschichten, die davon berichten, wie Menschen, die aus eigener Schuld oder aufgrund undurchschauter Schicksalsschläge am untersten Punkt angelangt sind, wieder aufgerichtet werden. Gottes Maßstäbe, so zeigen diese Geschichten, sind andere als die der Menschen. Vor ihm zählen nicht Erfolg, Ansehen und Macht, sondern er erwählt, was vor den Menschen verachtet ist. So geschieht es bei der Wahl Sauls zum König, der sich versteckt hält und aus Israels kleinstem Stamm durch das Los bestimmt wird. »Was kann uns der schon helfen?« fragten die mit dieser Wahl Unzufriedenen, die ein anderes Bild von einem König hatten. »Sie verachteten ihn«, der in den Augen der Welt zu unscheinbar war, »und brachten ihm kein Geschenk.« (2 Kön 10,27)

Das Jona-Buch beschreibt in ausdrucksstarken Worten das Schicksal des Propheten Jona, der vor Gott auf der Flucht ist. Im Bauch des Fisches bekennt er sein Versagen und seine Unwürdigkeit: »Ich dachte, ich bin aus deiner Nähe verstoßen.« Er deutet den Ort, an dem er sich befindet – im Bauch eines Fisches im Urgrund des Meeres – als Symbol für den seelischen Abgrund, in den er gefallen ist. Die Topographie des Meeres erzählt von der tiefen Niedergeschlagenheit, die ihn ergriff: »Du hast mich in die Tiefe geworfen, in das Herz der Meere; mich umschlossen die Fluten, all deine Wellen und Wogen schlugen über mir zusammen.« Jona würde am liebsten sterben, so leblos und niedergeschlagen fühlt er sich. Doch dann bekennt er: »In meiner Not rief ich zum Herrn, und er erhörte mich … Du holtest mich lebendig aus dem Grab herauf, Herr, mein Gott.« (Jona 2,3–7)

Nach der seelischen Wandlung, die er im Bauch des Fisches erlebt, folgt Jona dem Ruf Gottes und ging in die Stadt Ninive, um ihren Bewohnern wegen ihres ungerechten Treibens das Zornesgericht Gottes vorherzusagen. Als Gott das Unheil reute, das er durch seinen Propheten androhen ließ, verfiel Jona wiederum in tiefe Niedergeschlagenheit. Er sah sich von Gott bloßgestellt, wie er es von vornherein befürchtet hatte. »Da wünschte er sich den Tod und sagte: Es ist besser für mich zu sterben als zu leben.« (Jona 4,8) Da wies ihn Gott zurecht, indem er ihm das Unrechtmäßige seines Zornes vor Augen führt. Jona betrauert einen Rhizinusstrauch, der ihm Schatten spendete und ist zugleich empfindungslos für das Leid, das er den Bewohnern von Ninive androhte. Welch ein Widerspruch!, hält Gott ihm vor. Du hast aus geringfügigem Anlass großes Mitleid mit dir selbst.»Mir aber sollte es nicht leid sein um Ninive, die große Stadt, in der mehr als 120 000 Menschen leben ... und außerdem so viel Vieh?«(Jona 4,11) Auch der Erwählung Jeremias zum Propheten kontrastiert das geringe Selbstbewusstsein, das diesen vor dem göttlichen Auftrag zurückschrecken lässt. Er fühlt sich dem Ruf Gottes nicht gewachsen und verweist auf sein Unvermögen und seine geringe Erfahrung. »Ach, mein Gott und Herr, ich kann doch nicht reden, ich bin ja noch so jung.«(Jer 1,6) Doch Gott lässt Jeremias Hinweis auf seine Schwäche und mangelnde Befähigung zum Prophetenamt nicht gelten:»Fürchte dich nicht vor ihnen; denn ich bin mit dir, um dich zu retten.«(Jer 1,8) Der Mangel an Vorzügen, die aus menschlicher Sicht unabdingbar für die Übertragung eines wichtigen Amts sind, hindert Gott nicht daran, Jeremia die schwere Last des Propheten aufzuerlegen. Die Logik der göttlichen Berufung folgt eigenen Eignungskriterien, die sich von denen der Menschen auf markante Art unterscheiden.

Viele Glaubensgeschichten der Bibel bezeugen, dass Gott ganz anders handelt, als nach menschlichen Maßstäben zu erwarten wäre. In ihnen vollzieht sich geradezu eine Umwertung aller Werte, in der Gott die Mächtigen, Starken und Selbstsicheren scheitern lässt und dafür die scheinbar Gescheiterten groß und stark macht.»Das geknickte Rohr zerbricht er nicht und den glimmenden Docht löscht er nicht aus«(Jes 42,3), so heißt es im ersten Gottesknechtslied des Deuterojesajabuches von dem königlichen *Ebed Jahwes*, der ein Gegenbild, ein Anti-Typos zum Perserkönig Kyros ist.[6] Der Knecht Gottes, in dem Israel seine eigene Sendung und sein eigenes Schicksal angedeutet sieht, rettet die Niedergeschlagenen und Mutlosen, die dem Tod nahe sind. Er zertritt nicht diejenigen, die am Boden liegen, sondern richtet sie wieder auf.

In der Sprache der Bibel wird Gottes Vorliebe für die Armen und Schwachen als»Erhöhung«bezeichnet, die mit der»Erniedrigung« der Starken und Stolzen einhergeht. Im Danklied, das Hannah nach der Geburt Samuels anstimmt, wird die Durchkreuzung menschlicher Wertmaßstäbe so beschrieben:»Den Schwachen hebt er empor aus dem Staub und erhöht den Armen, der im Schmutz liegt.« (1 Sam 2,8) Im Magnificat fasst Maria diese Erfahrung Israels in der

Begegnung mit seinem Gott mit den Worten zusammen:»Er zerstreut, die im Herzen voll Hochmut sind; er stürzt die Mächtigen vom Thron und erhöht die Niedrigen.«(Lk 1,51–52) Die Kirche hat in diesem Loblied, in dem Maria für ihre Erwählung dankt, später eine exemplarische Zusammenfassung der Glaubensgeschichte Israels gesehen, die schon auf das Neue verweist, das durch Marias Jawort möglich wird: Gottes Kommen zu den Menschen unter dem Vorzeichen seiner Erniedrigung, durch die Geburt eines Kindes im Stall.

b. Geschichten des Scheiterns in der Botschaft Jesu

Tritt bereits in der Bibel Israels Gottes Vorliebe für die Benachteiligten und seine besondere Sensibilität für die Leiden der Opfer als ein Wasserzeichen für die Echtheit des biblischen Gottesglaubens hervor, so rückt diese Perspektive im öffentlichen Wirken Jesu und in seiner Botschaft vom Reich Gottes beherrschend ins Zentrum. Die Berichte von den Krankenheilungen und Dämonenaustreibungen Jesu bezeugen ebenso wie viele seiner Gleichnisse, dass in den Augen Jesu gerade diejenigen Ansehen gewinnen, die in der menschlichen Gesellschaft am Rand stehen: die Sünder und Ausgestoßenen, die Verachteten und Rechtlosen. Ihnen gilt seine besondere Fürsorge und Vorliebe. Er sucht demonstrativ in der Öffentlichkeit ihre Nähe auf, er isst und trinkt mit ihnen und holt sie, indem er sie in seine Gemeinschaft ruft, in die Mitte des Lebens zurück. Bedenkt man den Vollmachtsanspruch, mit dem Jesus Sünden vergibt, Kranke heilt, die frohe Botschaft vom Reich Gottes verkündet und die Lebensordnung Israels auslegt, so wird deutlich, welche Konsequenzen sein Verhalten gegenüber den von den Erfolgreichen und Mächtigen verachteten kleinen Leuten hat: In Jesus von Nazareth tritt Gott selbst auf die Seite der Gescheiterten, identifiziert er sich mit ihrem Scheitern, nicht aus Schwäche, sondern aus Solidarität mit ihrem Leiden, nicht aus einem Ressentiment gegen das Leben heraus, sondern um im Scheitern und durch das Scheitern hindurch neues Leben zu erwecken.

Ein auffälliger Zug im Leben Jesu ist darin zu sehen, dass er immer wieder die Begegnung mit Menschen sucht, die nicht nur aufgrund physischen Unvermögens oder seelischer Not zur Randexistenz wurden, sondern in ihrem Leben auch nach moralischen Maßstäben gescheitert sind. Einen Zöllner namens Levi macht er zu seinem Jünger, den Angehörigen einer Berufsgruppe, die in den Augen der jüdischen Unterschicht wegen ihrer Habgier und Selbstsucht verhasst ist. Auf die Vorhaltungen der Pharisäer und Schriftgelehrten, wie er als Rabbi auf einem großen Festmahl dieses Zollpächters auftreten und zusammen mit Sündern essen und trinken könne, rechtfertigt Jesus sein Verhalten mit dem Satz, der den Sinn seiner Sendung zusammenfasst: »Nicht die Gesunden brauchen den Arzt, sondern die Kranken.« (Lk 5,31)

Zu dem obersten Zollbeamten Zachäus, der durch rücksichtslose Ausbeutung der Armen zu großem Reichtum gelangt war, knüpft Jesus in aller Öffentlichkeit Kontakt, ja er kehrt sogar in seinem Haus ein. Wiederum empören sich die Leute und sagen: »Er ist bei einem Sünder eingekehrt.« (Lk 19,7) Zachäus selber spürt das Unrechtmäßige seines Verhaltens und bietet die Hälfte seines Vermögens als Wiedergutmachung an. Doch Jesus übergeht sein konditionales Schuldeingeständnis (»Wenn ich von jemand zuviel gefordert habe, gebe ich ihm das Vierfache zurück«) und begnügt sich mit der Feststellung: »Heute ist diesem Haus das Heil geschenkt worden, weil auch dieser Mann ein Sohn Abrahams ist.« (Lk 19,9) Deutlicher lässt sich nicht hervorheben, dass es ihm immer um den jeweiligen Menschen geht, dem er sich zuwendet und dem er seine Nähe schenkt. Moralische Beurteilungsmaßstäbe scheinen dabei keine Rolle zu spielen; auch nimmt er die Empörung derer in Kauf, die sich durch sein demonstratives Verhalten in ihren moralischen Empfindungen verletzt fühlen.

Auch im Gespräch mit der Ehebrecherin hat Jesus keinerlei Interesse an einer moralischen Beurteilung ihres Verhaltens. Es scheint ihn nicht zu stören, dass diese Frau beim Ehebruch ertappt wurde. Vielmehr hält er den Pharisäern, die im Namen des Gesetzes ihre Anklage vorbringen, ihr eigenes Denken und Handeln als Spiegel vor: »Wer von euch ohne Sünde ist, werfe als erster einen Stein auf sie.« (Joh 8,7) Nicht mehr die der Sünde des Ehebruchs überführte Frau, sondern ihre Ankläger stehen nun beschämt da und stehlen sich schweigend davon. Auch in dem abschließenden Dialog mit der Frau greift Jesus nicht mehr auf das zurück, was geschehen ist. Dass Ehebruch Sünde ist, braucht Jesus der Frau nicht einzuschärfen; dies weiß sie selbst am Besten. Ihm geht es allein darum, die Frau nicht zu verurteilen und ihr eine Perspektive für ein neues Leben aufzuzeigen. »Auch ich verurteile dich nicht. Geh und sündige von jetzt an nicht mehr!« (Joh 8,11)

Von demselben auffälligen Desinteresse, moralisches Fehlverhalten als solches zu identifizieren, ist auch das Gespräch Jesu mit der Samariterin am Jakobsbrunnen geprägt, von dem ebenfalls das Johannesevangelium berichtet. Im Verlauf dieses Gesprächs, in dem es in typisch johanneischen Bildworten und Anspielungen um die großen Themen des Lebens, um die Sehnsucht nach Geborgenheit, das Bedürfnis nach Sinn und um die rechte Verehrung Gottes im Leben geht, sagt Jesus der Frau auf den Kopf zu: »Fünf Männer hast du gehabt, und der, den du jetzt hast, ist nicht dein Mann.« (Joh 4,18) Diese ohne jeden moralisierenden Unterton getroffene Feststellung wird von der Frau – ebenfalls ohne jede Selbstanklage – bestätigt mit den Worten: »Ich sehe, dass du ein Prophet bist.« (Joh 4,19) Es geht im Dialog zwischen Jesus und der Frau nicht um eine moralische Beurteilung ihrer Lebensführung, über die zwischen Jesus und der Frau offenbar Einigkeit herrscht, sondern um etwas, das wichtiger ist als alle Moral: die Selbstoffenbarung Jesu und seines Anspruchs, die Menschen zum Heil, oder wie es in johanneischer Sprache heißt: zur Fülle des Lebens zu führen. *Dietmar Mieth* kommentiert diese johanneische Erzählung, indem er die neue Lebensperspektive herausarbeitet, die der Frau aufgezeigt wird, ohne dass von ihrem moralischen Scheitern explizit die Rede ist. Jesus »sagt nicht, du bist eine Sünderin, jetzt bekehre dich erst einmal. Erst bereue, was du bisher getan hast, dann werde ich dir helfen ... Jesus hat gleichsam die Moral ›vergessen‹. Offensichtlich passiert ihm das ständig, wenn er mit Sündern isst, trinkt, plaudert, unbefangen und offen. Die frohe Botschaft der Versöhnung tritt an die Stelle der Diagnose des Gesetzes. Und darum: ein neues Leben aus dem Scheitern.«[7]

Es geht Jesus nicht darum, moralische Maßstäbe zu relativieren oder außer Kraft zu setzen. Seine Worte über die Ehe und die Ehescheidung machen dies in aller Bestimmtheit deutlich. Aber zugleich beharrt er darauf, dass sich der Wert eines Menschen nicht von seinem moralischen Verhalten her bemessen lässt. Das erfährt auch Petrus in einer Begegnung mit dem Auferstandenen, die im Schlusskapitel des Johannesevangeliums geschildert wird. Dreimal hatte

Petrus Jesus nach seiner Gefangennahme verraten. Deswegen macht ihm der Auferstandene keine Vorhaltungen. Stattdessen wird Petrus dreimal nach seiner Liebe zum Herrn gefragt, worauf er antwortet: »Herr, du weißt alles; du weißt, dass ich dich lieb habe« (Joh 21,17). Die Rückerinnerung an den Verrat steht im Raum, nichts wird überspielt oder gerechtfertigt. Aber das schwere Versagen des Petrus, der den Herrn in der bittersten Stunde seines Lebens verriet, bedarf keiner Erwähnung mehr, weil es bereits überholt ist von dem, worauf es allein ankommt: die Liebe, die Petrus noch immer, ja mehr denn je, für den Herrn empfindet. Welche Perspektive vom Evangelium her auf das Scheitern von Menschen fällt, dafür ist Petrus ein besonders eindringliches Beispiel. Eben noch wird er wegen seiner Glaubensstärke, die sich in seinem Bekenntnis zu Jesus als dem Messias Gottes zeigt, als Fels der Kirche hervorgehoben. Schon in der unmittelbar darauf folgenden Perikope macht Jesus ihm schwere Vorwürfe, weil Petrus sich in seiner vordergründigen Glaubenssicherheit durch die Leidensankündigung Jesu so schnell irritieren lässt. Jesus weist ihn mit scharfen Worten zurecht (vgl. Mt 16,23), aber er hält trotz der gezeigten Schwäche an ihm fest, wie er auch nach dem Verrat über den Tod hinaus an ihm festhält.

c. Die Offenbarung der grenzenlosen Liebe Gottes

Auch in den Gleichnissen Jesu kommt seine Präferenz für Menschen zum Ausdruck, die in moralischer Hinsicht in fragwürdigen Verhältnissen leben oder sonstwie versagt haben. Nicht dass Jesus ihr verfehltes Verhalten rechtfertigen oder die Maßstäbe von Gut und Böse verrücken wollte, bis die Sünde nicht mehr als solche erkennbar ist. Aber Jesus wählt solche Menschen aus, weil sie in seinen Augen einen unschätzbaren Vorzug besitzen. Gerade an ihnen kann sich die Güte Gottes, seines barmherzigen Vaters, so erweisen, wie sie nur von sündigen Menschen erfahren werden kann: unerwartet, überraschend, Heil schaffend und neues Leben schenkend.

An erster Stelle ist das Gleichnis vom verlorenen Sohn zu nennen, das korrekter als Gleichnis von der Liebe des Vaters bezeichnet werden sollte (vgl. Lk 15,11–32). Die Geschichte, die davon berichtet, wie der jüngere Sohn von zuhause fortzieht, das ihm zustehende Ver-

111

mögen einfordert, eine kurze Zeit in Saus und Braus lebt, bis er sein Erbe mit allerlei Vergnügungen verprasste, wird von Jesus nicht zu dem Zweck erzählt, das abschreckende Bild eines gescheiterten Taugenichts zu zeichnen. Die wichtige Botschaft dieses Gleichnisses ist an die Adresse des älteren Sohnes gerichtet, der angesichts der großen Freude, die den Vater bei der Rückkehr des jüngeren Sohnes ergreift, fassungslos ist. Er fühlt sich ungerecht behandelt und um den verdienten Lohn seiner Rechtschaffenheit betrogen. Voller Empörung wirft er dem Vater vor:»So viele Jahre schon diene ich dir, und nie habe ich gegen deinen Willen gehandelt; mir aber hast du nie auch nur einen Ziegenbock geschenkt, damit ich mit meinen Freunden ein Fest feiern konnte.«(Lk 15,29) Das Missverhältnis zwischen dem verachtenswerten Verhalten seines Bruders und der unverhofften Reaktion des Vaters erregt seinen aus menschlicher Sicht verständlichen Zorn. Seine Worte verraten die Geringschätzung, die er für seinen gescheiterten Bruder empfindet:»Kaum aber ist der hier gekommen, dein Sohn, der dein Vermögen mit Dirnen durchgebracht hat, da hast du für ihn das Mastkalb geschlachtet.«(Lk 15,30)

In der Exegese besteht heute ein breiter Konsens darüber, dass Jesus mit diesem Gleichnis sein eigenes Verhalten gegenüber Sündern und Ausgestoßenen rechtfertigen möchte. Obwohl im Gleichnis nur von seinem göttlichen Vater die Rede ist, müssen wir es zugleich als ein Musterbeispiel für das verstehen, was in der Sprache der Theologie»implizite Christologie« genannt wird. Jesus beansprucht, in seinem Handeln die grenzenlose Liebe Gottes gegenüber dem Sünder, der umkehrt, zu vergegenwärtigen; das Gleichnis enthält so eine»verhüllte Vollmachtsaussage« *(Joachim Jeremias)*, die den Anspruch Jesu verdeutlicht, an der Stelle Gottes zu handeln. Papst *Benedikt XVI.* erläutert dies in seinem Jesusbuch auf folgende Weise:»In der Tat: Jesus rechtfertigt in diesem Gleichnis sein Verhalten dadurch, dass er es auf dasjenige des Vaters zurückführt, es mit ihm identifiziert: So steht gerade durch die Gestalt des Vaters Christus als die konkrete Verwirklichung des väterlichen Tuns in der Mitte des Gleichnisses.«[8] Im Schlusssatz des Gleichnisses, in dem der Vater den gehorsamen Sohn auffordert, an seiner Freude über die Rückkehr des jüngeren Bruders teilzuhaben und die Einladung zur Versöhnung anzunehmen, erläutert Jesus, wie er selbst seinen Auftrag versteht: Er identifiziert seine Vorliebe für die Sünder mit der grenzenlosen Barmherzigkeit seines Vaters und aktualisiert die Liebe Gottes, die durch sein Handeln konkrete Wirklichkeit wird. Unüberhörbar ist dabei die Verteidigungshaltung, aus der heraus Jesus spricht. Er will sein Verhalten gegenüber den Sündern, das in den Augen seiner Gegner anstößig ist, rechtfertigen. Mehr noch: Er wirbt um diejenigen, die sich durch die besondere Wertschätzung, die er denen erweist, die nach moralischen Maßstäben gescheitert sind, in ihrem Gehorsam und ihrer Gesetzestreue zurückgesetzt fühlen. Sie sollen sich mitfreuen über die Heimkehr des Sünders und am Fest der Versöhnung teilnehmen.

Mit der Reaktion des älteren Sohnes, in der sich viele Leser wiederfinden können, deckt Jesus auch eine spezifische Gefährdung der Anständigen auf, die davon überzeugt sind, in ihrem Leben alles richtig gemacht zu haben. Da sie immer regelkonform handeln, fühlen sie sich mit Gott und der Welt im Reinen. Statt der verdienten Anerkennung ihrer Treue, die sie aus ihrer Sicht zu Recht erwarten dürfen, empfinden sie sich durch die Vorliebe Jesu zu den Sündern vor den Kopf gestoßen. Aus der Klage des älteren Sohnes spricht die Verbitterung der Frommen, die sich um ihren Lohn betrogen sehen: »So viele Jahre schon diene ich dir, und nie habe ich gegen deinen Willen gehandelt.« (Lk 15,29) Das Gottesverhältnis der Frommen und Anständigen ist auf Seiten Gottes durch das Gesetz und auf Seiten des Menschen durch den Gehorsam bestimmt, den dieser Gott schuldet. Jesus aber möchte ihnen den größeren Gott offenbaren, der in sich Liebe, Güte und Barmherzigkeit ist. In ihrem Unvermögen, ihr Herz diesem größeren Gott zu öffnen, zeigt sich eine andere Art menschlicher Unvollkommenheit als im moralischen Scheitern der Sünder. »In der Bitterkeit der Güte Gottes gegenüber wird eine innere Bitterkeit des geleisteten Gehorsams sichtbar, die die Grenze dieses Gehorsams anzeigt: Inwendig wären sie wohl auch gerne ausgereist in die große Freiheit. Es gibt einen stillen Neid auf das, was der andere sich leisten konnte.«[9]

d. Die Logik der größeren Gegenliebe des Menschen

Das Gleichnis vom verlorenen Sohn verdeutlicht, dass die Botschaft des Evangeliums mehr als nur eine Morallehre ist, die Gehorsam und Befolgung verlangt. Jesus verkündet sein Evangelium als frohe Botschaft, die an alle, an Fromme und Sünder, an Anständige und Unanständige, gerichtet ist. Er will sowohl die Sünde der einen wie den knechtischen Gehorsam der anderen überwinden, in dem sich ein hohes Maß an heimlichem Stolz verbergen kann. Die Sünder jedoch, die am Gesetz gescheitert sind und nichts haben, was sie als ihre eigene Leistung vorweisen können, verstehen die Botschaft Jesu offenbar leichter als die anderen, scheinbar »normalen« Menschen. Weil sie auf keine Lebensbilanz bauen können, die sie stolz sein lässt, können sie Gottes Güte nur mit offenen Händen empfangen.

Auf dieselbe Pointe läuft das Gleichnis von den beiden Schuldnern zu, das uns ebenfalls im Lukasevangelium (vgl. 7,36–50) überliefert wird. Wiederum muss Jesus sein eigenes Verhalten verteidigen; die Szene ist einigermaßen pikant. Eine stadtbekannte Sünderin – nach der Erzählung geht Jesus davon aus, dass es sich um eine Prostituierte handelte – taucht plötzlich im Haus eines Pharisäers auf, in dem Jesus zu Gast ist, und stört auf unerhörte Weise die Tischgemeinschaft.[10] Sie wirft sich Jesus zu Füßen, küsst diese immerfort, überschüttet ihn mit Tränen, und löst schließlich ihr Haar auf, um ihre Tränen von den Füßen Jesu abzutrocknen. Von den Regeln gesellschaftlicher Etikette her wäre zu erwarten, dass Jesus die Frau zurückweist und sich beim Gastgeber für ihr provozierendes Verhalten entschuldigt. Doch nichts dergleichen geschieht. Jesus benimmt sich wie ein schlechter Gast, indem er die überschwänglichen Liebesbezeugungen der Frau widerstandslos geschehen lässt und ihr Tun obendrein durch ein Gleichnis rechtfertigt, das in den Ohren des Gastgebers wie eine Beleidigung klingt. Denn dieser muss sich in der Bildhälfte des Gleichnisses mit dem Schuldner identifizieren, dem nur 50 Denare erlassen werden, während mit dem anderen Schuldner, dem das 10-fache erlassen wird, offenkundig die stadtbekannte Dirne gemeint ist, die Jesus in seinem Haus eine solche Szene macht.

Der Vergleich, den Jesus zwischen dem Pharisäer und der Frau anstellt, bringt diesen in eine unvorteilhafte Lage. Er hat als Gastgeber korrekt gehandelt, mehr aber auch nicht. Die Frau dagegen erwies Jesus ihre übergroße Gegenliebe, weil er ihr – so nehmen die meisten Exegeten an – in einer früheren Begegnung alle Sünden vergeben hatte. Wiederum rechtfertigt Jesus sein eigenes Verhalten, indem er die merkwürdige Begebenheit im Haus des Pharisäers als exemplarische Verwirklichung seiner Sendung deutet. Das Evangelium von der Liebe Gottes gilt allen Menschen, doch haben gerade die Sünder in den Augen Jesu einen Vorzug, der seine besondere Vorliebe für sie begründet. Es klingt fast wie eine Maßregelung des Gastgebers, wenn ihm Jesus in lehrhaftem Ton antwortet:»Deshalb sage ich dir: Ihr sind viele Sünden vergeben, weil sie so viel Liebe gezeigt hat. Wem aber nur wenig vergeben wird, der zeigt auch nur wenig Liebe.« (Lk 7,47)

Das Gleichnis von den beiden Schuldnern illustriert die Wechselwirkung zwischen Sünde und Gnade, zwischen Scheitern und Liebe anhand des nüchternen Kalküls eines Bankkaufmanns. Zwei Posten werden nebeneinander gestellt: Die große Schuldsumme führt zu großer Dankbarkeit, die kleine Schuldsumme zu geringer Dankbarkeit. Durch den Vergleich zwischen dem korrekten Verhalten des Gastgebers, der seine Pflichten gewissenhaft erfüllt, und der übergroßen Liebe der Sünderin deckt Jesus auf, worin seine Präferenz für diese begründet ist. Nur wer um die große Schuld weiß, die er auf sich geladen hat, kann ermessen, was Liebe, Güte und Vergebung bedeutet.

Eine psychologische Interpretation, die das Verhalten der Sünderin als demütige Vergebungsbitte und als Erweis ihrer»Liebesreue« auslegt, kann die pikante Szene zwar einigermaßen verständlich erklären, doch erschöpft sich der theologische Sinngehalt des Gleichnisses von den beiden Schuldnern nicht in derartigen Einblicken in die Reaktionsweisen der menschlichen Psyche. Vielmehr geht es Jesus darum, die Eigenart seines Evangeliums als der frohen Botschaft von der grenzenlosen Liebe und Güte Gottes gegenüber dem Gesetz zu illustrieren. Nach der Logik des Gesetzes folgt auf die Übertretung die Verurteilung, auf den Gehorsam die Anerkennung des Geleisteten. Nach der Logik der Liebe aber folgt auf die Vergebung die Dankbarkeit. Nur Liebe und Dankbarkeit führen zu der großen Freude und dem Frieden, die Gottes Vergebung bei den Menschen bewirken möchte. Im Schlusssatz der Rahmenhandlung, die das Gleichnis von den beiden Schuldnern umgibt, sagt Jesus zu der Frau:»Dein Glaube hat dir geholfen. Geh in Frieden!« (Lk 7,50)[11]

Von der großen Freude, die bei Gott über die Errettung des Sünders herrscht, ist auch in dem Gleichnis vom verlorenen Schaf die Rede, das mit unterschiedlichen Akzentsetzungen von Matthäus und Lukas überliefert wird (vgl. Mt 18,12–14 und Lk 15,4–7). Wiederum verblüfft Jesus die Zuhörerinnen und Zuhörer durch die überscharf akzentuierte Diskrepanz zwischen Zahlen- und Größenverhältnissen: Die Freude des Hirten über das eine verirrte Schaf, das er wiederfindet, überwiegt die Freude über den Besitz der 99 anderen, die immer bei der Herde blieben. Während die von Matthäus überlieferte Version des Gleichnisses mehr auf das enge Verhältnis zwischen dem Hirten und seinen Schafen abstellt und dabei die vorbildliche Suche des Hirten hervorhebt, liegt bei Lukas die Sinnspitze einzig und allein in der Freude Gottes über das Finden des Verlorenen.»Ich sage euch: Ebenso wird auch im Himmel mehr Freude herrschen über einen einzigen Sünder, der umkehrt, als über 99 Gerechte, die es nicht nötig haben, umzukehren.« (Lk 15,7)[12] In beiden Fassungen besitzt das Gleichnis vom verlorenen Schaf sowohl eine eschatologische Ausprägung wie eine christologische Implikation: Weil der himmlische Vater nicht will, dass auch nur ein einziger Sünder im Endgericht verloren geht, verkündet Jesus schon jetzt Gottes Barmherzigkeit und Liebe, um die Sünder zur Umkehr zu führen. Die Kirche aber ruft er zur Vergebung entsprechend dem Beispiel des himmlischen Vaters und zur Wiederaufnahme der Verlorenen auf. Damit ist nicht eine besondere, aufgrund bestimmter Merkmale klar abgrenzbare Gruppe innerhalb der Kirche, sondern potenziell jede Getaufte und jeder Getaufte gemeint. Denn:»Niemand ist grundsätzlich dagegen gesichert, sich einmal zu verirren.«[13] Weil von einem möglichen Scheitern jeder betroffen sein kann, ist die Aufforderung, nach dem Beispiel der Sorge des Hirten für das eine verirrte Schaf, jedem Fürsorge und Hilfe zuteil werden zu lassen, der ihrer gerade am meisten bedarf, eine tröstliche Ermutigung für alle, auch für diejenigen, die bislang unangefochten in scheinbar gesicherten Verhältnissen leben.

e. Das Scheitern Jesu am Kreuz

Auf der Ebene theologischer Glaubensreflexion führen diese biblischen Erfahrungsgeschichten, die von der Rettung gescheiterter Menschen aus Elend und Not und von der besonderen Vorliebe Gottes für die Verachteten und Gestrauchelten berichten, zu Grundaussagen des christlichen Glaubensbekenntnisses, die für eine produktive Verarbeitung persönlichen Scheiterns von hoher Bedeutung sind. Diese für das Selbstverständnis des Glaubens zentralen Aussagen betreffen sowohl das Gottesbild als auch das Menschenbild, das sich daraus ergibt. Das Gottesbild des christlichen Glaubens ist nicht einfach das monotheistische Bekenntnis zu dem einen und einzigen Gott, der auch im Judentum und im Islam als Schöpfer der Welt bekannt wird. Im Credo der Kirche ist vielmehr von dem trinitarischen Gott die Rede, der als Vater, Sohn und Geist im ewigen Austausch seiner Liebe existiert. Der Glaube an den dreieinigen Gott, der in sich selbst Differenz und Beziehung ist, führt die Offenbarung Gottes als Liebe bis zu ihren äußersten Konsequenzen weiter. Das Bekenntnis zu dem dreieinigen Gott versucht, das an sich Unausdenkbare und Unaussprechliche dennoch zu denken und auszusagen, indem es den Vater, den allmächtigen Schöpfer der Welt, und den menschgewordenen Sohn, dessen irdisches Leben am Kreuz gescheitert ist, mit dem Geist in einem Atemzug nennt, der in den Herzen der Gläubigen wirkt, um sie aufzurichten und sie zu Liebe und Versöhnung anzuspornen.

Die Trinitätslehre impliziert das Bekenntnis, dass im Leben, im Sterben und in der Auferstehung des Jesus von Nazareth der dreieinige Gott selbst vom Leid und von der Not der Menschen betroffen ist. Sie ist keine tote, für die Ethik und das praktische Leben unersprießliche Spekulation über das Verhältnis von Einheit und Vielfalt, sondern von höchster Bedeutung für das Selbstverständnis des christlichen Glaubens. Dieser redet nicht von einem allmächtigen Gott, der in absoluter Transzendenz seiner Schöpfung und der Geschichte der Menschen äußerlich bliebe. Vielmehr spricht der christliche Glaube von einem Gott, der durch die Menschwerdung seines Sohnes in die Geschichte der Menschen eingeht und ihr Leben mit ihnen teilt. Wenn die theologische Fachsprache sagt, dass der ewige Logos, der Sohn des Vaters, Fleisch geworden ist und eine menschliche Natur angenommen hat, besagt dies, dass Gott selbst alles, was zu unserem Menschsein gehört, als eine Dimension seines göttlichen Lebens umgreift.

Wie Menschen aus eigener leidvoller Erfahrung wissen, gehört zum Menschsein nicht nur das Gelungene und Schöne, das Glück und die Freude, sondern auch Schwäche und Angst, Scheitern und

Tod. Das irdische Leben und Sterben des Jesus von Nazareth, in dem der christliche Glaube die Selbstaussage des dreieinigen Gottes, seine Offenbarung als Liebe sieht,[14] bezeugt, dass auch dem menschgewordenen Sohn Gottes nichts von dem erspart blieb, was Menschen erdulden müssen, nicht die Nachstellungen seiner Gegner, nicht der Verrat seiner Freunde, nicht das Verlassensein von Gott, nicht die innere Not und der Schmerz, den er in seiner Passion durchleidet.[15] Nach menschlichen Maßstäben ist Jesus am Kreuz mit seiner Botschaft vom Reich Gottes und in seinem Anspruch, in göttlicher Vollmacht Sünden zu vergeben, vor aller Augen gescheitert – gescheitert am Widerstand der Menschen, am Hass der Welt, der sich entlädt, wenn er auf ein unschuldiges Opfer trifft. Müssen wir im Blick auf den gewaltsamen Tod, den Jesus wie ein Verbrecher und ehrloser Mensch auf sich nimmt, nicht sogar sagen, dass am Kreuz Gott selbst gescheitert ist? Oder ist Jesus an seinem Vater gescheitert, weil dieser ihn nicht durch eine spektakuläre Rettungsaktion vor dem schimpflichen Kreuzestod bewahrt hat?

f. Die Überwindung des Scheiterns im Licht der Auferstehung

Der christliche Gottesglaube spricht von der Allmacht Gottes nicht wie von der eines Großkönigs oder übermächtigen Despoten, der andere scheitern lässt, aber selbst unverwundbar wäre. Gottes Allmacht, durch die er die Welt erschuf, zeigt sich vielmehr am Kreuz Jesu zugleich als die Ohnmacht seiner Liebe, in der er an allem Leiden der Menschen mitleidet und ihr Scheitern mitträgt. Ist Gott mit seiner Liebe zu den Menschen dann selbst gescheitert?[16] So müssten wir in der Tat denken, wenn das Kreuz, an dem Jesus starb, nur die Widerlegung seiner Botschaft und die Durchkreuzung von Gottes Absicht wäre, Versöhnung unter den Menschen zu stiften. Doch geschieht am Kreuz noch anderes als *nur* das Erleiden des physischen Todes durch ein unschuldiges Opfer, als die irrtümliche Exekution eines Verbrechers durch die römische Besatzungsmacht. Indem Jesus in freiem Gehorsam gegenüber dem Willen des Vaters den Tod annimmt, verwandelt er die erlittene Gewalt, deren unschuldiges Opfer er ist, in einen Akt der Liebe. Diese innere Umwandlung, die sich am Kreuz ereignet, zeigt einen Weg zur Überwindung des Scheiterns auf. Dies ist die Botschaft von der Auferstehung Jesu, in der Gott sich mit dem gescheiterten Jesus von Nazareth identifiziert und ihn zu neuem Leben erweckt.

Gott bewährt sich nicht dadurch als Gott, dass er die Not des Scheiterns nicht an sich herankommen ließe und vom Leid der Menschen unbetroffen bliebe. Aber er wird angesichts des gewaltsamen Todes, den Jesus am Kreuz stirbt, nicht einfach ein scheiternder Gott, der an den Kämpfen und Niederlagen der Menschen teilnimmt und mit ihnen untergeht. Die mythologische Vorstellung des sterbenden Gottes zeichnet nicht nur ein tragisches Gottesbild, das Gott mit in die Tiefe des Abgrundes hinabreißt, in dem Menschen versinken können. Es hält gerade für die Leidenden keinen Trost bereit, da es im Schmerz *nur* Schmerz, im Elend *nur* Elend und im Tod *nur* den Tod sieht. Der dreieinige Gott, den der christliche Glaube bekennt, bewährt sich dagegen als Gott, indem er sich zu dem am Kreuz gestorbenen und in seiner irdischen Existenz gescheiterten Jesus von Nazareth bekennt und ihn im Tod nicht untergehen lässt. Nicht das Kreuz, sondern die Auferstehung, nicht der Tod, sondern die Liebe hat das letzte Wort.

Der Gott der Rettung und der Gott der Befreiung, der sich in den biblischen Glaubenserfahrungen so vielfältig bekundet, kommt dem schwachen und ohnmächtigen Menschen entgegen, um ihn, wenn er am untersten Punkt angelangt ist, wieder aufzurichten. Der Glaube an den dreieinigen Gott, der sich in der Menschwerdung, im Tod und in der Auferstehung seines Sohnes als die zum äußersten entschlossene Liebe offenbart, befähigt einen gläubigen Menschen, auch die bitteren Niederlagen seines Lebens in dem Licht zu sehen, das von der Auferstehung Jesu her in die Welt des Todes fällt. »Wenn wir bekennen, dass Jesus hinabgestiegen ist in das Reich der Toten, dann ist damit auch gesagt, dass es absolut keine Situation in dieser Welt gibt, auch die auswegloseste nicht, die von Gott und der Welt verlassen wäre. Immer schon ist er, den wir Gott nennen, uns ... zuvorgekommen, weil er mit uns geht in allem.«[17] Das aber heißt: Nirgends ist Gott dem Menschen fern, auch im Scheitern nicht. Nichts ist gottlos und ohne Ausweg, auch das Dunkelste im Leben nicht.

7.5. Das letzte Vorzeichen über allem Scheitern: unbedingte Annahme durch Gott

Das Bekenntnis des christlichen Glaubens zu dem trinitarischen Gott, der sich im Leben und Sterben des Jesus von Nazareth als bedingungslose Liebe offenbart, führt auf der anthropologischen Ebene zu einer Aussage über den Menschen, die gerade in den Brucherfahrungen des eigenen Lebens ermutigen kann. Die Wahrheit über den Menschen, die sich aus der Beziehung Gottes zu ihm ergibt, lautet: Kein Mensch ist von Gott verworfen, mag er auch noch so schwer gesündigt haben. Vor Gott besitzt jeder Mensch Ansehen und Würde, auch wenn er nur den Scherbenhaufen eines verfehlten Lebens vorweisen kann. Die besondere Würde jedes Menschen ist nicht in seiner Leistungsfähigkeit oder in dem Wert begründet, den er für andere hat. Seine Würde gründet vielmehr darin, dass er als Geschöpf Gottes lebt und das Bild des dreieinigen Gottes in sich trägt, der die Liebe ist (vgl. Gen 1,26).

Die anthropologische Grundaussage des biblischen Glaubens, dass der Mensch nach Gottes Bild geschaffen ist und deshalb eine unverlierbare Würde besitzt, gilt von jedem Menschen; sie hat nicht nur die Starken, sondern auch die Schwachen und Gescheiterten im Blick. Im Begriff des Bildes Gottes schwingt nämlich ein besonderer Unterton mit, der bereits am Anfang der Bibel an die Vorliebe Gottes für die Armen und Schwachen erinnert. Nicht der König, wie in der politischen Theologie der Antike, ist das Bild Gottes, nicht der Ausnahmemensch, der über höchste Macht und größtes Ansehen bei den Menschen verfügt. Das Bild Gottes ist vielmehr jeder Mensch, auch der Ärmste und Schwächste, auch der im Leben Gescheiterte. Sein Leben besitzt eine unverlierbare Würde, es ist mehr wert als andere Menschen durch ihre Verurteilung oder Verachtung zum Ausdruck bringen, mehr wert auch als ein gescheiterter Mensch in Phasen tiefer Resignation an sich selbst wahrnehmen kann.

Die Würde, die jeden Menschen als Bild Gottes auszeichnet, gründet darin, dass jeder Mensch von Gott geliebt ist; da diese Würde nicht von Menschen zugesprochen werden muss, sondern aller menschlichen Anerkennung vorausliegend durch Gottes schöpferische Anrede an den Menschen verbürgt ist, können Menschen den Anspruch, in ihrer Würde geachtet zu werden, einander auch nicht absprechen. Wenn die Würde eines Menschen aber darin besteht, dass er von Gott geliebt ist, kann er sie auch nicht selbst durch sein schuldhaftes Handeln oder sein moralisches Versagen zerstören. Wohl gibt es Handlungen und Verhaltensweisen, die der eigenen Menschenwürde widersprechen oder mit ihr unvereinbar sind, aber diese geht dadurch nicht verloren. Da die Würde jedes Menschen in der Beziehung gründet, die Gott zu ihm über den Abgrund aller Schuld hinweg aufrechterhält, kann diese Würde auch durch eigenes Fehlverhalten nicht zerstört werden.[18] Sich dies bewusst zu machen, kann im Scheitern von großer Bedeutung sein. Auch in den dunkelsten Stunden seines Lebens muss sich niemand selbst verachten; immer darf er zu sich sagen: Weil du von Gott angenommen bist, darfst du dich auch selbst annehmen. Wer von Gott geliebt ist, erfährt eine Aufwertung seines Daseins, die ihm selbst und nicht irgendwelchen Vorzügen gilt, die er vielleicht verloren hat.»Liebe wertet auf, indem sie auf einen Menschen so zugeht, als gäbe es keinen anderen und seien alle anderen derzeit nicht gemeint. Von der Liebe Gottes nehmen wir an, dass Gott jeden und jede gleich liebe und doch alle einzelnen besonders.«[19] Die Liebe Gottes ist keine Allerweltsliebe, die den einzelnen in Zeiten existentieller Not im Ungewissen darüber lässt, ob er sich in seiner verzweifelten Lage von ihr gemeint fühlen dürfe. Denn Gottes Liebe, wie sie sich in den Glaubensgeschichten der Bibel auf vielfache Weise offenbart und im Glauben an den dreieinigen Gott bekannt wird, ist immer Vorzugs-Liebe, *prae-dilectio*, liebende Zuwendung zu dem, der ihrer am meisten bedarf. Deshalb können Menschen, die im Leben gescheitert sind, sich selbst annehmen, weil sie von Gott geliebt sind, nicht nur *trotz* ihres Scheiterns, sondern auch *wegen* ihres Scheiterns und *in* ihrem Scheitern.

Am Ende dieser kurzen Skizze zu einer Theologie des Scheiterns sei nochmals vor einem naheliegenden Missverständnis gewarnt. Scheitern, Niederlagen und Versagen sind in keiner Weise wünschenswert; sie sollen weder von vornherein eingeplant noch herbeigesehnt werden. Deshalb: kein Verliebtsein ins eigene Scheitern und keine theologische Überhöhung von Niederlagen und Brüchen in der eigenen Lebensgeschichte! Gemessen am Gelingen ist das Scheitern immer eine schmerzliche Verlusterfahrung, die das existentielle Bedürfnis jedes Menschen nach einer verlässlichen persönlichen Beziehung, nach sozialer Anerkennung und nach einem tragfähigen Lebenssinn berührt. Dennoch gehört das Scheitern im Kleinen und für nicht wenige Menschen auch im Großen zum Leben – wenn wichtige Vorhaben misslingen, eine Ehe zerbricht oder der Lebensweg als Priester sich als Sackgasse herausstellt. Deshalb ist gegenüber religiösen Lebenseinstellungen von vornherein Misstrauen angebracht, die zu einer halbierten Wahrnehmung der Wirklichkeit anleiten und negative Kontrasterfahrungen wie Leiden, Scheitern und Tod ausblenden.

Das Christentum lehrt einen Blick auf das Leben, der dieses in der ganzen Bandbreite menschlicher Grunderfahrungen wahrnehmen und annehmen kann. Es ist eine Stärke des christlichen Glaubens, dass er auch in der Konfrontation mit existentiellen Notlagen, die keinem erspart bleiben, nicht wie viele weltanschauliche Sinnentwürfe verstummt, sondern ein Wort des Trostes und der Ermunterung bereithält. Dies gilt zunächst für die allgemeinen Negativerfahrungen, wie körperliche und seelische Krankheiten, das Sterbenmüssen und den Tod, die keinem Menschen erspart bleiben. Es gilt aber auch für das Scheitern von Lebensentwürfen, bei dem eigene und fremde Schuld ineinandergreifen. Deshalb kann der Glaube im Licht der Vorliebe Gottes für die Schwachen und Verachteten sowie der Praxis Jesu, der keinerlei Berührungsängste gegenüber moralisch Deklassierten hatte, dazu anleiten, selbst im Scheitern nicht nur das Scheitern, sondern auch die Chance zu einem besseren Neubeginn zu sehen.

Aufgrund dessen, wie sie mit gescheiterten Menschen in ihren eigenen Reihen umgeht, erweckt die Kirche allerdings oft den Eindruck, ihr sei die Moral wichtiger als diejenigen, die mit ihren Forderungen nicht mehr zurechtkommen. Umso bedeutsamer ist es, die Chancen zu entdecken, die in einer langen theologischen und geistlichen Tradition des Christentums bereitliegen. Sie leiten zu einem anderen Blick auf das Scheitern an. Situationen schwerer Niederlagen oder eines schmerzlichen Versagens können, so bitter sie in ihrer Unabwendbarkeit sind, im Nachhinein auch als Gnade erfahren werden, als Chance, die zu einer ungeahnten Neuentdeckung der Wahrheit des eigenen Glaubens führen kann. Es gibt auch die »Gnade des Nullpunkts«, die einem gläubigen Menschen im Scheitern geschenkt wird.[20]

Wichtige Wahrheiten und Erfahrungen des christlichen Glaubens erschließen sich in ihrer existentiellen Bedeutung häufig erst im Scheitern. Ein gutes Beispiel dafür ist die Lehre von der Rechtfertigung des Sünders »allein aus Gnade«, die heute zu den Grundwahrheiten des Glaubens gehört, in denen zwischen der katholischen Kirche und den Kirchen der Reformation große Übereinstimmung besteht. Es fällt nicht schwer, die Lehre von der bedingungslosen Rechtfertigung des Sünders durch Gott theologisch zu erklären und ihre Bedeutung für das richtige Verständnis einer christlichen Ethik darzulegen. Etwas ganz anderes ist es jedoch, den existentiellen Ernst dessen zu erfassen, was es bedeutet, dass der Mensch als Sünder grundlos vor Gott gerechtfertigt ist.

Sicherlich kann es auch für einen erfolgreichen Menschen, dessen Pläne gelingen, eine Entlastung bedeuten, zu wissen, dass er unabhängig von allem äußeren Erfolg von Gott bedingungslos angenommen ist und deshalb vor keiner menschlichen Instanz die eigene Existenzberechtigung nachweisen muss. Es ist eine tröstliche Botschaft, auch in guten Tagen darauf vertrauen zu dürfen, dass die Rechtfertigung unseres Daseins durch Gott völlig unabhängig von unserer Stellung in der bürgerlichen Gesellschaft ist und die Ungunst widriger Umstände in jedem Fall überdauert, komme was da wolle. Das große Ja, das Gott in der Rechtfertigung des Sünders zu jedem Menschen spricht, ist an keinerlei menschliches Urteil gebunden, durch dessen Bestätigung es erst Geltung erhielte. Das Ja Gottes zum Menschen kann daher auch nicht wie menschliches Ansehen ausgehöhlt werden, wenn einer die erreichte Stellung durch eigenes Fehlverhalten verspielt oder Schicksalsschläge diese zerstören.

Insofern enthält die Botschaft von der Rechtfertigung des Sünders eine allgemeine Wahrheit des christlichen Glaubens, die das Menschsein jedes Menschen betrifft, unabhängig davon, ob er gesund oder krank, reich oder arm, stark oder schwach ist. Doch lauert die Gefahr des Stolzes nicht in den Abgründen menschlicher Existenz, sondern auf den Höhenlagen des Lebens, wenn der erfolgverwöhnte Geschäftsmann, der begehrte Liebhaber oder eben auch: der unauffällige bürgerliche Anstandsmensch seinen Erfolg der eigenen Leistungsfähigkeit und dem ausdauernden eigenen Einsatz zuschreibt. Zu Recht sieht Augustinus in der *superbia* (= Hochmut) das gefährlichste menschliche Hauptlaster, denn es lauert nicht dort, wo wir am Boden liegen, sondern überfällt uns gerade dann, wenn wir dem Gipfel unseres Könnens zustreben. Zu wahrer Selbsterkenntnis vor Gott, die in die Wahrheit der eigenen Geschöpflichkeit einwilligt, führt dagegen nur eine realistische Selbstannahme, die auch die eigenen Schwächen nicht verdrängt.[21] Vor der Gefahr des falschen Stolzes ist der Mensch auch im Scheitern nicht immer bewahrt. Der geforderten realistischen Selbstannahme kann man auch dadurch ausweichen, dass man die Schuld am Zerbrechen von Lebensplänen nur bei anderen sucht und selbst schwere Niederlagen in der Haltung trotziger Selbstbehauptung von sich fernzuhalten sucht. In der Regel ist im Scheitern dieser Weg jedoch verbaut. Es bleibt einem nur wenig, was durch das Zerbrechen der Partnerschaft nicht in Mitleidenschaft gezogen wäre, das man unversehrt festhalten könnte. Dagegen können gerade die Niederlagen im Leben zu einer existentiellen Krise führen, die uns die Augen dafür öffnet, worauf es im Leben am meisten ankommt und worauf wir uns auch dann verlassen können, wenn wir mit unseren Plänen und Erwartungen gescheitert sind.

Die Rechtfertigungsbotschaft des Evangeliums ist ein gutes Beispiel dafür, wie Erfahrungen des Scheiterns in besonderer Weise zu einer *disclosure situation* werden können, die uns für ein tieferes Verständnis von Grundwahrheiten unseres Menschseins aufschließt. Man kann den Spitzensatz paulinischer Theologie »durch Werke des Gesetzes wird niemand gerecht« (Gal 2,16) erst dann in seiner existentiellen Bedeutung einsehen, wenn man selbst nichts mehr in Händen hält, das Anlass zur eigenen Selbstrechtfertigung bieten könnte. Ebenso wird man das Wort Christi an Paulus: »Meine Gnade genügt dir, denn sie erweist ihre Kraft in der Schwachheit« (2 Kor 12,9), in anderer Ergriffenheit nachsprechen können, wenn man tatsächlich auf nichts mehr bauen kann, was man aus eigener Kraft erreicht hätte.

Um naheliegende Missverständnisse zu vermeiden, sei nochmals betont: Es bringt das Christentum um seine Glaubwürdigkeit in der Moderne, wenn von Gott nur an den Grenzen menschlichen Könnens geredet wird, und nicht auch angesichts der eindrucksvollen Erfolge, die Wissenschaft und Technik erreichen können. Doch darf seine Botschaft nicht halbiert und zur ideologischen Verklärung einer ewigen Siegergeschichte missbraucht werden, die den dunklen

Seiten der menschlichen Existenz ausweicht. Die Botschaft des Evangeliums umfasst Freude und Leid, Gelingen und Scheitern im Leben der Menschen. Sie erweist ihre Wahrheit darin, dass sie Höhen *und* Tiefen umfängt und deshalb *auch* in der äußeren wie inneren Not des Scheiterns trösten kann.

8. Die Kirche als Gemeinschaft der Versöhnung

Menschen, die an der Aufgabe ihrer Ehe gescheitert sind, stehen vor der Herausforderung, sich mit ihrer eigenen Lebensgeschichte zu versöhnen. Dies kann ein sehr schmerzlicher Prozess sein, da sie dabei mit Defiziten und Entwicklungsstörungen konfrontiert werden, die weit in ihre Kindheit und Jugend zurückreichen. Sie können ihre eigene Vergangenheit und die darin erlittenen Vorprägungen nicht ungeschehen machen und müssen dennoch einen Ausweg aus lebensgeschichtlichen Sackgassen suchen, sollen Wut und Depression nicht das letzte Wort behalten. Nach dem Psychologen *Karl Frielingsdorf* kann dies nur gelingen, wenn die betroffenen Partner »lernen, ihr vergangenes Leben Schritt für Schritt anzunehmen, und wenn sie Erbarmen und Vergebung für sich selbst und die eigenen Schwächen entwickeln, die für gläubige Menschen letztlich im Glauben an die Barmherzigkeit Gottes begründet sind.«[1]

Was hier aus psychologischer Sicht als ein notwendiger individueller Reifungsprozess gefordert wird, entspricht in theologischer Perspektive einem Wesensmerkmal der Kirche. Sie ist von ihrem eigenen Ursprung her eine Versöhnungsgemeinschaft, auch wenn ihr faktisches Erscheinungsbild dies häufig nicht zum Ausdruck bringt, sondern bis zur Unkenntlichkeit verdunkelt. Viele Menschen erleben die Kirche als eine moralische Lehrmeisterin oder als strenge Sittenwächterin, die diejenigen verurteilt, die mit ihren Moralauffassungen nicht zurecht kommen. Wenn dieser Eindruck sich in den Köpfen der Menschen und mehr noch in ihren Herzen festsetzt, ist der pastorale Super-GAU, das größtmögliche theologische Missverständnis, eingetreten: Die Kirche hat dann ihren eigenen Ursprung vergessen. Sie kann nicht mehr glaubwürdig den Versöhnungsauftrag erfüllen, der ihre eigentliche und einzige Existenzberechtigung darstellt.

8.1. Der Dienst der Versöhnung bei Paulus

Der Ursprung der Kirche wird häufig im Pfingstgeschehen, in der Ausgießung des Gottesgeistes über die versammelten Menschen aus allen Völkern gesehen, die in vielen Sprachen sprechen und sich dennoch verstehen. Diese Vision der Apostelgeschichte (vgl. Apg 2,1–13) zeichnet ein Gegenbild zur biblischen Erzählung vom Turmbau zu Babel, dessen Folge die Sprachverwirrung unter den Menschen war. Ihr liegt die Vorstellung zugrunde, dass die Kirche aus der Versöhnung von Gegensätzen und aus der Überwindung von Trennungen hervorgeht, auch wenn diese nach menschlichen Maßstäben unüberwindlich sind.

In der patristischen Theologie vertraten zahlreiche Kirchenväter eine ähnliche Auffassung, wobei sie allerdings die eigentliche Geburtsstunde der Kirche schon zu einem früheren Zeitpunkt, nämlich im Tod und in der Auferstehung Jesu annahmen. Sie sahen den ersten Ursprung der Kirche und ihrer Sakramente im Kreuzesopfer Jesu. Wenn die biblischen Passionsberichte davon sprechen, dass aus der Seitenwunde Jesu Blut und Wasser flossen (vgl. Joh 19,34), so ist dies nach ihrer Deutung das Symbol eines bleibenden Ursprungsgeschehens, aus dem die Kirche hervorgeht. Als ikonographisches Motiv inspirierte dieser Gedanke der patristischen Theologie zahlreiche künstlerische Darstellungen, in denen die *Ecclesia* als Personifikation der Kirche unter dem Kreuz steht und in einem Kelch das aus der Seitenwunde Jesu fließende Blut als die Quelle des Heils und der Versöhnung auffängt.

Hinter dieser patristischen Symbolik steht die theologische Konzeption der Kirche und des apostolischen Amtes in ihr, die Paulus in einem längeren Abschnitt des 2. Korintherbriefs (vgl. 2 Kor 5,14–6,1) entfaltet. Darin wird die Kirche als eine Versöhnungsgemeinschaft beschrieben, die ihren Grund in der Liebe Christi findet, die dieser am Kreuz den Menschen erwiesen hat. Diese versöhnungstiftende Heilstat Christi zu bezeugen, ist die zentrale Aufgabe der Kirche, um deretwillen dem Apostel das »Wort der Versöhnung« anvertraut und der »Dienst der Versöhnung« übertragen ist.

»Denn die Liebe Christi drängt uns, da wir erkannt haben: Einer ist für alle gestorben, also sind alle gestorben. Er ist aber für alle gestorben, damit die Lebenden nicht mehr für sich leben, sondern für den, der für sie starb und auferweckt wurde … Wenn also jemand in Christus ist, dann ist er eine neue Schöpfung: Das Alte ist vergangen, Neues ist geworden. Aber das alles kommt von Gott, der uns durch Christus mit sich versöhnt und uns den Dienst der

Versöhnung aufgetragen hat. Ja, Gott war es, der in Christus die Welt mit sich versöhnt hat, indem er den Menschen ihre Verfehlungen nicht anrechnete und uns das Wort von der Versöhnung anvertraute. Wir sind also Gesandte an Christi statt und Gott ist es, der durch uns mahnt. Wir bitten an Christi statt: Lasst euch mit Gott versöhnen!«

Die Annahme, Paulus verwende an dieser Stelle Stücke eines alten Christus-Hymnus, wird heute kaum noch vertreten. Vielmehr gehen die meisten Exegeten davon aus, dass sowohl die Metapher der »neuen Schöpfung«, zu der die Gläubigen durch das Versöhnungsangebot Gottes gemacht werden, als auch die Deutung des Heilsgeschehens von Christi Tod und Auferstehung als Versöhnung auf Paulus selbst zurückgehen.[2] Dafür spricht auch der literarische Stil dieses Abschnitts, der in für Paulus typischer Weise viel mit Wortwiederholungen, Verschränkungen und Parallelismen zum Zwecke der Hervorhebung und »Aufmerksamkeitssteigerung« arbeitet.[3]

Paulus reflektiert in diesen Sätzen seine eigene Situation gegenüber der Gemeinde von Korinth, mit der er im Streit über das rechte Verständnis seines Apostelamtes und des ihm zur Verkündigung übertragenen Evangeliums liegt. Indem er seine Gegner zur Versöhnung auffordert, trifft er zugleich eine Aussage, der über den aktuellen Anlass hinaus grundsätzliche Bedeutung für seine Sicht der Kirche zukommt. Die von Paulus beschriebene Versöhnung entspringt nicht menschlicher Initiative, sondern sie hat ihren Ursprung in der Liebe Christi, die dieser den Menschen am Kreuz erwiesen hat. Wer die Liebe Christi empfängt, kann nicht mehr in selbstbezogener Weise leben, wie es der sündhaften Existenzform des Menschen entspricht. Vielmehr lebt er ein neues Leben für Christus. Paulus wirbt mit dieser Aufforderung um die Zustimmung der Korinther, indem er seine eigene apostolische Existenz als Mitsterben mit Christus und als Auferwecktwerden zu einer neuen Lebensweise deutet. Dadurch rechtfertigt er jedoch nicht nur sein eigenes Apostelamt, sondern er empfiehlt implizit seine Vorgehensweise gegenüber der Gemeinde als Vorbild, durch dessen Nachahmung die Gemeinde zum Raum eines von Gott ausgehenden Versöhnungsgeschehens werden soll.

Die Formel von der »neuen Schöpfung«, zu der die Gläubigen

durch das Mitsterben mit Christus umgeformt werden, greift biblische Erwartungen der alttestamentlichen Prophetie (vgl. Jes 43,28; 65,17; 66,22) sowie die Zwei-Äonen-Lehre der Apokalyptik auf. Während das Bild von der neuen Schöpfung dort jedoch kosmologischen Sinn besitzt und die Verwandlung der gesamten Welt in eine neue Schöpfungsordnung meint, bezieht Paulus diesen Gedanken auf die Gläubigen seiner Gemeinde. Dazu greift er das Ausgangsdatum der biblischen Lehre vom Menschen auf: Jeder Glaubende wird, indem er sich dem Versöhnungsangebot Gottes öffnet, in das Bild Christi verwandelt, der das eigentliche Bild Gottes ist (vgl. 2 Kor 3,18 und 4,4). Auf diese Weise wird die Gottebenbildlichkeit des Menschen, die durch die Sünde verdunkelt war, in einer neuen Schöpfung wiederhergestellt, was für Paulus sowohl einen individuellen, als auch einen gemeinschaftlich-ekklesialen Vorgang beschreibt.[4]

Indem Paulus durch seinen apostolischen Dienst das Wort der Versöhnung verkündet und den Dienst der Versöhnung vollzieht, entsteht mitten in der alten, von Gegensätzen, Feindschaft und wechselseitigem Misstrauen gekennzeichneten Welt ein neuer Lebensraum, in dem die Gläubigen im Frieden miteinander leben. Der für die Argumentation des Paulus zentrale Vers 18 weist zwei grammatikalische Besonderheiten auf, die für sein Verständnis der Versöhnung von entscheidender Bedeutung sind: die Passivform und einen Wechsel im Tempus der Vergangenheit. Der Begriff »Versöhnen«, der im hellenistischen Judentum immer in dem Sinn gebraucht wird, dass Gott sich durch die Gebete und Opfergaben der Menschen versöhnen lässt, nimmt an dieser Stelle einen entgegengesetzten Sinn an: Die gesamte Initiative des Versöhnungsgeschehens liegt bei Gott, der die Gläubigen mit sich versöhnt.[5] Diese müssen das Versöhnungshandeln Gottes, das Paulus ihnen durch seinen apostolischen Dienst vermittelt, nur an sich geschehen lassen und in das Versöhnungsangebot Gottes einwilligen.

Aufschlussreich ist zweitens der Wechsel des Tempus von Vers 18 zu Vers 19, wo die Versöhnung des Paulus und der Gemeinde und die Versöhnung der Welt zunächst im Aorist und dann im Imperfekt beschrieben wird. Offenbar möchte Paulus die Versöhnung, zu der die Gläubigen berufen sind, als einen Vorgang schildern, der in einer zurückliegenden Tat Gottes, nämlich dem Tod und der Auferstehung seines Sohnes als dem Erweis seiner rückhaltlosen Liebe zu den Menschen, seinen Ursprung hat, zugleich aber als ein »weiterwirkendes Geschehen aufgefasst zu sein scheint, das erst mit der Annahme durch die Menschen zum Abschluss kommt«.[6] Dies würde bedeuten, dass die Offenbarung der Liebe Gottes, die Paulus als das ihm übertragene Evangelium verkündet, erst dadurch ihre Vollendung findet, dass die Gläubigen sich mit Gott versöhnen lassen. Für die Kirche und den Auftrag der Evangeliumsverkündigung in ihr hat dies eine wichtige Konsequenz: Sie kann in den Augen des Paulus die Botschaft der Liebe Christi nur dann glaubhaft verkündigen, wenn sie selbst als ein Lebensraum existiert, in dem die Gläubigen die Versöhnung Gottes konkret erfahren.

Dem kirchlichen Amt kommt dabei die notwendige Funktion zu, das Versöhnungsangebot Gottes den Gläubigen so zu übermitteln, dass sie in dieses einwilligen können. Ausdrücklich spricht Paulus dort, wo er von der Mitte seines Glaubens, der Liebe Christi zu den Menschen, handelt, zugleich von seinem eigenen apostolischen Amt: »Gott, der uns durch Christus mit sich versöhnt *und* uns den Dienst der Versöhnung aufgetragen hat.« (Vers 18) Paulus begründet seinen apostolischen Dienst an der Gemeinde nicht nur mit organisatorischen Notwendigkeiten – jede Gruppe ab einer bestimmten Größe bedarf einer straffen Leitungsstruktur – sondern vom Evangelium her: Weil Gott mit der entscheidenden Heilstat der Versöhnung zugleich das Amt der Versöhnung eingesetzt hat, muss er diesen ihm von Gott übertragenen Auftrag in der Gemeinde und ihr gegenüber erfüllen. Nur so kann diese sein, wozu Gott sie berufen hat: eine Gemeinschaft der Versöhnung.[7]

Mit dieser theologischen Legitimation des Amtes ist aber auch die Forderung nach einem entsprechenden Stil der Amtsausübung verbunden, die wie eine einschränkende Bedingung wirkt. Paulus sagt nicht nur: Das Amt der »Gesandten an Christi statt« (Vers 20) ist notwendig, weil Gott die Gläubigen durch ihren Dienst mit sich versöhnen will. Seine Begründung weist vielmehr auch eine implizite amtskritische Spitze auf. Nur wenn das Amt des Mahnens und Zurechtweisens »an Christi statt« so ausgeübt wird, dass die Gläubigen dadurch befähigt werden, sich dem Versöhnungsangebot Gottes zu öffnen, wird es in geistlicher Vollmacht zum Aufbau der Gemeinde ausgeübt. Die Kirche lebt nur dann im vollen Sinn als Kirche Jesu

Christi, wenn den Gläubigen das Evangelium von der Liebe und Barmherzigkeit Gottes so zugesprochen wird, dass sie durch das »Wort der Versöhnung« tatsächlich mit sich und ihrer Lebensgeschichte versöhnt werden.

8.2. Nochmals: ein Blick in die Geschichte der frühen Kirche

In der frühen Kirche führte der Auftrag, die Gläubigen mit Gott zu versöhnen, zur Einrichtung eines öffentlichen Bußverfahrens für die sogenannten Kapitalsünden. Dazu zählte insbesondere die Trias von Glaubensabfall, Mord und Ehebruch oder Unzucht. Mord und Totschlag galten im Alten und Neuen Testament als *die* Sünde schlechthin, die zum Ausschluss aus der Glaubensgemeinschaft führte (vgl. Ex 21,12 ff.; Joh 8,44 und Mt 5,17–26); deshalb konnten sie in der frühen Kirche nur durch eine lebenslange Buße gesühnt werden. Dagegen entzündete sich an der Frage, unter welchen Bedingungen vom Glauben Abtrünnige und Ehebrecher Vergebung erlangen können, eine theologische Kontroverse von weitreichender Bedeutung. Bei dem Streit, der nach den Christenverfolgungen unter den Kaisern Decius (249–251) und Diokletian (303–304) in Rom und im nordafrikanischen Karthago über die Bußmöglichkeit der abgefallenen Christen geführt wurde, ging es nicht nur um Fragen der praktischen Kirchendisziplin, sondern um das theologische Selbstverständnis der Kirche als Versöhnungsgemeinschaft.

Ist die Kirche nur eine Gemeinschaft der Reinen und Heiligen, wie die Novatianer meinten, die deshalb im Osten später als die *katharoi* (= die Reinen) bezeichnet wurden? Diese verweigerten den in der Verfolgung schwach gewordenen Gläubigen, den sogenannten *lapsi* (= Gefallenen), die um Wiederaufnahme in die Gemeinde baten, die Rekonziliation. Nachdem ihr Anführer, der Presbyter *Novatianus*, der sich nach der Wahl des römischen Bischofs *Cornelius* zum Gegenbischof hatte wählen lassen, auf einer römischen Synode von den italienischen Bischöfen aus der Kirche ausgeschlossen wurde, sammelte sich diese Gegenbewegung zu einer schismatischen Gemeinschaft, die sich trotz ihrer Verurteilung schnell ausbreiten konnte.[8]

Auch in Karthago führte die Bußfrage zu einem Schisma, weil

eine Gruppe um den Priester *Fortunatus* die Bußpraxis des Bischofs *Cyprian* als zu nachsichtig bekämpfte. Dieser befürwortete eine individuelle Überprüfung der einzelnen abtrünnig gewordenen Christen, die nach einer unterschiedlich langen Bußzeit wieder in die Kirche aufgenommen werden konnten. In den heftigen Streitigkeiten, die darüber in seiner Gemeinde ausbrachen, vertrat Cyprian eine mittlere Position. Gegenüber den *lapsi*, die sogenannte Friedensbriefe oder Vergebungszusagen von Märtyrern vorwiesen, bestand er darauf, dass diese nur als Empfehlung oder unterstützende Fürbitte im kirchlichen Bußverfahren angesehen werden durften, aber dieses nicht ersetzen konnten. Gegenüber den Novatianern aber unterstützte er seinen römischen Amtsbruder Cornelius, indem er grundsätzlich an der Möglichkeit festhielt, auch für die Sünde des Glaubensabfalls Vergebung zu erlangen. In seiner Schrift *De lapsis* und in seinen Briefen, die ein wichtiges Dokument der frühkirchlichen Bußpraxis darstellen, verteidigte er den von ihm eingeschlagenen »Mittelweg der Mäßigung«, auf dem er versuchte, die »Fürsorge für die Gefallenen maßvoll zu handhaben«.[9]

Die bleibende theologische Bedeutung der Auseinandersetzung mit den Novatianern liegt darin, dass die Kirche damals in ihrer Praxis und ihrem Selbstverständnis mit der Erkenntnis Ernst machte, dass sie immer eine Kirche der Sünder bleiben wird, die schwachen und unvollkommenen Menschen Raum bieten muss. Die Kirche widerstand in diesem Streit der Versuchung, sich als eine Kirche der Reinen zu begreifen, die nicht die Gnade Gottes verkündet, sondern einen moralischen Rigorismus lehrt. Eine solche Kirche würde, wie Cornelius und Cyprian hellsichtig erkannten, das Evangelium von der Barmherzigkeit Gottes verraten und dadurch ihre eigene Grundlage zerstören. Sie könnte gegenüber den Gläubigen, die an den strengen Forderungen ihrer Moralauffassung zerbrechen, den Dienst der Versöhnung nicht mehr ausüben, in dem Paulus ihre unabdingbare Aufgabe erkannte.[10]

Die Auseinandersetzungen um die Bußmöglichkeit für die Kapitalsünde des Glaubensabfalls, die zum novatianischen und karthagischen Schisma führten, spielten einige Jahrzehnte später auch auf dem Konzil von Nikaia (325) eine Rolle. Unter den Beschlüssen dieses Konzils findet sich auch eine Bestimmung, die das Verhältnis zu den Novatianern regelt. In Kanon 8 heißt es, dass diejenigen, die sich selbst die »Reinen« nennen, in die Gemeinschaft der katholischen und apostolischen Kirche zurückkehren können, wenn sie sich schriftlich verpflichten, deren Lehren anzunehmen und sich ihren Verhaltensregeln anzugleichen.

Was damit konkret gemeint ist, erläutert die folgende Vorschrift: Die rückkehrwilligen Schismatiker müssen »in Gemeinschaft sowohl mit denen treten, die ein zweites Mal geheiratet haben, als auch mit denen, die während der Verfolgung schwach geworden sind, aber für ihre Sünde Buße getan haben«.[11] Die novatianischen Presbyter und Bischöfe – von diesen ist in der Bestimmung des Konzils näherhin die Rede – können in die katholische Kirche zurückkehren und in ihr auf gültige Weise die Sakramente spenden, wenn sie eine einzige Bedingung erfüllen: Sie müssen die volle Kirchengemeinschaft auch mit denen aufnehmen, die in einer schweren Bewährungsprobe ihres Lebens und Glaubens versagt und dafür Buße geleistet haben. Damit sind vor allem zwei Personengruppen gemeint: Wiederverheiratete und reumütige Apostaten. Der Irrtum der Novatianer betrifft nicht die eigentliche Glaubenslehre, sondern vor allem eine praktische Konsequenz, die aus dem Glauben an die Offenbarung Gottes in Jesus Christus zu ziehen ist. Die Novatianer müssen anerkennen, dass die Kirche die Vollmacht besitzt, alle Arten von Sünden zu vergeben, auch die besonders schweren des Ehebruchs und des Glaubensabfalls. Um als Kleriker in der katholischen Kirche wirken zu können, müssen ihre Bischöfe und Presbyter ihr elitäres Bewusstsein und den Anspruch aufgeben, eine Gemeinschaft von reinen und sündelosen Christen zu sein. Dieser Anspruch ist es, der sie von der katholischen Kirche trennt; auf ihn müssen sie verzichten, wenn sie in diese zurückkehren wollen. Dies ist der springende Punkt, um den es in der ganzen Kontroverse von Anfang an geht.

Wenn die Bereitschaft zur Versöhnung mit den wiederverheirateten und den in der Verfolgungszeit schwach gewordenen Christen die einzige Bedingung für die Rückkehr in die katholische Kirche ist, lautet die entscheidende Frage, die aus heutiger Sicht zu stellen ist: Wer ist mit den in zweiter Ehe Lebenden gemeint – nur verwitwete oder auch geschiedene Wiederverheiratete? Im Westen wurde der Kanon 8 von Nikaia später so ausgelegt, dass er die Zweitehe nach dem Tod des ersten Partners, die zuvor zwar nie verboten war, aber doch sehr zurückhaltend beurteilt wurde, endgültig anerkannte. Diese Interpretation, die auch heute von renommierten Kirchenhistorikern vertreten wird,[12] könnte aber auch auf einer Rückprojektion der späteren kirchlichen Praxis in die Zeit um das Konzil von Nikaia beruhen.

Der italienische Forscher *Giovanni Cereti* vertritt die These, dass das Konzil die novatianischen Kleriker zur Aufnahme der Gemeinschaft auch mit den wiederverheirateten Geschiedenen verpflichten wollte, die in der katholischen Kirche lebten. Diese Auslegung stützt sich zunächst auf ein *philologisches* Argument. Der Terminus *bigamos* bezeichnet auch im kirchlichen Sprachgebrauch des zweiten und dritten Jahrhunderts allgemein jeden Wiederverheirateten. Er kann verwitwete Christen meinen, die nach dem Tod ihres Ehegatten eine zweite Ehe eingingen, aber er hat keineswegs nur diese exklusive Bedeutung. Vielmehr umfasst der Begriff auch geschiedene Wiederverheiratete, deren erster Partner noch lebt. Der genauere Sinn der Vorschrift des Konzils geht daher dahin, dass die novatianischen Kleriker, die in der Großkirche die Sakramente feiern wollen, auch diejenigen zur Kommunion zulassen müssen, die nach der Trennung von ihrem ersten Partner ein zweites Mal geheiratet und dafür in einem kirchlichen Bußverfahren Sühne geleistet haben.

In einer zweiten *historischen* Fragestellung rekonstruiert Cereti den genauen Streitpunkt, um den es in der Auseinandersetzung mit den Novatianern ging. In der Kirche des dritten Jahrhunderts herrschte, wie er anhand zahlreicher Zeugnisse zeigen kann, im Umgang mit geschiedenen Wiederverheirateten noch keine einheitliche Praxis. Es gab offenbar Bischöfe, die eine kirchliche Wiederversöhnung mit schweren Sündern (als solche galten alle in zweiter Ehe Lebenden) ablehnten, und eine größere Zahl anderer, die sie unter geregelten Auflagen praktizierten. Bereits im Streit mit dem Montanismus, einer häretischen Bewegung des zweiten Jahrhunderts, und nochmals während des novatianischen Schismas wurde die Frage, ob die Kirche die Vollmacht zur Vergebung aller Sünden hat, dann zu einem wichtigen Abgrenzungskriterium, ja geradezu zum Unterscheidungsmerkmal des Katholischen.

Dies bedeutet: Das Erkennungszeichen der katholischen und apostolischen Kirche, die den »Dienst der Versöhnung« in Treue zu ihrem Ursprung ausübt, liegt gerade darin, dass sie auch für schwere Sünden wie die des Ehebruchs oder der Apostasie eine Bußmöglichkeit anbietet. Der Kanon 8 des Konzils von Nikaia setzt daher voraus, dass die Zulassung der wiederverheirateten Geschiedenen zur Kommunion nach einer festen Bußzeit (sofern sie sich des Ehebruchs schuldig gemacht hatten) eine vorherrschende Praxis in der katholischen Kirche war, die von den Häretikern abgelehnt wurde. Anders ergäbe die dyadische Zusammenstellung von Ehebruch und Glaubensabfall, die in zahlreichen Zeugnissen in einem Atemzug genannt werden, keinen rechten Sinn.[13] Es ist nämlich kaum vorstellbar, dass die Wiederheirat nach dem Tod des ersten Ehegatten, auch wenn sie lange Zeit in der Kirche nicht gern gesehen war, als eine schwere, dem Glaubensabfall gleichgestellte Sünde gegolten haben sollte.[14] »Tatsächlich«, so fasst Cereti sein Ergebnis zusammen, »wollte das Konzil von Nikaia die Vollmacht der Kirche zur Vergebung aller Arten von Sünden bekräftigen, eine Antwort auf die Irrtümer der Novatianer geben, die den Apostaten und Ehebrechern die Versöhnung verweigerten und bestätigen, dass sowohl die einen wie die anderen von ihrer Schuld losgesprochen und zur Kommunion zugelassen werden können«.[15]

Die Frage nach der Vollmacht der Kirche, alle Sünden zu vergeben, wurde damals zum *articulus stantis et cadentis ecclesiae*. Die Zurückweisung eines moralischen Rigorismus, der die Wiederversöhnung mit der Kirche für bestimmte Sünden kategorisch ausschloss, war das Erkennungszeichen der katholischen Großkirche, durch das sie sich von allen häretischen Strömungen unterschied. Die Kirche erkannte damals, dass es ihrem Wesen als einer von Gott in Christus versöhnten Gemeinschaft, die unter den Menschen diese Versöhnung bezeugen soll, widersprechen würde, wenn sie einer bestimmten Gruppe von Menschen jede Versöhnungsmöglichkeit verweigern würde. Sie machte durch die Grenzziehung gegenüber den Novatianern und ihrem elitären Moralbewusstsein deutlich, dass sie nur dann Kirche Jesu Christi ist, wenn sie ihren Ursprung im Kreuz und in der Auferstehung ihres Herrn nicht vergisst, aus dem ihr die Kraft und der Auftrag zur Versöhnung erwächst.

Das Bekenntnis dazu, dass die Kirche ihrem eigenen Wesen nur treu bleibt, wenn sie aus Gottes Versöhnung lebt und diese weitergibt, findet sich in wichtigen neueren Texten des kirchlichen Lehramts.[16] Aus dem Wissen, dass es zum Selbstvollzug der Kirche gehört, Versöhnungsgemeinschaft zu sein, kann diese im Blick auf die wiederverheirateten Geschiedenen in ihrer Mitte heute aber offenbar nicht mehr dieselben Konsequenzen ziehen, die ihr auf dem Konzil von Nikaia, wenn die vorgetragene Auslegung seiner Bestimmungen hinsichtlich der wiederverheirateten Geschiedenen stimmt, unabdingbar erschienen.

9. Orientierung am Gewissen

Das merkwürdige Faktum, dass die Kirche den wiederverheirateten Geschiedenen heute verweigert, was sie damals von den Novatianern forderte, findet seine Erklärung in der späteren Entwicklung der kirchlichen Ehelehre, in der sich seit dem frühen Mittelalter im Westen die strengere Richtung von Augustinus und Hieronymus allgemein durchsetzte.[1] Die damals vorgenommene Weichenstellung, die die in den ersten Jahrhunderten auch im Westen verbreitete Duldung von Zweitehen verdrängte, bestimmt bis heute die disziplinäre Praxis der Kirche. Danach können wiederverheiratete Geschiedene nicht zur Eucharistie und den übrigen Sakramenten zugelassen werden, weil sie – so die theologische Begründung – im objektiven Widerspruch zu den Verpflichtungen stehen, die sie in ihrer ersten Ehe eingegangen sind. Sie können nach dieser Annahme die Schuld nicht bereuen und wiedergutmachen, die sie durch den Bruch ihres Eheversprechens und den andauernden Verstoß gegen die eheliche Treue gegenüber ihrem ersten Partner auf sich laden.

Unter den Voraussetzungen der augustinischen Theorie vom Eheband und einer vertragsrechtlichen Sichtweise der Ehe erscheint dies in der Tat konsequent. Beide Prämissen deuten jedoch auf erhebliche Schwächen dieser Argumentation hin. Wenn sich nämlich aufzeigen lässt, dass auch geschiedene und wiederverheiratete Menschen die Schuld bereuen können, die sie am Scheitern ihrer ersten Ehe trifft, und dass viele von ihnen tatsächlich den ernstgemeinten Versuch zu ihrer Wiedergutmachung unternehmen, wäre eine tragfähige Basis gewonnen, um die Zulassung wiederverheirateter Geschiedener zu den Sakramenten zu befürworten. Dies wirft zunächst die Frage nach der Kompetenz des Gewissens als letzter Beurteilungsinstanz der persönlichen Lebensführung auf. Ferner stellt sich das Problem, wie eine zivile Zweitehe in moralischer Hinsicht zu bewerten ist.

9.1. Eine Stimme, die ermutigt: die Kompetenz des Gewissens

Aus dem bloßen Faktum der Wiederheirat lässt sich kein genereller Rückschluss auf das Vorliegen schwerer Schuld ziehen. Dies ist schon deshalb nicht möglich, weil Schuld neben dem *objektiven* Tatbestand eines Vergehens oder Fehlverhaltens immer einen *subjektiven* Aspekt aufweist, der sich der sicheren Beurteilung von außen entzieht. In unersetzbarer Weise ist dazu vielmehr das an Gottes Gebot und Verheißung geschärfte Gewissen der einzelnen Gläubigen gefordert. Die Anerkennung der unhintergehbaren Kompetenz des Gewissens als letzter Beurteilungsinstanz, vor der jeder einzelne über persönliche Schuld und Verantwortung entscheiden muss, entspricht der kirchlichen Lehre über die Würde des sittlichen Gewissens; sie impliziert in keiner Weise eine Relativierung moralischer Normen.[2] Deshalb stellt der Hinweis auf das Gewissen, dem in Trennungs- und Scheidungskonflikten das letzte Urteil über persönliche Schuld und eigenes Versagen zukommt, die kirchliche Lehre von der Unauflöslichkeit der Ehe und die Verpflichtungskraft des ehelichen Treueversprechens nicht in Frage.

Das Schuldempfinden an der Zerstörung der eigenen Ehe und an der Trennung vom ersten Ehepartner setzt vielmehr voraus, dass die Partner um die gegenseitige Verpflichtung wissen, die sie mit der Eheschließung eingegangen sind. Durch die Trennung, die in der Scheidung endgültigen Charakter annimmt, werden sie dieser im Eheversprechen öffentlich übernommenen Verpflichtung untreu. Für gläubige Menschen bedeutet dies einen Verstoß gegen Gottes Gebot, selbst dann, wenn sie an der Ehe festhalten wollen und ihnen die Trennung gegen ihren Willen aufgezwungen wird.

Damit ist jedoch die Frage nach der persönlichen Schuld, die jemand an der Zerstörung seiner Ehe trägt, noch nicht beantwortet. Wenn eine Ehe als personale Lebensgemeinschaft so sehr zerrüttet ist, dass ein Neuanfang nicht mehr möglich erscheint, ist die Trennung unabwendbar geworden. Nach menschlichem Ermessen ist dann eine Heilung nicht mehr zu erwarten und ein weiteres Zusammenleben einem der Partner oder auch beiden nicht mehr zuzumuten.

Die Gründe, die zu dieser unheilvollen Entwicklung führten, sind auch für die Betroffenen oftmals nicht restlos durchschaubar.

Persönliches Versagen, überzogene Erwartungen, schuldhafte Nachlässigkeit, die Unfähigkeit zu rückhaltloser Kommunikation in Krisenzeiten, mangelnde Empathie und die rücksichtslose Durchsetzung des eigenen Standpunktes gegenüber dem Partner schaffen ein verhängnisvolles Amalgam zerstörerischer Entwicklungsfaktoren, denen der anfängliche Wille zum Festhalten an der Ehe am Ende nicht mehr gewachsen ist. In der Regel ist auf beiden Seiten Schuld im Spiel, wobei diese häufig nicht eindeutig zurechenbar ist. Zwar kommt es immer wieder vor, dass ein Partner die eigene Ehe durch bewusstes Fehlverhalten mutwillig zerstört oder eine bis dahin intakte Lebensgemeinschaft plötzlich aufgibt, weil er eine neue Beziehung eingehen möchte oder bereits eingegangen ist. Dies stellt gegenüber dem verlassenen Partner – früher zumeist den Ehefrauen, heute immer häufiger auch den verlassenen Männern – ein schweres Unrecht dar, das noch schwerer wiegt, wenn der verlassene Partner oder die Partnerin mit der Sorge für die gemeinsamen Kinder allein gelassen wird. In den meisten Fällen sind beim Scheitern der Ehe die jeweiligen Schuldanteile jedoch nicht eindeutig zuzuordnen, was wiederum nicht bedeutet, dass beide Partner an der Zerstörung ihrer Lebensgemeinschaft gleichermaßen schuldig sind. Dass auch der andere Mitschuld an der Zerstörung der Ehe trägt, mindert in keiner Weise die eigene Schuld, die sich jeder für sich im Gewissen vorhalten muss.

Warum sollten getrennt lebende und später geschiedene Ehepartner die Schuld nicht bereuen können, die sie durch die Nicht-Erfüllung ihres Eheversprechens und die Auflösung ihrer ehelichen Lebensgemeinschaft auf sich geladen haben? Solange sie keine neue Ehe eingehen, bestehen auch in der gegenwärtigen kirchlichen Praxis keine Bedenken, Geschiedene zu den Sakramenten zuzulassen, obwohl sie durch das Verharren in der Trennung in klarer Weise gegen Gottes Gebot verstoßen.[3] Zurecht geht die Kirche in diesen Fällen davon aus, dass die geschiedenen Partner für die Schuld am Scheitern ihrer Ehe Vergebung erlangen können, auch wenn der Wille zur Wiederherstellung der zerstörten Beziehung nicht mehr vorhanden ist oder nach menschlichem Ermessen dazu keine Aussicht mehr besteht.

Da die Wiederaufnahme des ehelichen Zusammenlebens nach längerer Trennung von der Bereitschaft beider Partner abhängt, kann sie nicht einseitig erzwungen werden. Darum kann demjenigen, der seine Schuld an der Zerstörung der Ehe aufrichtig bereut, Vergebung zugesprochen werden, wenn eine Wiederherstellung der zerstörten Lebensgemeinschaft mit dem früheren Partner nicht mehr in seinen Kräften steht, auch wenn er die Hauptschuld an der Trennung trägt. Umgekehrt vermag der Partner, der sich dem Wunsch des anderen nach einer Wiederaufnahme der ehelichen Lebensgemeinschaft widersetzt, weil er dazu nicht mehr in der Lage ist, die eigene Schuld an der Zerstörung der Ehe aufrichtig und ernsthaft zu bereuen. Dass er keinen Weg zurück mehr sieht, weil er in einer neuen Beziehung gebunden ist, macht seine Reue nicht unglaubwürdig. Daher spricht nichts dagegen, getrennt lebende und geschiedene Ehepartner, deren Ehe unheilbar zerstört ist, zu den Sakramenten zuzulassen, auch wenn sie persönliche Schuld zu bereuen haben, deren Schwere sie in ihrem Gewissen beurteilen müssen.

9.2. Zur Verantwortung stehen: die Bewertung einer zivilen Zweitehe

Die Tatsache, dass viele Ehepartner in Trennungskonflikten Selbstzweifel, Unwertgefühle und Scham entwickeln, ist ein Indiz dafür, dass sie die Schuld am drohenden Scheitern ihrer Ehe keineswegs auf die leichte Schulter nehmen. Dagegen empfinden sie in der Regel keine Schuld gegenüber dem geschiedenen Ehepartner mehr, wenn sie *den* Schritt unternehmen, der aus kirchenrechtlicher Sicht unvergebbare Schuld begründen soll: indem sie nach der Trennung eine zivile Zweitehe mit einem neuen Partner eingehen. Aus welchen Gründen die Wiederheirat auch erfolgt – sei es, weil eine Frau oder ein Mann nicht alleine leben kann, sei es, weil jemand in der neuen Beziehung die tragende Lebensgemeinschaft erfährt, die ihm in der ersten Ehe versagt blieb –, in der Regel wird der Akt der zweiten Eheschließung nicht als ein moralisch fragwürdiger, womöglich mit schwerer Schuld verbundener Schritt empfunden. Häufig ist es vielmehr so, dass die neuen Partner sich im Gewissen verpflichtet fühlen, zu der Verantwortung zu stehen, die ihnen aus ihrem Zusammenleben und aus der Sorge für gemeinsame Kinder erwachsen ist. Dabei ist nicht auszuschließen, dass einer der Partner in der zivilen Zweitehe das ernsthaft bereute Versagen in der ersten kirchenrechtlich gültigen Ehe wieder gutmachen möchte. Dieser Wille zur Wiedergutmachung ist auch dann moralisch anzuerkennen, wenn die Wiederherstellung der ersten Ehe objektiv unmöglich geworden ist und die Wiedergutmachung den ersten Partner, an dem man schuldig wurde, nicht mehr unmittelbar erreichen kann.

Auch wenn es einem gläubigen Katholiken nicht gleichgültig sein sollte, dass er sein Verhältnis zur Kirche durch das Eingehen einer ungültigen Ehe belastet, so ist doch davon auszugehen, dass die zweite Eheschließung moralisch gerechtfertigt sein kann oder von den Partnern sogar als eine Gewissensverpflichtung empfunden wird, und dies keineswegs nur dann, wenn die Sorge für im gemeinsamen Haushalt mitlebende Kinder ein zusätzliches Motiv für die Eheschließung ist. Die zivile Zweitehe kann nämlich ungeachtet dessen, dass sie kirchenrechtlich ungültig ist, alle wesentlichen Elemente (Wille zur lebenslangen Treue, Bejahung ihrer Ausschließlichkeit, Bereitschaft zur umfassenden personalen Lebensgemeinschaft, Offenheit für Kinder) aufweisen, die nach kirchlichem Verständnis für eine Ehe konstitutiv sind. Deshalb kann eine ungültige Ehe, in der das gelebt wird, was das Wesen einer Ehe ausmacht, nicht als Nicht-Ehe oder gar als Konkubinat bezeichnet werden, wie es früher im kirchlichen Sprachgebrauch üblich war.[4]

Vielmehr ist davon auszugehen, dass in einer zivilen Zweitehe der verlässliche Wille zum Füreinander-Einstehen in guten und schlechten Tagen besteht, der, auch wenn er nicht mit einem sakramental gültigen Eheversprechen gleichzusetzen ist, eine feste personale Lebensgemeinschaft zwischen den Partnern schafft.»Diese elementare personale Wirklichkeit ist als solche Ernst zu nehmen, auch wenn ihr die Vollendung durch die Ratifikation in dem von-Gott-zur-Einheit-zusammengebunden-Werden fehlt. Sofern nicht nur der Ehewille vorhanden ist, sondern auch eine öffentliche Eheschließung stattgefunden hat, bekunden die Partner der ungültigen Ehe damit auch ihre Bereitschaft, sich nicht nur selber zu binden, sondern auch sich miteinander verbinden zu lassen.«[5] Tatsächlich kommt es nicht selten vor, dass Geschiedene in ihrer zweiten ehelichen Verbindung eine außergewöhnliche Verlässlichkeit entwickeln. Sie sind durch das Leiden an der Trennung vom ersten Partner menschlich gereift, so dass sie nun in der Lage sind, die menschlichen und geistlichen

Werte einer Ehe zu verwirklichen. Wo auf diese Weise eheliche Freundschaft, Liebe, Treue und gegenseitiges Füreinander-Einstehen aus dem Geist des Glaubens gelebt werden, da »nimmt eine solche Ehe auch an der geistlichen Dimension des kirchlichen Lebens teil«.[6] Selbst in den Fällen, in denen die neue Verbindung durch ein Unrecht gegenüber dem früheren Partner zustande kam, ist nicht auszuschließen, dass in ihr durch die gemeinsame Lebensführung eine moralische Verbindlichkeit erwächst, die die Partner gegenseitig verpflichtet. Auch wenn jemand durch das Eingehen einer neuen Verbindung schwere Schuld gegenüber seinem ersten Ehepartner auf sich geladen hatte, kann er diese später bereuen und zu der begründeten Gewissensüberzeugung gelangen, dass die Fortsetzung dieser neuen Verbindung und ihre rechtliche Legitimation durch eine zivile Eheschließung moralisch geboten sind. Wenn die Partner einer solchen Zweitehe das miteinander leben, was von Eheleuten zu erwarten ist, kann ihr Zusammenleben subjektiv nicht als schwere Sünde gelten. Zur schweren Sünde wird das Zusammenleben in einer Zweitehe, die sich als verlässliche personale Lebensgemeinschaft bewährt, auch nicht durch den Umstand, dass die Partner miteinander in sexueller Gemeinschaft leben. Eine solche Annahme stünde in einem merkwürdigen Widerspruch zur Gewissenserfahrung der Betroffenen, die ein derartiges Urteil in aller Regel nicht nachvollziehen können. Zudem setzt sich diese Bewertung dem Verdacht aus, die sexuelle Begegnung von Mann und Frau zumindest unterschwellig als ein rechtfertigungsbedürftiges Übel anzusehen.

Eine derartige pessimistische Sichtweise der menschlichen Sexualität liegt zwar der augustinischen Lehre von den Ehegütern zugrunde, nach der Nachkommenschaft, Treue und Sakrament einen Ausgleich für das mit der Sexualität verbundene Übel der Lust darstellen sollen.[7] Doch kann diese Theorie, deren verhängnisvolles Erbe in der kirchlichen Verkündigung und Seelsorge jahrhundertelang nachwirkte, seit dem Zweiten Vatikanischen Konzil nicht mehr als gültige Voraussetzung des kirchlichen Eheverständnisses gelten. Das Konzil spricht zwar noch vereinzelt vom Gut der Treue *(bonum fidei)* und dem Gut der Nachkommenschaft *(bonum prolis)*, doch gebraucht es diese Begriffe nicht mehr in dem Sinn, dass die der Ehe innewohnenden Güter eine Legitimationsfunktion für das sexuelle Leben der Ehegatten hätten.[8] Vielmehr geht das Konzil davon aus,

dass die sexuelle Begegnung der Eheleute als leib-seelische Aus-
drucksform ihrer Liebe eine eigene Würde besitzt, die keiner weiteren Rechtfertigung durch äußere, aus ihr folgende Wirkungen
oder mit ihr verbundene Ausgleichswerte bedarf. Der Wille zur umfassenden Lebensgemeinschaft und zu einem vorbehaltlosen Sich-
Schenken kann in einer Zweitehe trotz ihrer objektiven rechtlichen
Mängel jedoch ebenso gelebt werden wie in einer sakramentalen
Ehe.

Wie die Partner einer gültigen Ehe können auch die Partner einer
Zweitehe in ihrer Verbindung »sich gegenseitig schenken und annehmen« (GS 48,1); sie haben dann ebenso wie diese den festen Willen
»zur freien gegenseitigen Übereignung ihrer selbst« (GS 49,1). Sie
bejahen ihre Ehe als eine personale Wirklichkeit und erfüllen die
sich daraus ergebenden gegenseitigen Verpflichtungen nicht anders
als die Partner einer gültigen Ehe. Sie bekunden ihren festen Willen
zur umfassenden und vorbehaltlosen Lebensgemeinschaft in rechtlich verbindlicher Form und stehen durch die bürgerliche Eheschließung öffentlich zu der Verantwortung, die sie füreinander übernommen haben. Daher gilt auch von ihrer sexuellen Gemeinschaft,
die – nicht anders als bei den Partnern einer gültigen Ehe – ihrer
umfassenden personalen Lebensgemeinschaft zugeordnet ist, dass
sie dadurch ihr gegenseitiges Übereignetsein zum Ausdruck bringen
und vertiefen (vgl. GS 49,1–2). Kurz: Die Annahme, die Partner
einer zivilen Zweitehe lebten deshalb in einem Zustand schwerer
Sünde, weil sie miteinander schlafen, erweist sich als unbegründet.
Sie stellt ein erratisches Relikt einer vergangenen Betrachtungsweise
dar, die in der Ehelehre des letzten Konzils und in der gegenwärtigen
Ehetheologie überwunden ist.

10. Stolperstein Kirchenrecht: die gegenwärtige Ehetheologie und der kanonistische Ehebegriff

Die Auffassung, dass sexuelle Beziehungen außerhalb einer gültigen, d. h. für getaufte Christen, sakramentalen Ehe schlechterdings unerlaubt sind, entspricht einem Eheverständnis, das in der Ehe in erster Linie ein vertragliches Rechtsverhältnis sieht. Dieses wird nach kanonistischer Vorstellung zu einem doppelten Zweck geschlossen: Gegenstand des Ehevertrages ist die Übertragung eines lebenslangen und ausschließlichen Rechts auf den Körper des Partners *(ius in corpus)*, das zum Vollzug der zur Kinderzeugung erforderlichen Akte genutzt werden soll.[1]

Die herkömmliche kirchenrechtliche Sichtweise, die auf dem Zweiten Vatikanischen Konzil theologisch überwunden wurde, reduziert die Ehe auf eine biologische Zweckgemeinschaft, in der die Eheleute sich gegenseitig das Recht zum Geschlechtsverkehr übertragen. Unter dieser Voraussetzung ist es allerdings konsequent, allen unverheirateten Paaren und ebenso den Partnern einer kirchenrechtlich ungültigen Ehe das Recht zur sexuellen Gemeinschaft abzusprechen. Die Partner einer zivilen Zweitehe können sich nach dieser kanonistischen Konstruktion das *ius in corpus* gar nicht mehr einräumen, da sie es ihrem ersten Ehepartner vertraglich abgetreten haben und daher nicht mehr darüber verfügen können.

Das Recht auf den Körper erlischt nicht dadurch, dass es nicht mehr ausgeübt wird, wenn die Eheleute getrennt leben; die einvernehmliche Nichtausübung der ehelichen Vertragspflichten gilt noch nicht als Verstoß gegen sie. Da dieses Recht aber auf Lebenszeit übertragen wurde, stellt die Aufnahme sexueller Beziehungen mit dem neuen Partner einen ehebrecherischen Akt dar, der die aus dem abstrakten Rechtsverhältnis der weiterbestehenden ersten Ehe hervorgegangenen Pflichten verletzt. Dies ist der eigentliche Grund, warum wiederverheiratete Geschiedene nicht zum Sakramentenempfang zugelassen und darüber hinaus mit weiteren Kirchenstrafen (Ausschluss von liturgischen Diensten und der Mitarbeit in pastoralen Gremien, Aufkündigung eines dienstrechtlichen Arbeitsverhältnisses) belegt sind.[2] Unter diesen Voraussetzungen erscheint es auch folgerichtig, dass diese Sanktionen nicht eintreten, wenn die Partner ernsthaft versprechen, wie Bruder und Schwester zusammenzuleben und auf sexuelle Gemeinschaft zu verzichten. Solange sie die an den getrennten Partner abgetretenen Rechte nicht ausüben, verletzt die Aufnahme der Lebensgemeinschaft mit einem anderen Partner diese zumindest auf dem Papier nicht.

Die verengte Konzeption der Ehe als einer funktionalen Zweckgemeinschaft ist das Ergebnis einer jahrhundertelangen Fehlentwicklung, die nur aus bestimmten historischen und kirchenpolitischen Konstellationen erklärbar ist. Zwar liegt dem kontraktualistischen Ehemodell insofern ein humanes Motiv zugrunde, als der für das Zustandekommen des Ehevertrags unverzichtbare Konsens der Brautleute die Freiwilligkeit der Eheschließung sichert; die Vorstellung vom Ehevertrag diente ursprünglich der Emanzipation des Individuums aus den Zwängen der Bluts- und Familienbande. Doch verdankt sich die kanonistische Ehelehre in ihrer systematischen Ausgestaltung seit dem Konzil von Trient auch dem Interesse, die kirchliche Jurisdiktion über die Ehen gegenüber dem wachsenden Machtanspruch der neuzeitlichen Nationalstaaten zu sichern.

Um diese Zielsetzung theologisch und rechtlich abzusichern, entwickelten die Kanonisten seit dem 16. Jahrhundert die Lehre von der Identität zwischen Vertrag und Sakrament, auf die der Kodex aus dem Jahr 1983 zurückgreift.[3] Diese Lehre verdrängte die Doktrin einer Trennung von Ehevertrag und Sakrament, die bis ins 19. Jahrhundert die Zustimmung vieler Theologen fand. Danach war der Priester der Spender des Ehesakraments, mit der aus heutiger Sicht überraschenden Folge, dass nicht jede Ehe unter Christen automatisch als Sakrament angesehen wurde. Nach der Lehre von der Realdistinktion zwischen Vertrag und Sakrament konnten getaufte Katholiken nämlich auch ohne die Segnung des Priesters einen gültigen Ehevertrag abschließen, der dann allerdings nicht Sakrament war. Diese kanonistische Konstruktion entspricht ziemlich genau der zivilen Zweitehe, die geschiedene Katholiken eingehen. Diese wird von der Kirche heute aber als ungültig angesehen, weil sie der kirchlichen Formpflicht bei der Eheschließung und der Lehre von der Identität von Ehevertrag und Sakrament widerspricht.

Die Doktrin der Identität von Ehevertrag und Sakrament verfolgte in der Zeit des Gallikanismus und des Josephinismus das Ziel, die Durchsetzung der obligatorischen Zivilehe als illegitime staatliche Machterweiterung zurückzuweisen.

In einer veränderten historischen und gesellschaftlichen Konstellation führt das Festhalten an dem überkommenen Vertragsmodell der Ehe und seinen wesentlichen Elementen (strikte Identität von Vertrag und Sakrament, vorrangige Ausrichtung der Ehe auf die Erzeugung von Nachkommenschaft, Engführung auf die geschlechtliche Vereinigung der Partner) jedoch zu den aufgezeigten Konsequenzen, die ursprünglich gar nicht beabsichtigt waren. Es überrascht daher nicht, dass das Zweite Vatikanische Konzil eine tiefgreifende Revision der kirchlichen Ehelehre vornahm und ihre historisch bedingten Fehlentwicklungen korrigieren wollte. Der von den Konzilsvätern vollzogene Paradigmenwechsel von einem vertragsrechtlichen Eheverständnis hin zu einer personal-ganzheitlichen Vorstellung von der Ehe als Bund ist ein wesentlicher Bestandteil des Erneuerungsprozesses, den das Konzil für die Kirche angestoßen hat.[4] Die Konzeption der Ehe als personaler Lebensgemeinschaft unter der biblischen Leitkategorie des »Bundes« greift nicht nur wichtige biblische und theologiegeschichtliche Motive auf, die in dem Vertragsmodell unterbelichtet blieben. Sie entspricht auch dem personalen Denkansatz der Gegenwart, in dem der Anspruch von Institutionen an dem Beitrag gemessen wird, den diese für das Wohl der Menschen (und nicht umgekehrt) leisten.

Leider ist die Vorstellung von der Ehe als Bund im kirchlichen Gesetzbuch aus dem Jahr 1983 nicht konsequent umgesetzt worden. Ebenso bedauerlich ist, dass die gegenwärtige Ehetheologie, die nicht allein das gültige Zustandekommen der Ehe, sondern auch die prozesshafte Verwirklichung der Ehe während der gemeinsamen Lebenszeit der Partner hervorhebt, bei der kirchenrechtlichen Neuregelung der Ehe nicht oder nur teilweise rezipiert wurde. Während das Konzil die personal-ganzheitliche Sicht der Ehe als umfassende Neuorientierung der kirchlichen Ehelehre konzipierte und daher alle terminologischen Anklänge an das alte Vertragsmodell bewusst vermied, griff der Kodex aus dem Jahr 1983 wieder auf die herkömmliche Auffassung zurück. Die Ehe wird zwar auf der Linie des Konzils als »Ehebund« *(matrimoniale foedus)* bezeichnet, durch dessen Eingehen die Eheleute eine umfassende, lebenslange Gemeinschaft *(totius vitae consortium)* begründen (Can. 1055, § 1/CIC 1983), doch fällt § 2 desselben Kanons sofort wieder in das vertragsrechtliche Schema zurück.

Dort ist nach wie vor, als sei auf dem Konzil nichts geschehen, vom gültigen Ehevertrag *(matrimoniale contractus validus)* die Rede, der unter Getauften *eo ipso* Sakrament ist. Auf diese Weise wird die konziliare Neuausrichtung der Ehetheologie allenfalls oberflächlich rezipiert. Vorherrschend bleibt der Wunsch, das alte kanonistische Konstrukt von der Ehe als Vertrag in das neue kirchliche Gesetzbuch unter Beibehaltung möglichst vieler Einzelbestimmungen hinüberzuretten. Was die konkrete Ausgestaltung der Ehe und der mit ihr verbundenen Rechtsfolgen anbelangt, ist weiterhin eine verengte kanonistische Sichtweise leitend.

Zwischen der kirchenrechtlichen Qualifikation einer zivilen Zweitehe und dem persönlichen Gewissensurteil der Betroffenen herrscht in den meisten Fällen eine kaum aufhebbare Diskrepanz. Während die von Trennung und Scheidung Betroffenen häufig unter der Schuld leiden, die sie am Scheitern der ersten Ehe trifft, den späteren Akt der zivilen Eheschließung mit dem neuen Partner jedoch als moralisch unproblematisch empfinden, verhält es sich aus kirchenrechtlicher Sicht genau umgekehrt: Der entscheidende Schritt, der einen objektiven Widerspruch zur moralischen Lebensordnung der Kirche und damit schwere sittliche Schuld begründen soll, liegt nach dieser Logik erst in der Wiederheirat. Da durch diese eine andauernde moralische und rechtliche Verpflichtung gegenüber dem neuen Partner eingegangen wird, ist dieser Widerspruch unauflösbar, wohingegen die persönliche Schuld an der Trennung und Scheidung der ersten Ehe Vergebung finden kann, sofern sie aufrichtig bereut wird.

Die kanonistische Konstruktion, die zu den aufgezeigten Bewertungen zwingt, beurteilt die Lage wiederverheirateter Geschiedener aus einer großen Distanz zu ihren tatsächlichen Lebensumständen. Die Annahme, durch ein weiterbestehendes Rechtsverhältnis an den früheren Partner gebunden zu sein, erscheint vielen wiederverheirateten Geschiedenen abstrakt und weltfremd, während sie die durch die zweite Eheschließung begründete Lebensgemeinschaft Tag für Tag als eine seit langem bewährte Realität erfahren. Die Qualifikation ihrer Lebenssituation als objektiver Zustand schwerer Sünde oder als fortgesetzter Ehebruch widerspricht aber nicht nur dem eigenen Erleben der Betroffenen, sie erweist sich bei näherer Betrachtung auch als theologisch fragwürdig, und dies in mehrfacher Hinsicht.

Mangelhaft ist bereits der kanonistische Ehebegriff als solcher, dessen einseitige Fixierung auf den sexuellen Vollzug der Ehe ein Relikt ihrer auf dem Konzil überwundenen, vertragsrechtlichen Sichtweise darstellt. In einer personal-ganzheitlichen Konzeption der Ehe als umfassender Lebensgemeinschaft kann dagegen auch der Vollzug der Ehe, der die durch den Ehekonsens zustande gekommene Verbindung zwischen den Ehegatten unauflösbar macht, nicht mehr auf den ersten Akt des ehelichen Beischlafes reduziert werden. Vielmehr meint der Vollzug der Ehe das umfassende gegenseitige Sich-Schenken und Füreinander-Eintreten, das die Eheleute sich im Eheversprechen dauerhaft zusagen. Wenn dieses Sich-Übereignen der Ehegatten nicht zustande kommt, kann die Ehe nicht als vollzogen gelten; ihr fehlt dann ein Wesenselement, das für die gegenwärtige Ehetheologie unverzichtbar ist.[5] Auch ist zu fragen, ob der »Tod« der Ehe nur durch das physische Lebensende eines Partners oder nicht auch durch ihre tatsächliche Zerrüttung eintreten kann.[6] In diesem Fall müsste der Geschlechtsverkehr mit dem neuen Partner nicht mehr als Ehebruch gegenüber dem ersten gewertet werden, da durch die Zerstörung der personalen Lebensgemeinschaft in der ersten Ehe auch das Recht zum sexuellen Vollzug dieser Gemeinschaft nicht mehr besteht.

Ein zweites, schwerwiegendes Problem liegt in dem unzureichenden Sakramentenverständnis, das der Identifikation von Ehevertrag und Sakrament zugrunde liegt. Ein Sakrament ist ein wirksames Zeichen der Gnade Gottes; es dient der Erinnerung, der Vergegenwärtigung und der Vorwegnahme des göttlichen Heils, das in ihnen gefeiert wird. Die Theologie unterscheidet deshalb eine dreifache temporale Struktur, durch die ein Sakrament seine Wirkung entfaltet. Es ist ein erinnerndes Zeichen (signum rememorativum), das auf die Ursache des Heils, nämlich den Tod und die Auferstehung Christi zurückweist; ferner ist es ein hinweisendes Zeichen (signum demonstrativum), das die Gnade gegenwärtig setzt, die durch Christi Leiden erwirkt wird; schließlich ist jedes Sakrament ein vorausdeutendes Zeichen (signum prognosticum), das die künftige Herrlichkeit vorwegnimmt.[7]

Der Umstand, dass ein Sakrament zugleich Zeichen für etwas Vergangenes, Gegenwärtiges und Zukünftiges ist, bedeutet für die Ehe: Das Sakrament erinnert die Eheleute an den Anfang ihrer Ehe, als sie sich vor Gottes Angesicht im Eheversprechen unwiderruflich füreinander entschieden haben; es vergegenwärtigt ihnen Gottes Liebe, deren Kraft sich in ihrer Lebensgemeinschaft als wirksam erweisen möchte, und es verheißt ihnen das Gelingen der Liebe, die sie sich für ihr ganzes Leben versprochen haben. Wenn jedoch vom sakramentalen Eheband die Rede ist, durch das seit Jahren getrennt lebende Partner noch immer durch ein rechtliches Vertragsverhältnis verbunden sind, kommt die dreifache Zeitdimension, in der ein Sakrament seine Wirksamkeit entfaltet, nur noch durch die Erinnerung an das Vergangene zum Tragen. Die gegenwärtig setzende Kraft des sakramentalen Zeichens ist dagegen ebenso wie sein Verheißungscharakter erloschen, da die personale Lebensgemeinschaft zwischen den Ehegatten nicht mehr besteht, und ihre Wiederaufnahme nach menschlichem Ermessen nicht mehr erhofft werden kann.

Auch in dieser verkümmerten Residualform entfaltet das Sakrament, da es mit dem Ehevertrag und den daraus entstandenen lebenslangen Verpflichtungen der Ehepartner identifiziert wird, aber noch immer seine volle kirchenrechtliche Bindungswirkung. Diese besteht unvermindert fort, während die geistliche Kraft des Sakramentes als Quelle der Gnade und des Trostes erloschen ist. Dadurch verkehrt sich jedoch die Wirkung, die das Sakrament auf seine Empfänger ausübt, ins Gegenteil: Aus dem Zeichen der barmherzigen Nähe Gottes wird eine religiöse Sanktion, die einen gangbaren Ausweg dauerhaft verschließt. In Zeiten schwerer Erschütterungen, in denen sie in Gedanken das mögliche Scheitern der Ehe bereits vorwegnehmen können, erfahren viele Ehepartner das Band des sakramentalen Zeichens nicht mehr als eine lebendige Kraftquelle, aus der sie Hoffnung schöpfen. Vielmehr schwebt das Sakrament als drohendes Zeichen wie ein Damoklesschwert über ihnen, das sie an die ausweglose Situation erinnert, in die sie zu geraten drohen. Der theologische Sinn eines Sakramentes wird dadurch bis zur Unkenntlichkeit entstellt und pervertiert. Erfahrene Priester, die um diesen unheilvollen Zusammenhang wissen, bauen deshalb bei der Eheschließung mitunter absichtlich einen Formfehler ein, um eine spätere Nichtigkeitserklärung der Ehe zu ermöglichen. Diese Praxis kann zwar die kirchlichen Dauerfolgen einer zweiten zivilen Eheschließung umgehen, doch dürfte sie kaum dem eigentlichen Sinn der kirchlichen Eheordnung entsprechen.

Eine dritte Schwäche der Argumentation, nach der wiederverheiratete Geschiedene wegen des objektiven Widerspruchs, in dem sie zur kirchlichen Lebensordnung stehen, von den Sakramenten ausgeschlossen werden müssen, liegt in der reduzierten Rolle, die darin dem Gewissen zukommt. Seine Funktion beschränkt sich darauf, die Verletzung der vertraglichen Pflichten anzuerkennen, die sich aus dem fortbestehenden Rechtsverhältnis der ersten Ehe ergeben. Die amtliche Qualifikation der zivilen Zweitehe als Zustand schwerer Sünde ist vom Gewissen nur gehorsam entgegenzunehmen, ohne dass Kriterien für eine eigenverantwortliche Beurteilung der eigenen Lebenssituation benannt werden. Die seelsorgliche Begleitung wiederverheirateter Geschiedener kann nur das Ziel verfolgen, diesen ihre prekäre Lage zu verdeutlichen und ihnen zu erklären, warum sie nicht zur vollen Teilnahme an der Eucharistie zugelassen werden können und in ihren kirchlichen Rechten eingeschränkt sind. Keineswegs ist es nach dieser »objektiven« Betrachtungsweise Aufgabe der kirchlichen Verkündigung und der pastoralen Beratung, durch die Bereitstellung von Kriterien zur eigenen Gewissensbildung beizutragen, wie dies die »Gemeinsame Synode der Bistümer in der Bundesrepublik Deutschland« in Würzburg (1971–75) und der Hirtenbrief der oberrheinischen Bischöfe (1993) forderten.[8] Seelsorgliche Begleitung soll nicht dazu verhelfen, die eigene Stimme zu finden; sie darf nur als Sprachrohr des Kirchenrechts wirken, das die Stimme des Gewissens übertönt und zur Entgegennahme des Urteils »schwere objektive Schuld« bereit machen soll.

Darüber hinaus spielt das Gewissen in diesem Begründungsmodell keine Rolle, weder bei der Bewertung der Gründe, die zum Scheitern der ersten Ehe führten, noch bei der Beurteilung, ob die zweite eheliche Gemeinschaft sich als verlässliche Grundlage des Zusammenlebens bewährt hat. Inwieweit beim Scheitern der ersten Ehe eigenes Versagen zu beklagen ist, und wieweit begangenes Unrecht und möglicherweise angerichteter Schaden inzwischen bereut und wiedergutgemacht wurden, ist für die moralische Bewertung der zivilen Zweitehe als Zustand schwerer Sünde bedeutungslos.

Ob jemand in der ersten Ehe schuldlos verlassen wurde, oder ob er selbst die Ehe brach, weil er eine jüngere, attraktive Frau kennengelernt hatte, macht keinen Unterschied. Ebenso wenig spielt es eine Rolle, ob aus der zweiten Ehe Kinder hervorgingen, deren Erziehung eine gemeinsame Aufgabe der Eltern darstellt.

Die unterschiedslose Bewertung dieser verschiedenen Ausgangssituationen als objektiv schwere Sünde steht häufig in krassem Widerspruch dazu, wie die Betroffenen selbst ihre persönliche Schuld und Verantwortung vor ihrem Gewissen beurteilen. Besonders groß ist die Diskrepanz zwischen dem persönlichen Gewissensurteil und der kirchenrechtlichen (Ab)qualifikation der zivilen Zweitehe in den Fällen, in denen ein lediger Mann oder eine ledige Frau einen geschiedenen Partner heiratet, der schuldlos verlassen wurde. Wenn die neuen Partner ihr Zusammenleben durch eine zivile Eheschließung legalisieren wollen, geraten sie, ohne dass sie sich irgendeine persönliche Schuld vorwerfen könnten, in eine Lage, die angeblich auf irreversible Weise einen Zustand objektiver schwerer Schuld begründet.

Dies ist umso unverständlicher, als der bislang unverheiratete Mann oder die bislang unverheiratete Frau dem zuvor verlassenen Partner und den Kindern aus der ersten Ehe in einer schwierigen Lebenssituation zur Hilfe kam. In moralischer Hinsicht hat dies etwas mit Anstand, Selbstverpflichtung und Verantwortungsgefühl, jedoch wenig, oder genauer gar nichts mit Schuld und Sünde zu tun. Wie aus moralisch achtenswerten Handlungsweisen ein Zustand schwerer Sünde entstehen soll, ist für die Betroffenen in ihrem Gewissen in keiner Weise nachvollziehbar. Die kirchenrechtliche Argumentation, die für den Ausschluss wiederverheirateter Geschiedener und aller in einer zivilen Zweitehe lebenden Partner von den Sakramenten aufgeboten wird, übergeht nicht nur die originäre Kompetenz des Gewissens, was die letztverantwortliche Beurteilung persönlicher Lebensumstände anbelangt; sie wird auch der vom Lehramt selbst erhobenen Forderung nicht gerecht, verschiedene Situationen gut zu unterscheiden und differenziert zu beurteilen.[9] Das kirchliche Eherecht ist dazu schon deshalb nicht in der Lage, weil es das individuelle Gewissensurteil der Gläubigen über die Umstände, die zur Auflösung ihrer ersten Ehe und zur zweiten bürgerlichen Eheschließung führten, von vornherein der subjektiven Beliebigkeit verdächtigt.

11. Das Mahl der Sünder

Ein letzter Gesichtspunkt bleibt zu bedenken, der die theologischen Überlegungen zur Stellung der wiederverheirateten Geschiedenen in der Kirche abschließen soll. Er betrifft ihre Teilnahme an der Feier der Eucharistie und ihre Zulassung zum Kommunionempfang. Unter allen öffentlichen liturgischen Akten der katholischen Kirche ist die Feier des Herrenmahls, wie die Eucharistie in der Urkirche genannt wurde, zweifellos die wichtigste gottesdienstliche Form kirchlichen Lebens. Die Eucharistie ist das Sakrament der Gegenwart Christi in seiner Kirche, durch das dieser seine Verheißung: »Ich bin bei euch alle Tage bis zum Ende der Welt« (Mt 28,20) für alle Mitfeiernden in greifbarer Weise wahrmacht. Die Worte »greifbar«, »betastbar«, ja mehr noch: »essbar« und »trinkbar« dürfen, auch wenn es sich um die zeichenhaft vermittelte Gegenwart Christi handelt, in keiner Weise abgeschwächt werden. Sie bezeichnen die höchste Möglichkeit, die Gemeinschaft mit Jesus real zu erleben, denn im Empfang des Leibes und Blutes Christi, in der Kommunion mit dem Herrn, wiederholt sich sein Kommen zu den Menschen in einmaliger, allen, die ihn empfangen, persönlich zugedachter Weise. »Du willst uns Speise sein«, heißt es in einem modernen Kommunionlied, »um mit uns schon auf Erden, ein Leib und Geist zu werden, im Mahl von Brot und Wein.«[1] Ein alter eucharistischer Hymnus besingt mit kraftvollen, der Metaphorik von Hungern, Dürsten und körperlicher Stärkung entnommenen Bildern die Bedeutung der Eucharistie für den geistlich-spirituellen Lebensweg der Christen, der als eine Pilgerreise zum Ziel des ewigen Lebens beschrieben wird. In der dritten Strophe lädt Christus selbst alle ein, zum Mahl der Stärkung hinzuzutreten, die ihrer in besonderer Weise bedürfen: »Kommt alle, die auf Erden/von Not bedränget werden … ich will euch wiedergeben/mit meinem Blut das Leben.«[2]

Die Kirchenväter scheuten sich nicht, den Vorgang der Kommunion, bei dem die Teilnehmer des eucharistischen Mahles durch das Essen des Brotes den Leib Christi empfangen, nach der Art einer körperlichen Vereinigung zu beschreiben, durch die Christus sich mit den Gläubigen verbindet und ihnen Anteil an seiner Liebe und

seinem göttlichen Leben vermittelt.[3] Der kolumbianische Schriftsteller *William Agudelo* greift diesen Gedanken in größter Unbefan-
genheit auf, wenn er seinem Tagebuch anvertraut, was der Kommunionempfang für ihn bedeutet:

»Ahnst du, Jesus, was ich denke, nachdem ich deinen heiligen
Körper gegessen habe? Dies: Die Liebe ist immer bestrebt, die Körper oder die Seelen der Sichliebenden zu vereinen. Alle, die sich
lieben, wollen sich auch vereinen. Eine vereitelte Vereinigung bedeutet also eine vereitelte Liebe. Unmittelbar nachdem ich dich
empfangen habe, in diesen Augenblicken, in denen du leiblich und
wirklich in mir zugegen bist, denke ich: Dies ist die perfekteste Vereinigung, die es gibt … Du, Jesus, bist so vollständig in mir, dass ich
Gott bin und du William. Unsere Körper vereinigen sich auf eine
Weise, es besteht eine solche Vereinigung zwischen uns, dass wir
buchstäblich vertauscht werden, und ich kann nichts anderes denken, als dass wir eins sind und dass mich nie jemand so lieben wird,
wie du mich liebst.«[4]

Wenn die Eucharistie der Höhepunkt des gottesdienstlichen Geschehens ist und die Kommunion die Gläubigen in unvergleichbarer
Weise mit Christus vereint, führt der Ausschluss wiederverheirateter
Geschiedener vom Kommunionempfang dann nicht zu einer
schwerwiegenden Beeinträchtigung ihres geistlichen Lebens? Kann
der dauerhafte Ausschluss von der vollen eucharistischen Gemeinschaft überhaupt eine rechtmäßige Sanktion der Kirche sein? Wird
nicht die Eucharistie in ihrer Zeichenfunktion für die Liebe Gottes
zu allen Menschen verdunkelt und entstellt, indem sie für eine
Gruppe von Gläubigen zum anstößigen Zeichen einer »vereitelten
Liebe« wird?

11.1. Die vielen Aspekte der Eucharistie

Das zentrale Geheimnis des christlichen Glaubens, das nach katholischem Verständnis die sakramentale Vergegenwärtigung des gesamten christlichen Heilsmysteriums ist, lässt sich unter verschiedenen Aspekten betrachten, die jedoch in ihrer inneren Einheit
gesehen werden müssen. Bleibt einer dieser Aspekte unterbelichtet,
wird der theologische Sinn der Eucharistiefeier als ganzer verfälscht.

Es ist daher zu fragen, ob durch den dauerhaften Ausschluss wieder-verheirateter Geschiedener vom Kommunionempfang, der ihnen jede Aussicht auf eine volle Versöhnung mit der Kirche nimmt, die Eucharistiefeier nicht insgesamt in eine Schieflage gerät, die sie für Missdeutungen anfällig macht. Wenn einer Gruppe in der Kirche für immer der Zutritt zur Eucharistie verwehrt bleibt, wie kann diese dann noch glaubwürdig als Zeichen der Nähe Gottes gefeiert wer-den, das schwache und sündige Menschen auf ihrem Lebensweg stärken soll? Wie kann die Eucharistie dann noch als die helfende Hand Gottes empfunden werden, die er den Sündern entgegen-streckt? Wird die eucharistische Gemeinschaft auf diese Weise nicht zu einem *closed shop*, zu einer Versammlung der Frommen, die sich auf der sicheren Seite des Lebens wähnen? Wird nicht die Kom-munion zur Belohnung für diejenigen, deren Lebensführung zu-mindest nach außen keinen Grund zur Beanstandung bietet?

In der gegenwärtigen Sakramententheologie wird die Eucharistie als ein mehrdimensionales Geschehen gedeutet, in dem sich der auf-erstandene und erhöhte Christus den Gläubigen schenkt und sie in die Einheit seines Leibes, der Kirche, aufnimmt. Das Sakrament der Eucharistie ist das Vermächtnis Jesu an seine Kirche, was unmittel-bar durch ihre Einsetzung bei der Feier des letzten Abendmahles mit den Jüngern zum Ausdruck gebracht wird. Die vorwegnehmende Deutung seines Todes, die Jesus am Abend vor seinem Leiden vor-nimmt, indem er die Gaben von Brot und Wein zu Zeichen seiner bleibenden Selbsthingabe macht, gibt der Eucharistie den Charakter einer Gedächtnisfeier, die sein ein für allemal geschehenes Opfer am Kreuz (vgl. Heb 9,12.26) vergegenwärtigt. Diese Gedächtnisfeier ist zugleich Danksagung *(Eucharistie)* und Bitte *(Epiklese)*. Sie zielt auf die Einbeziehung der Gläubigen in das Opfer Christi, nicht im Sinne einer Wiederholung seines Kreuzesopfers, sondern indem die Gläu-bigen durch den Mitvollzug des Opfers Christi dazu befähigt wer-den, seine Selbsthingabe untereinander und gegenüber den Notlei-denden, Armen und Bedürftigen zu praktizieren. Schließlich wird seit dem Zweiten Vatikanischen Konzil wieder stärker der Gemein-schaftscharakter der Eucharistie, ihr ekklesialer (= kirchlicher) Sinn hervorgehoben, der in der Mahlfeier symbolisch zur Darstellung kommt.[5]

Wenn die Gläubigen zur Feier der Eucharistie zusammenkommen, begegnen sie Christus nicht nur als einzelne, der sich ihnen in den Gaben von Brot und Wein schenken will. Sie werden zugleich zur Gemeinschaft der Kirche zusammengefügt, die nach dem paulinischen Bild von dem einen Leib und seinen vielen Gliedern (vgl. 1 Kor 12,12–27) sein sozialer Leib ist, der durch die Gemeinschaft der Getauften gebildete Lebensraum seiner fortdauernden Gegenwart. Das Zweite Vatikanische Konzil hat die von den Kirchenvätern entwickelte Vision der Kirche, die von der Vergegenwärtigung des Paschamysteriums in ihrer Mitte und somit von der eucharistischen Danksagung und der Feier der Selbsthingabe Jesu her lebt, wieder aufgegriffen und den engen Zusammenhang zwischen dem Mitvollzug der Eucharistie und dem Kirche-Sein der Gläubigen herausgestellt. Einerseits wird die Feier des eucharistischen Opfers an einer zentralen Stelle der Kirchenkonstitution *Lumen gentium* als »Quelle und Höhepunkt des ganzen christlichen Lebens« *(totius vitae christianae fons et culmen)* bezeichnet.[6] Andererseits betont das Konzil, dass die an der Eucharistiefeier teilnehmenden Gläubigen durch die Darbringung der eucharistischen Gaben und durch die heilige Kommunion ihre je eigene Aufgabe an der gemeinschaftlichen liturgischen Handlung wahrnehmen, durch die sie die Einheit des Volkes Gottes auf konkrete Weise darstellen.

In der eucharistischen Versammlung nimmt der Priester eine unersetzbare Aufgabe wahr, insofern er Christus als den eigentlichen Gastgeber und Herrn des eucharistischen Mahles gegenüber der Gemeinde repräsentiert, nicht indem er ihn vertritt, als ob Christus abwesend wäre, sondern indem er auf den im Zeichen von Brot und Wein gegenwärtigen Christus als den eigentlichen Gastgeber hinweist. Zugleich wirken aber auch die Gläubigen auf ihre Weise ebenfalls an der Darbringung der Eucharistie mit. Im Empfang der Sakramente werden sie ihrer eigenen priesterlichen Würde bewusst, die sie kraft ihrer Zugehörigkeit zum Volk Gottes besitzen und durch das Zeugnis ihres heiligen Lebens, in den Akten des Gebetes, der Danksagung sowie der Hingabe und der tätigen Nächstenliebe darstellen.[7] Die erste Sonntagspräfation des Messbuches zeigt die Herkunft der Kirche aus dem Paschamysterium in feierlichen Worten auf: Wir sind durch den Tod und die Auferstehung unseres Herrn Jesus Christus, der uns in seinen Übergang vom Tod zum Leben einbezieht, zur Herrlichkeit des neuen Lebens berufen und aufgrund dieses bleibenden Ursprunges unserer christlichen Existenz ein auserwähltes Geschlecht, Gottes heiliges Volk, sein königliches Priestertum. Da die Gläubigen durch das Einswerden mit Christus, indem sie die »Gabe seiner Selbsthingabe« empfangen, auch selbst aus dieser Kraft leben können, sollen sie ihre priesterliche Würde als Glieder des neuen Gottesvolkes durch eine entsprechende Praxis der Liebe bezeugen.[8]

11.2. Wandlung der Gaben, Wandlung des Lebens

Der enge Zusammenhang der für die Mitwirkenden und Teilnehmenden an der eucharistischen Feier zwischen der Überwindung des Todes durch die Auferstehung Christi, der Zugehörigkeit zum priesterlichen Gottesvolk und der Befähigung zu einem neuen Leben der Selbsthingabe und Liebe besteht, zeigt die verwandelnde Kraft der Eucharistie auf. Diese betrifft nicht nur das Wandlungsgeschehen im engeren Sinn, durch das die Gaben von Brot und Wein in den eucharistischen Leib und das Blut Christi transformiert werden. Die Wandlung der Gaben zum Leib und Blut Christi zielt zugleich auf eine Verwandlung der Gläubigen, die zu einer neuen Existenzweise befähigt werden sollen, indem sie in die Selbsthingabe Christi eingehen. Dieser Wandlungsprozess, an dem die Gläubigen Anteil erlangen, wird in den eucharistischen Texten als Übergang vom Tod in das neue Leben beschrieben, mit dem zugleich die Zurüstung zu einem neuen Handeln verbunden ist.[9] Indem die Gläubigen durch ihre Mitwirkung bei der Darbringung der eucharistischen Gaben und den Empfang der Kommunion Anteil am Paschamysterium erhalten, wird der alte Mensch der Sünde in ihnen »gekreuzigt« (vgl. Gal 5,24) und durch den Empfang der Vergebung überwunden.

Mit größter gedanklicher Konsequenz wurden die ethischen Implikationen, die der paulinischen Zusammenschau von eucharistischem und ekklesialem Leib Christi innewohnen, von Augustinus entfaltet. In seinen Predigten greift er häufig auf das Paulus-Wort zurück: »Ein Brot ist es. Darum sind wir viele ein Leib; denn wir alle haben teil an dem einen Brot.« (1 Kor 10,17) Diesen wechselseitigen Zusammenhang entfaltet Augustinus immer wieder, wobei er sich die knappen, ausdrucksstarken Wendungen der lateinischen Sprache zunutze macht. In einer Predigt heißt es prägnant:»Wenn ihr in rechter Weise empfangt, seid ihr, was ihr empfangt ... Ihr werdet das Brot, das der Leib Christi ist.«[10] An anderer Stelle unterstreicht Augustinus das beiderseitige Verweisverhältnis zwischen dem, was die Christen im Empfang des Leibes Christi erhalten, und dem, wozu sie dadurch umgestaltet werden sollen:»Wenn ihr selbst also der Leib Christi und seine Glieder seid, dann liegt auf dem eucharistischen Tisch euer eigenes Geheimnis ... Ihr sollt sein, was ihr seht, und sollt empfangen, was ihr seid!«[11]

Die augustinische Eucharistietheologie baut nicht auf dem Gegenüber auf, in dem der einzelne Gläubige zu Christus steht, um ihm zu begegnen. Vielmehr ist dieses personale Gegenüber zwischen Christus und den Gläubigen eingebettet in ein umgreifendes gemeinschaftliches Geschehen, durch das der Einzelne in die Einheit des Leibes Christi eingeht. Aus diesem Grundgedanken folgt eine Umkehrung der Bewegungsrichtung des eucharistischen Geschehens:»Nicht wir nehmen Christus auf, sondern er nimmt uns auf und gliedert uns seinem Leib ein.«[12] Damit ist nicht nur die enge Verknüpfung der beiden Sinngehalte des Begriffes»Leib Christi« herausgestellt, der sowohl die eucharistischen Gaben als auch die Kirche bezeichnen kann. Durch die Umkehr der Bewegungsrichtung, die Augustinus vornimmt, tritt auch die ethische Dimension dieses Wandlungsvorganges schärfer hervor: Nicht wir treten zum Empfang des Leibes Christi hinzu, weil wir von uns aus dazu würdig sind, sondern er empfängt uns als schwache und sündige Menschen, um uns mit Gott zu versöhnen, uns seinem Leib einzufügen und uns zur Teilhabe an seinem neuen Leben zu befähigen.

Diese Überlegung zeigt, dass in der Theologie des Augustinus Denkmöglichkeiten bereitstehen, die stärker den Versöhnungsaspekt der Eucharistie und den Charakter der Kirche als Versöhnungsgemeinschaft betonen. Leider konnte er bezüglich der wiederverheirateten Geschiedenen in der Kirche aus den Vorgaben seiner eigenen Eucharistietheologie nicht die Konsequenz ziehen, dass diese, wenn sie ihre Schuld am Scheitern der ersten Ehe aufrichtig bereuten und, soweit es in ihren Kräften stand, wiedergutmachten, zum Empfang der Kommunion zugelassen werden können. Diese Schlussfolgerung blieb Augustinus durch die fragwürdige Annahme verstellt, wiederverheiratete Geschiedene befänden sich, solange ihr erster Partner lebt, in einem Zustand des fortgesetzten Ehebruchs, den sie nicht ernsthaft und mit dem aufrichtigen Willen zur Wiedergutmachung bereuen könnten.

Die den Sündern Vergebung schenkende Kraft der Eucharistie geht auch aus der Deutung hervor, die Jesus selbst während des letzten Abendmahls mit den Jüngern von seinem unmittelbar bevorstehenden Tod gibt. Die sogenannten Einsetzungsworte, in denen Jesus den Jüngern die Feier der Eucharistie als sein Testament für die Zeit nach seinem Tod vermacht, müssen zugleich als Deutungsformeln verstanden werden, in denen Jesus den Sinn seines Leidens und Sterbens durch einen Rückgriff auf die Gottesknechtslieder des Propheten Jesaja erschließt. Lukas fügt dem über das Brot gesprochenem Wort »Das ist mein Leib« die Erklärung hinzu »der für euch hingegeben wird« (Lk 22,19), die Paulus zu der Kurzformel zusammenzieht: »Das ist mein Leib für euch.« (1 Kor 11,24) Gemeinsam überliefern die synoptischen Evangelien beim Kelchwort über das Blut die Deutung: »das für viele vergossen wird« (Mt 26,28 par), die Matthäus durch die Hinzufügung ergänzt: »zur Vergebung der Sünden.«

In der Exegese herrscht heute weitgehend Einigkeit darüber, dass die Geste des Brotbrechens und die Worte »hingegeben« »für euch« und »für die vielen« einen direkten Verweiszusammenhang zwischen der Abendmahlsüberlieferung und den Gottesknechtsliedern des Jesaja herstellen wollen. Wenn es darin heißt: »Mein Knecht, der gerechte, macht die vielen gerecht; er lädt ihre Schuld auf sich ... Denn er trug die Sünden von vielen und trat für die Schuldigen ein« (Jes 53,11 f.) ist der Hintergrund benannt, vor dem Jesus seinen bevorstehenden Tod als stellvertretenden Sühnetod zur Vergebung der Sünden verstehen konnte. Die Hingabeformeln verdeutlichen den Sinn der Gabe, die den Jüngern gereicht wird. In dem Brot, das sie empfangen, und in dem Wein, den sie trinken, wird ihnen das im Tod »für die vielen« verschenkte Leben Jesu gereicht. Das Zerbrechen des Brotes deutet darauf hin, dass er sein Leben in den Tod gibt; das Verteiltwerden des Brotes und das gemeinsame Trinken aus dem Kelch versinnbildlichen, dass Jesus den Jüngern, indem er ihnen sein eigenes Leben schenkt, auch Anteil an seiner Beziehung zum Vater gewährt, die den Tod überdauert.[13] Dies setzt allerdings voraus, dass sie selbst in die Existenzform Jesu eingehen und sich von ihm mit Gott versöhnen lassen. Damit ist nicht gemeint, dass Jesus die Sünden der Menschen ohne ihr Zutun einfach auf sein eigenes Konto »umbucht«. Vielmehr zielt das stellvertretende Todesleiden Jesu »für uns«, »für die vielen« oder »für alle« darauf, dass wir uns als Sünder durch und durch verändern, d. h. in der sündhaften Ausrichtung unserer Existenz verwandeln und zur Liebe befreien lassen.[14]

11.3. Die Vollendung des Reiches Gottes

Indem Jesus den Jüngern am Abend vor seinem Tod die Feier der Eucharistie zu seinem Gedächtnis (vgl. Lk 22,19) aufträgt, knüpft er an der Praxis des gemeinsamen Mahlhaltens an, die er zur Zeit seines öffentlichen Wirkens mit den Jüngern pflegte. Das Bild des Hochzeitsmahles, zu dem alle geladen sind, ist in der Verkündigung Jesu ein Symbol für die endgültige Gemeinschaft der Menschen untereinander und mit seinem Vater, die durch die Proklamation des Reiches Gottes anbricht. Die Mahlgemeinschaft mit den Sündern und Zöllnern, zu der Jesus das gemeinsame Mahl im Jüngerkreis auf provokative Weise erweitert, verdeutlicht seinen Anspruch, dass er den Sündern und Ausgestoßenen die Versöhnung mit Gott zusprechen will. Auf die empörte Frage der Pharisäer »Wie kann euer Meister zusammen mit Zöllnern und Sündern essen?« antwortet Jesus, indem er seinen Anspruch verdeutlicht, an der Stelle Gottes zu handeln. Dieser Anspruch kommt einem Akt der Gotteslästerung gleich, da es nach jüdischem Glauben nur Gott allein zusteht, Sünden zu vergeben: »Darum lernt, was es heißt: Barmherzigkeit will ich, nicht Opfer. Denn ich bin gekommen, um die Sünder zu rufen, nicht die Gerechten.« (Mt 9,11–13; vgl. Hos 6,6)

An anderer Stelle greift Jesus ein Schimpfwort auf, mit dem ihn die Pharisäer offenbar als »Freund der Zöllner und Sünder« bezeichneten (Lk 7,34). In entwaffnender Offenheit kehrt Jesus den Spieß um und gibt den Pharisäern den an ihn gerichteten Vorwurf zurück. Tatsächlich begrenzen sie Gottes Vorrecht der Sündenvergebung. Denn sie setzen der Barmherzigkeit Gottes und der Versöhnung Grenzen, die Gott unter den Menschen bewirken will. Seine eigene

Sendung sieht Jesus dagegen in dem Auftrag, Gottes grenzenloses Erbarmen allen zu verkünden. Indem sich Jesus mit Sündern an einen Tisch setzt, verdeutlicht er nach Art einer prophetischen Zeichenhandlung, dass vom Reich Gottes niemand ausgeschlossen ist, nicht die Frommen und Gesetzestreuen, aber eben auch nicht die Sünder und scheinbar Gottfernen. Die Bedeutung der Metapher des Hochzeitsmahles in den Gleichnissen Jesu und die häufige Praxis des Mahlhaltens mit den Sündern sind in seiner Verkündigung und in seinem öffentlichen Wirken so durchgängig bezeugt, dass sie einen naheliegenden Anknüpfungspunkt bilden, um den Sinn des letzten Mahles Jesu mit den Jüngern zu verstehen.

In seinem Buch »Theologie der Liturgie«, das frühe Beiträge zum Verständnis der Eucharistie zusammenfasst, warnt *Joseph Ratzinger/ Benedikt XVI.* vor einseitigen Interpretationen, die den Sinn der Eucharistie ausschließlich oder doch in erster Linie von den Sündermählern Jesu her bestimmen wollen.[15] Er beruft sich für seine Kritik auf den Umstand, dass das letzte Abendmahl der »Grundform des Pascha« unterstellt sei, die gegenüber den Mahlgemeinschaften Jesu während seiner öffentlichen Wirksamkeit als singulär gelten müsse.[16] Wie das jüdische Pascha in der Hausgemeinschaft der Familie gefeiert wurde, so begehe Jesus das letzte Abendmahl mit seiner neuen Familie, eben mit den Zwölfen, die die Kirche repräsentieren. Zudem sei die eucharistische Feier keines der üblichen Sättigungsmähler, sondern die Danksagung und der Lobpreis, durch den die Versammlung der Gläubigen, nachdem sie *zuvor* zusammen gegessen haben, des Todes und der Auferstehung Jesu gedenkt. Schließlich könne auch der Anschluss an die täglichen Mahlfeiern Jesu mit den Jüngern nicht überzeugen, da die Eucharistie in der Urkirche zumindest anfangs nur am Sonntag, dem Herrentag, gefeiert wurde.[17]

Diese Argumente formulieren einen berechtigten Einspruch gegen den Versuch, die Eucharistie ausschließlich von den Mahlgemeinschaften des irdischen Jesus mit seinen Jüngern oder von den öffentlichen Sündermählern herzuleiten, die als prophetische Zeichenhandlungen den Anbruch des Reiches Gottes versinnbildlichen. Doch verleitet die Zurückweisung einer überzogenen, in ihrer Einseitigkeit falschen These den Autor seinerseits zu einer künstlichen Entgegensetzung unter den verschiedenen Aspekten der Eucharistie, die deren innere Einheit bedroht: »Die Eucharistie ist nicht selbst das Sakrament der Versöhnung, sondern sie setzt dieses Sakrament voraus. Sie ist das Sakrament der Versöhnten, zu dem der Herr diejenigen lädt, die mit ihm eins geworden sind; die gewiss immer Sünder und schwach bleiben, aber die doch ihm die Hand gegeben haben und seine Familie geworden sind.«[18] An diesen Sätzen ist sicherlich richtig, dass die Eucharistie keine grenzenlos offene Mahlfeier ist, zu der jeder – auch der verstockteste Sünder, der nicht im Traum daran denkt, umzukehren und sich von Jesus an der Hand nehmen zu lassen – umstandslos hinzutreten dürfte. Dieses Zerrbild trifft freilich schon für die Sündermähler nicht zu, die Jesus während seines irdischen Lebens häufig mit den Sündern feierte, die seiner Einladung folgten. Beachtung verdient auch der Hinweis darauf, dass schon Paulus Zutrittsbedingungen zur Eucharistie kennt, wenn er vor den Missbräuchen warnt, die ihm aus der Gemeinde in Korinth zu Ohren kamen.

So wie die Feier der Eucharistie den Gerüchten zufolge, denen Paulus Glauben schenkte, dort begangen wurde, ist sie keine Feier des Herrenmahles mehr, sondern ein beschämendes Fress- und Saufgelage, das bereits den zwischenmenschlichen Symbolgehalt einer kultivierten Mahlfeier auf groteske Weise unterbietet:»Denn jeder verzehrt sogleich seine eigenen Speisen, dann hungert der eine, während der andere schon betrunken ist.« (1 Kor 11,21) Weil diese Art von Zusammenkunft die Gemeinde nicht zusammenführt, sondern nur die in ihr bestehenden Spaltungen und Parteiungen sichtbar macht, wird hier das Herrenmahl nicht im Sinne Jesu gefeiert. Mehr noch: Wer in dieser streitsüchtigen Haltung den Leib Christi empfängt, zieht sich selbst das Gericht zu. Nur wer würdig zur eucharistischen Gemeinschaft hinzutritt, empfängt den Leib und das Blut Christi in rechter Weise, d. h. so, dass ihm daraus die heilschaffende Wirkung dieses Sakramentes, die Eingliederung in den Leib Christi, erwächst. Deshalb die Mahnung des Apostels, die auch heute vor jedem Kommunionempfang zu bedenken ist:»Jeder soll sich selbst prüfen; erst dann soll er von dem Brot essen und aus dem Kelch trinken. Denn wer davon isst und trinkt, ohne zu bedenken, dass es der Leib des Herrn ist, der zieht sich das Gericht zu, indem er isst und trinkt.« (1 Kor 11,28 f.)

So berechtigt diese Hinweise in der Sache sind, so können sie doch nicht die überraschende Trennschärfe erklären, die der Eucharistie selbst jeden Versöhnungscharakter absprechen und zwischen dem »Sakrament der Versöhnung« und dem »Sakrament der Versöhnten« einen Gegensatz aufreißen möchte. Wird hier nicht ohne Not auseinandergerissen, was vom Wesen der Eucharistie her gar nicht getrennt werden kann, sondern notwendig zusammengehört? Die Schärfe des hier aufgerissenen Gegensatzes ist umso befremdlicher, als der Autor wenige Seiten zuvor die Eucharistie mit eindrucksvollen Worten als das »Heruntersteigen der erbarmenden Liebe« Gottes bezeichnet und sich dafür auf die Aufforderung des Apostels Paulus beruft: »Lasst euch mit Gott versöhnen!« (2 Kor 5,20)

Die strikte Entgegensetzung von Taufe und Buße als den Sakramenten der Versöhnung und der Eucharistie als der Dankesfeier der schon Versöhnten lässt sich auch durch den Hinweis auf die Fußwaschung nicht begründen, die Jesus an den Jüngern vornimmt. Der johanneische Bericht von der Fußwaschung, der, um das auffällige Fehlen der Abendmahlsüberlieferung im vierten Evangelium zu erklären, in der Regel als sachliches Äquivalent zur Einsetzung der Eucharistie im Abendmahlsaal gedeutet wird, lässt in keiner Weise erkennen, dass die Fußwaschung als Zeichen der bereits erhaltenen Vergebung dem Empfang der Eucharistie vorangehen muss. Joh 13,1–20 ist nur zu entnehmen, dass die Szene der Fußwaschung, die Johannes als Beispielerzählung für das Verhalten der Jünger untereinander deutet, in die Rahmenhandlung eines Mahles eingeordnet ist; an einem zeitlichen Vor- oder Nacheinander beider Vorgänge ist der johanneische Bericht nicht interessiert.

Auf der Sachebene ist daher zu fragen, ob die Deutung der Fußwaschung als Zutrittsbedingung zur Eucharistie deren ganzen Sinngehalt erschöpfen kann. Wenn das Johannesevangelium das, was nach der synoptischen Überlieferung beim Abendmahl geschieht, durch die symbolträchtige Szene der Fußwaschung ausdrücken kann, dann darf diese als Sinnbild für das Bad der Vergebung nicht nur zu einer Vorbedingung, die der eigentlichen Feier der Eucharistie vorangehen muss, zurückgestuft werden. Vielmehr kommt durch die Geste der Fußwaschung, die Jesus als der eigentliche Gastgeber und Herr des eucharistischen Mahles an den Jüngern vornimmt, der zentrale Sinngehalt des Paschamysteriums zum Ausdruck: Indem die Jünger in die Überwindung des Todes einbezogen werden und am neuen Leben der Auferstehung Anteil erhalten, wird ihnen zugleich die Schuld vergeben, die sie daran hindert, in das neue Leben einzugehen.[19]

Schließlich verkennt der scharfe Einschnitt, der das letzte Abendmahl aus der Reihe der übrigen Mahlfeiern Jesu herauslösen und dieser gegenüberstellen soll, die Kontinuität, die zwischen beiden auf der theologischen Bedeutungsebene besteht. Das letzte Mahl Jesu mit den Jüngern vor seinem Tod dient nämlich nicht nur der Einsetzung der Eucharistie als Gedächtnismahl, sondern zugleich der Proklamation der neuen Heilswirklichkeit des Reiches Gottes. Nach der Ankündigung seines Leidens, bevor er das Deutungswort über den Kelch spricht, sagt Jesus von dem Paschamahl, das er mit den Jüngern feiert:»Ich werde es nicht mehr essen, bis das Mahl seine Erfüllung findet im Reich Gottes.«(Lk 22,16) Angesichts des nahen Todes und seiner Ablehnung durch die religiösen Führer Israels sieht Jesus seine Botschaft vom Anbruch des Reiches Gottes nicht widerlegt. Gegen alle Hoffnung hält er am Kommen der Gottesherrschaft fest, die er im Zeichen eines endzeitlichen Gastmahles erwartet, an dem er selbst nach seinem Tod teilnehmen wird. Der zentrale Inhalt der Verkündigung Jesu, die Predigt vom Anbruch des Reiches Gottes in seinem Kommen zu den Menschen, geht so auch in das Paschamysterium ein, das in der Eucharistie gefeiert wird.

Die sachliche Brücke, die das letzte Abendmahl mit den ihm vorangehenden Mahlfeiern Jesu verbindet, ist unverkennbar. Vor seinem Tod blickt Jesus auf die Vollendung des Reiches Gottes voraus, das er während seines öffentlichen Wirkens in seinen Gleichnissen durch das Bild des Hochzeitsmahles ankündigte und in seinen Mahlfeiern mit Sündern zeichenhaft vorwegnahm.[20] Deshalb darf die historische Singularität des letzten Abendmahles vor dem Hintergrund der jüdischen Paschafeier nicht überschätzt werden. Es ist nämlich keineswegs sicher, dass Jesus das Abschiedsmahl von den Jüngern als Paschamahl feierte. Folgt man der johanneischen Chronologie, die nach Ansicht vieler Exegeten den Ablauf der Ereignisse während der Passion Jesu historisch korrekter als die synoptischen Berichte wiedergibt, so starb Jesus vor dem Paschafest, da seine Todesstunde auf die Zeit fällt, da im Tempel die Paschalämmer geschlachtet werden (vgl. auch 1 Kor 5,7: Jesus stirbt als»unser Paschalamm«). Jesus feierte dann mit seinen Jüngern ein Abschiedsmahl vor seinem Tod, das erst später nach der Form eines Paschamahls umgestaltet wurde. Die Kontinuität zu den Sündermählern ist in diesem Fall deutlich erkennbar. Denn die Brot- und Kelchworte beim letzten Abendmahl bilden den »End- und Höhepunkt« einer Linie, die mit den Sündermählern und der Sündenvergebung ohne Vorbedingung und Opfer beginnt, die Jesus in seiner Begegnung mit Sündern ausspricht.[21]

Für den theologischen Sinn der Eucharistie, auf den es für die mögliche Zulassung wiederverheirateter Geschiedener vor allem ankommt, ist es nicht von entscheidender Bedeutung, ob Jesus das letzte Abendmahl nach jüdischer Gewohnheit als Paschamahl oder als ein herausgehobenes Abschiedsmahl von seinen Jüngern feierte. Zu den vielfältigen Aspekten, die im Geheimnis der Eucharistie zusammenkommen, gehört in jedem Fall, dass Christus als der Gastgeber des eucharistischen Mahles dem sündigen und schwachen Menschen Vergebung schenkt und ihn so seiner Gemeinschaft würdig macht. Die Eucharistie ist nicht einfach die Fortsetzung der Sündermähler des irdischen Jesus, aber sie nimmt diese in sich auf und stellt sie in ein weiteres Bedeutungsfeld hinein, in dem sie einen neuen, tieferen Sinn annimmt. Die Versöhnung der Sünder, die Jesus in den provokativen Zeichenhandlungen der öffentlichen Sündenmähler praktiziert, wird zu einem zentralen Aspekt des Paschamysteriums, des Übergangs vom Tod zum Leben, das in jeder Eucharistiefeier vergegenwärtigt wird. Für die Frage einer möglichen Zulassung wiederverheirateter Geschiedener zum Kommunionempfang ist dies ein gewichtiges weiteres Argument zugunsten einer Revision der gegenwärtigen kirchlichen Praxis.

11.4. Sünder am Tisch des Herrn

Wenn die vorgestellte Deutung des Zusammenhangs zutrifft, in dem Jesu Mähler mit den Sündern zum letzten Abendmahl mit seinen Jüngern stehen, dann kann die Eucharistiefeier der Kirche noch unter einem anderen Aspekt als den bisher dargestellten betrachtet werden: Sie ist selbst ein Mahl der Sünder, die der auferweckte und erhöhte Herr an seinem Tisch zusammenruft. So jedenfalls hat es – theologisch völlig korrekt – der Maler *Sieger Köder* gesehen, der einem seiner bekanntesten Bilder den Titel »Das Mahl der Sünder«

gab. Dieses großflächige Gemälde – es füllt beinahe die gesamte Stirnseite eines großen Saales aus – hängt heute im Refektorium der Villa San Pastore, die zum Collegio Germanico et Hungarico, einer Ausbildungsstätte deutschsprachiger und ungarischer Priesteramtskandidaten in Rom gehört. Dieses Gemälde ersetzte eine im Laufe der Jahre stark verschmutzte und unansehnlich gewordene Kopie des berühmten Bildes »L'Ultima Cena« von *Leonardo da Vinci*. Anders als in den klassischen Abendmahlsdarstellungen lässt Köder Jesus nicht in der Mitte der Längsseite des Tisches sitzen, so dass die Augen des Betrachters auf ihm ruhen. Die Gestalt Jesu bleibt vielmehr unsichtbar, oder besser: Jesus wird sichtbar nur in seinen Händen, die das gebrochene Brot als Zeichen seiner Selbsthingabe an die schuldbeladenen Menschen austeilen, die er an seinen Tisch gerufen hat.

Doch zugleich wird Jesus sichtbar in den Gesichtern dieser Menschen, die voller Verwunderung darüber, von ihm angesprochen und seiner Gemeinschaft gewürdigt zu werden, auf ihn schauen. Durch die Drehung der Bildachse um 90 – der Tisch ragt nun quergestellt in das Bild hinein – ist Jesus, obwohl als Hauptfigur im Raum überhaupt nicht sichtbar oder nur durch seine Hände über dem Tischrand zu sehen, auf höchst dynamische Weise der Mittelpunkt des ganzen Bildes: Der Betrachter schaut aus dem Blickwinkel Jesu, gleichsam mit seinen Augen, in die Gesichter der um den Tisch Versammelten. Diese bilden einen Kreis denkwürdiger Gestalten, bei deren Anblick einem unwillkürlich das Pauluswort in den Sinn kommt: Das Törichte in der Welt, das Schwache, das Niedrige und das Verachtete hat Gott erwählt (vgl. 1 Kor 1,26–31). Da sitzt, ganz in sich verkrümmt, eine alte Frau, stellvertretend für die Armen und Vereinsamten, deren Zahl sich in einer modernen Megastadt wie Rom nur erahnen lässt, neben ihr ein junges Mädchen mit traurigem Blick, das unverkennbar von den Straßenrändern der Via Prenestina, den stadtbekannten Anbahnungsgelegenheiten käuflicher sexueller Kontakte, an diesen Tisch der Sünder gerufen wurde. Da ist der alte Mann mit seiner grauen Wolldecke, der Gesichtsform nach wohl ein Jude, und ihm gegenüber in unmittelbarer Nähe des unsichtbaren Gastgebers, ein Schwarzer mit gebrochenem Arm, vielleicht eine Anspielung an die harte Arbeitslast, die ihn geschunden hat. Da sind schließlich ein Narr mit der Halskrause – ein

Selbstbildnis des Künstlers? –, ein bärtiger, etwas heruntergekommener Intellektueller, allem Anschein nach ein skeptisch gewordener, enttäuschter Achtundsechziger und schließlich eine vornehm wirkende Dame mit Schleier, die aus starren Augen heraus mit leerem Blick auf Jesus schaut.

Unter diesen seltsamen Tischgenossen ist keiner, der von sich aus etwas vorzuweisen hätte, das auf irgendeine Weise Grund zu berechtigtem Stolz oder auch nur zur Dankbarkeit für eine aus eigenen Kräften erbrachte Lebensleistung sein könnte. Dennoch, oder gerade weil sie nichts Besonderes in den Händen halten, das ihnen Ansehen unter den Menschen verschaffen könnte, sitzen sie voller Erwartung da, ihre Augen auf den Gastgeber gerichtet. Die Hände, die das Brot verteilen, sagen, was Jesus diesen Menschen bedeutet: Er ist für sie einer, der sich schenkt, der sie nicht verachtet noch sie verurteilt, einer, der sie annimmt mit ihren Fehlern und ihrer Schuld, einer, der nicht nach ihrer Vergangenheit fragt, sondern ihnen seine Gegenwart schenkt und einen Weg in die Zukunft eröffnet.

Diese auf Jesus gerichteten Erwartungen werden durch eine Graffito-Darstellung auf der Rückwand gestützt, die das Gleichnis vom Barmherzigen Vater wiedergibt. Der Vater umarmt den zurückkehrenden Sohn, während der ältere Sohn sich vergrämt abwendet, weil er die übergroße Freude des Vaters nicht teilen kann. So deutet die Hintergrund-Thematik des dunkel gehaltenen Wandgraffitos das Geschehen im hell ausgeleuchteten Bildvordergrund: In den ausgestreckten Händen Jesu, die das gebrochene Brot austeilen, und in dem Blick Jesu, der auf ihnen ruht, erleben die zum Mahl der Sünder geladenen Tischgäste hautnah, dass Gottes Barmherzigkeit jedem einzelnen von ihnen gilt, nicht nur allen Menschen irgendwie gemeinsam, sondern jedem einzelnen für sich selbst, so wie sie oder er ist, wie ihr oder sein Leben verlaufen ist. Dieses unverhoffte Erlebnis, mitsamt der eigenen Vorgeschichte vorbehaltlos angenommen zu sein, löst die verhaltene Freude, das noch kaum fassbare Staunen aus, das aus ihren Augen spricht.[22]

Indem der Maler Sieger Köder mit einem hohen Einfühlungsvermögen in menschliche Einzelschicksale das letzte Abendmahl Jesu zu einem Mahl der Sünder mit zeitgenössischer Besetzung verfremdet und dieses in den Speisesaal einer Landvilla am Stadtrand von Rom verlegt, gelingt ihm, worauf jede künstlerische Verfremdung abzielt. Diese will den eigentlichen Sinn des Dargestellten auf überraschende, den Betrachter zur eigenen Stellungnahme zwingende Weise blitzartig aufleuchten und so in das helle Licht gegenwärtiger Aktualität treten lassen. Deshalb ist auch die Verfremdung der Eucharistiefeier zum Mahl der Sünder keine Verfälschung ihres Sinnes, sondern eine Übertragung dessen, was beim letzten Abendmahl Jesu mit den Jüngern und zuvor in seinen Mählern mit den Zöllnern und Sündern geschah, in die Gegenwart des Betrachters.

11.5. Würdig, ihn zu empfangen

Die Frage, ob jemand, der an der sonntäglichen Eucharistiefeier teilnimmt, auch zur Kommunion gehen sollte, wird heute, wenn es sich nicht um die Gruppe der wiederverheirateten Gläubigen handelt, kaum ernsthaft gestellt. Man geht zur Kommunion, weil man dazugehört – auch ohne eine gründliche vorangehende Gewissenserforschung. Diese Selbstverständlichkeit des Kommunionempfangs war früheren Jahrhunderten fremd. Die Vorschrift des Konzils von Trient, einmal jährlich nach vorangegangener Beichte die Osterkommunion zu empfangen, bestimmte außerhalb der Klöster die Praxis der meisten Gläubigen. Erst die nachhaltigen Bemühungen der Päpste des 20. Jahrhunderts um eine Intensivierung der eucharistischen Frömmigkeit bewirkten eine Änderung. Seitdem galt es als erstrebenswert, die heilige Kommunion frühzeitig – erst jetzt kamen die Erstkommunionfeiern im Kindesalter auf – und häufig, im Regelfall in jeder sonntäglichen Eucharistiefeier, zu empfangen. Um dem geistlichen Abnutzungseffekt eines allzu routinierten Kommunizierens entgegenzuwirken, wird heute bereits wieder ein zeitweiliges eucharistisches Fasten empfohlen, das im Zusammenhang mit einer regelmäßigen Gewissenserforschung der besseren Vorbereitung auf den Empfang der Kommunion dienen soll. In einem Umfeld, in dem der Kommunionempfang aller Gemeindemitglieder als Regelfall gilt und ein freiwilliger Kommunionverzicht auf Zeit aus individuellen Gründen nur selten praktiziert wird, hat der dauerhafte Ausschluss wiederverheirateter Geschiedener von den Sakramenten eine von der Kirche nicht beabsichtigte Nebenwirkung: Er vermittelt den davon betroffenen Gläubigen das Gefühl, nicht wirklich dazuzugehören und als Christen zweiter Klasse gebrandmarkt zu sein. Diese ungewollte, aber im Ergebnis kaum vermeidbare Diskriminierung verstärkt die Zweifel, ob die lebenslange Nicht-Zulassung zum Kommunionempfang eine angemessene Reaktion der Kirche auf eine zweite zivile Eheschließung ihrer Gläubigen sein kann.

Den Abschluss dieses Kapitels sollen Überlegungen des Kirchenvaters *Origenes* zum würdigen Kommunionempfang bilden. Sie zeigen, warum nur ein zeitweiliger Ausschluss dem geistlichen Wachstum der Gläubigen dienen kann. Unter den großen Theologen der Kirche nimmt Origenes einen besonderen Rang ein, nicht nur als akribischer Schriftausleger und scharfsinniger Vordenker des Glaubens, sondern auch als geistlicher Autor. Durch seine exegetische Methode, die aufbauend auf einer genauen Dokumentation des buchstäblichen Schriftsinnes nach der geistlichen und moralischen Bedeutung eines Bibelwortes für das Leben der Gläubigen fragt, gelingt ihm, was nur wenigen Theologen gegeben ist: Er weist jedem den Weg zu einem noch anspruchsvolleren Christsein, als er es bislang bereits lebt, doch verfällt er niemals der Gefahr eines moralischen Rigorismus. Dem Programm seiner geistlichen Schriftauslegung liegt die paulinische Einsicht zugrunde, dass der Buchstabe des Gesetzes tötet, der Geist aber lebendig macht (vgl. 2 Kor 3,6). Der Buchstabe des Gesetzes allein, d. h. ohne den Geist, der dem schwachen Menschen Beistand leistet, tötet, weil er diejenigen verurteilt, die mit dem Gesetz in Konflikt geraten sind, ohne ihnen einen Ausweg aus der durch die Sünde entstandenen Sackgasse zu zeigen. Der Geist dagegen, in dessen Kraft der Logos (= Jesus in seiner göttlichen Vollmacht) die Menschen lehrt, macht lebendig. Er schließt sie nicht in ihr Versagen und ihre sündhafte Vergangenheit ein, sondern weist ihnen in jeder Situation einen Ausweg, der ihnen weiterhilft.[23]

Die Ausführungen des Origenes, die zeigen, warum auch wiederverheiratete Geschiedene würdig die Kommunion empfangen können, sind vor dem Hintergrund seiner so genannten Aspekten-Lehre oder seiner Theorie von den *epinoiai* Christi (= den Namen oder Eigenschaften Christi) zu sehen. In seinen Schriftkommentaren listet Origenes die verschiedenen Namen, Titel und Bilder auf, die Jesus benennen. Da kein Detail der Schrift belanglos ist, fragt er danach, warum der Reichtum Christi in einer Fülle unterschiedlicher Bezeichnungen ausgesagt wird. Dahinter entdeckt er das Prinzip der göttlichen Pädagogie des menschgewordenen Wortes Gottes, sich menschenförmig zu machen und jedem die persönliche Hilfestellung zu geben, die ihr oder ihm am angemessensten ist.[24] Bei der Betrachtung der Namen Jesu gelangt Origenes zur Annahme einer Stufenfolge unter den Eigenschaften, unter denen Christus sich den einzelnen sündigen Menschen zu erkennen gibt. Am Anfang des Weges ihrer Nachfolge ist er für sie reinigendes Feuer, Bitterkraut oder auch strafende Rute, um die Voranschreitenden zu dem Punkt zu führen, an dem er ihnen Lehrer, Hirte und König werden kann. Wo Origenes auf die Kommunion der Gläubigen mit Christus im Zeichen von Brot und Wein zu sprechen kommt, unterscheidet er nochmals einen doppelten Stufenweg. Während die einen sich an die sinnenhaften, körperlichen Zeichen seiner Gegenwart halten, gelangen die weiter Fortgeschrittenen zum geistlichen Verständnis der eucharistischen Gaben, durch das sie auf der höchsten Stufe der Vollendung Christus als Freund empfangen können.

Origenes versteht die Aufforderung der Jünger an Jesus, sich zu stärken (vgl. Joh 4,31:»Rabbi, iss!«), als einen Hinweis darauf, dass es gemäß einem geistlichen Verständnis der Sorge um das leibliche Wohl Jesu zu einem wechselseitigen Austausch zwischen dem ewigen Wort Gottes und den Jüngern kommt, die sich von ihm nähren und stärken lassen.»Die Jünger wünschen tatsächlich immer, den Logos mit dem zu nähren, was sie finden, damit er gestärkt, aufgerichtet und gekräftigt in noch tieferer und dichterer Weise bei denen bleiben kann, die ihn nähren, indem er seinerseits diejenigen nährt, die ihm Speise anbieten. Deshalb sagt er: ›Ich stehe vor der Tür und klopfe an; wenn jemand die Tür öffnet, werde ich bei ihm eintreten und mit ihm Mahl halten.‹ (Offb 3,20) Auf diese Weise geschieht es, dass der zum Mahl Einladende selbst zum Mahl des Logos eingeladen wird, der mit dem Menschen Mahl gehalten hat.«[25]

Man könnte diesen Gedanken so verstehen, als ob nicht alle die höchste Stufe erreichen können, auf der sich Jesus seinen ihm nachfolgenden Jüngern als Brot und Wein zum Zeichen der Freundschaft mit ihnen schenkt. Auf die Lage der wiederverheirateten Geschiedenen in der Kirche bezogen, würde Origenes dann eine theologische

Rechtfertigung dafür liefern, dass diese vom Kommunionempfang ausgeschlossen bleiben müssen. Tatsächlich rechnet Origenes damit, dass es vollkommene und unvollkommene Christen gibt, solche, die weit voranschreiten und andere, die auf dem Weg der Nachfolge hinter ihren eigenen Fähigkeiten zurückbleiben. Dabei hat Origenes jedoch jeweils ein individuelles Vermögen oder Unvermögen der einzelnen vor Augen, nicht eine ganze Gruppe von Christen, die aufgrund eines gemeinsamen Merkmals wie der Wiederheirat daran gehindert wären, Christus nachzufolgen. Das Ziel der Pädagogik des göttlichen Wortes ist es nicht, jemanden vom weiteren Voranschreiten auszuschließen, sondern jede und jeden Getauften zu der höchsten Stufe geistlicher Vollkommenheit zu geleiten, die sie oder er erreichen kann. Niemand ist aufgrund seines bisherigen Lebens vom Voranschreiten ausgeschlossen, sofern er nur bereit ist, sich dem anfangs mühevollen Prozess der Besserung und des geistlichen Wachstums anzuvertrauen, auf dem ihn Jesus führen will.

Das Wort aus der Offenbarung des Johannes »Wer meine Stimme hört und die Tür öffnet, bei dem werde ich eintreten und wir werden Mahl halten, ich mit ihm und er mit mir« (Offb 3,20) veranlasst Origenes zu der Frage, ob es zwischen dem Essen der Jünger mit dem irdischen Jesus und dem Mahlhalten des Logos eine Abstufung gebe. Tatsächlich hat der terminologische Wechsel vom »Essen« der Jünger mit Jesus zum »Mahlhalten« des Logos mit ihnen für Origenes eine tiefere Bedeutung. »Ich frage mich, ob es jemanden geben kann, der nicht mit Jesus »isst« noch Jesus mit ihm … sondern unmittelbar, wenn er mit ihm isst, an seinem ›Mahl‹ Anteil hat«.[26] Origenes verneint die Frage, ob es einen unmittelbaren Zugang zum ewigen Mahl des Logos geben könne, der nicht durch die leiblich-sinnenhaften Zeichen seiner Gegenwart unter den Menschen vermittelt wäre. Denn jeder muss zuvor mit ihm gegessen, d.h. eine erste Einführung und anfanghafte Belehrung erhalten haben, bevor er den geistlichen Gewinn des Mahlhaltens mit dem Herrn empfangen kann. Vor allem aber muss er, indem Jesus die Symbolhandlung des Füße-Waschens an ihm vollzieht, zur Vorbereitung auf das Mahlhalten mit ihm die Vergebung seiner Sünden erlangen. Eine Abwertung des äußeren Kommunionempfangs oder ein Ratschlag, sich mit einer rein geistlichen Kommunion zu begnügen, kann für Origenes gerade nicht in Betracht kommen. Vielmehr ist jeder zum

Kommunionempfang aufgerufen, damit er auch die geistliche Nahrung dieser Speise für sein persönliches Glaubenswachstum erhalten kann.

Dies aber bedeutet: Niemand ist dauerhaft so unwürdig, dass Jesus ihm nicht aus Barmherzigkeit die Wohltaten erweisen könnte, die ihn seiner würdig machen. Für die Begegnung mit Jesus, die sich im Empfang der Kommunion vollzieht, sind vielmehr alle Gläubigen von sich aus unwürdig, so dass Jesus ihnen durch seine Güte und Menschenfreundlichkeit zuallererst die Würdigkeit verleihen muss, ihn zu empfangen. »Es ist der Güte Gottes eigen, durch sein Wohltun den Empfänger der Wohltat zu überwinden, indem er es zuvor anrechnet, wenn jemand sich nachher würdig erweist. Gott stattet ihn aus mit der Fähigkeit, bevor er würdig ist, damit er nach der Fähigkeit auch zum Würdigsein gelange. Keinesfalls aber soll jemand von seinem Würdigsein aus dazu gelangen, auch fähig zu werden, denn sonst würde er ja dem Gebenden zuvorkommen und seine Gnade vorwegnehmen.«[27]

Obwohl Origenes wegen der spekulativen Kraft seines Denkens bereits zu Lebzeiten der mangelnden Orthodoxie verdächtigt und posthum mehrfach verurteilt wurde, prägen seine Überlegungen zum würdigen Kommunionempfang der von sich aus Unwürdigen die Liturgie der Kirche bis heute. Weil für alle Gläubigen gilt, dass sie vor der Begegnung mit Jesus von sich aus unwürdig für diese sind, bereiten sie sich mit einem eigenen Gebet auf den Kommunionempfang vor. Das *Domine non sum dignus* greift die Worte des Hauptmanns von Kapharnaum auf: »Herr, ich bin es nicht wert, dass du mein Haus betrittst; sprich nur ein Wort, dann wird mein Diener gesund.« (Mt 8,8) Da dieses private Vorbereitungsgebet auf alte Wurzeln zurückgeht und von den Gläubigen schon vor der Liturgiereform auf Deutsch gebetet wurde, behielt man seine eingeführte Form (»dass du eingehst unter mein Dach ... so wird meine Seele gesund«) auch im neuen Messbuch bei. Eine weitere Anspielung liegt in dem biblisch überlieferten Wort Jesu an Zachäus vor. Obwohl dieser ein unter den Juden verhasster Zollpächter war, der die Armen durch ungerechte Steuerforderungen ausbeutete, sagt Jesus zu ihm, ohne sein Vergehen auch nur mit einem Wort zu erwähnen: »Ich muss heute in diesem Haus zu Gast sein.« (Lk 19,5) Das betonte »ich muss« hat bei Jesus immer dann einen besonderen Nachdruck, wenn er von der Sendung spricht, die er im Gehorsam gegenüber seinem Vater zu erfüllen hat. Weil es dessen Willen entspricht, dass keiner der »Kleinen«, d. h. der verachteten und schuldbeladenen Menschen verloren geht, muss Jesus bei jedem von ihnen eintreten und in ihrem Haus zu Gast sein.

Die Kommunion würdig zu empfangen, heißt daher nicht, frei von Sünden zu sein. Vielmehr empfangen diejenigen die Kommunion würdig, die ihre ganze Hoffnung auf Jesus setzen, um mit reinem Herzen Vergebung zu erlangen. Sie treten als Sünder zum Tisch des Herrn, um durch sein Erbarmen würdig zu werden, ihn zu empfangen. Dies kann für wiederverheiratete Geschiedene ebenso wie für andere Gläubige zutreffen, die in einer individuellen Lebenssituation persönliche Schuld zu bereuen haben. Ein lebenslanger Ausschluss von den Sakramenten, insbesondere von der Buße und der Eucharistie, erweist sich vor dem Hintergrund der Botschaft Jesu und seiner eigenen Praxis jedoch als eine unangemessene kirchliche Disziplinarmaßnahme. Wiederverheiratete Geschiedene unterscheiden sich nicht dadurch von anderen Teilnehmern der Eucharistiefeier, dass sie durch unvergebbare Schuld für immer am Kommunionempfang gehindert wären. Von der Bibel her kann allenfalls die Auflage eines zeitweiligen Kommunionverzichts entsprechend der Praxis der frühen Kirche zur äußeren Unterstützung ihrer persönlichen Buße und Reue in Betracht gezogen werden. Ein Unterschied kann allerdings darin bestehen, dass wiederverheiratete Geschiedene weniger anfällig für die hochmütige Selbsteinschätzung sind, die nach der Überlieferung des Lukas-Evangeliums einen Pharisäer beten lässt:»Gott, ich danke dir, dass ich nicht wie die anderen Menschen bin, die Räuber, Betrüger, Ehebrecher oder auch wie dieser Zöllner dort.« (Lk 18,11) Auch wenn diese Figur des Pharisäers überscharf als Antitypus zu dem schuldbewussten Zöllner gezeichnet ist, drückt sich darin doch eine reale Gefährdung aus, der Menschen mit scheinbar bruchlosen Biographien in stärkerem Maße ausgesetzt sind als andere, die sich mit dem Scheitern eines Lebensentwurfs und der Schuld, die sie daran tragen, auseinandersetzen müssen.

12. Schlussthesen

Aus den Überlegungen dieses Buches lässt sich ein Fazit ziehen, das für Menschen, deren Ehe zerbrochen ist und die nach staatlichem Recht wieder geheiratet haben, ebenso bedeutsam wie für die Kirche als ganze ist. Bei vielen von Ehescheidung und Wiederheirat Betroffenen herrscht die Wahrnehmung vor, die Kirche habe an ihnen kein Interesse mehr. Wegen ihres kompromisslosen Festhaltens an der Unauflöslichkeit der Ehe wird die Kirche als eine unbarmherzige Institution erlebt, der die Lebensschicksale der Menschen gleichgültig sind. Im besten Fall lautet das Urteil, dass die Kirche angesichts der gewandelten Herausforderungen der postmodernen Lebenswelt und der wachsenden Instabilität menschlicher Lebensläufe zu wenig Sensibilität für die Verwundungen zeigt, denen Menschen durch das Scheitern ihrer Ehe ausgesetzt sein können. Andere mutmaßen gar, die Kirche missgönne es den Menschen, wenn diese in einer zivilen Zweitehe die Lebenszufriedenheit und das Glück finden, das ihnen in ihrer ersten kirchlich gültigen Ehe versagt geblieben war – einfach deshalb, weil diese Möglichkeit in der kirchlichen Morallehre nicht vorgesehen sei. Jede dieser Wahrnehmungen hinterlässt einen für das Erscheinungsbild und das Selbstverständnis der Kirche gleichermaßen verheerenden Eindruck.

Tatsächlich stellen die wiederverheirateten Geschiedenen die Kirche vor die Herausforderung, das Evangelium als eine befreiende Botschaft angesichts gescheiterter und in anderer Weise erfüllter Hoffnungen neu zu entdecken und den eigenen Auftrag als Versöhnungsgemeinschaft besser zu verstehen, als sie es bislang vermochte. So gesehen sind die wiederverheirateten Geschiedenen nicht nur schwierige Fälle für die Kirche, auf die sie noch keine angemessene Antwort gefunden hat. Diese wachsende Gruppe ihrer Gläubigen bildet auch eine echte Chance für die Kirche, die sie dazu zwingt, ihre Botschaft über Schuld, Umkehr und Vergebung sowie das in der Perspektive des Evangeliums unverzichtbare Ideal ehelicher Bindung und Treue lebensnäher zu verkünden.

Bei allem Schmerz und aller Trauer über die unwiderruflichen Verlusterfahrungen ihres Lebens sollten auch vom Scheitern ihrer ersten Ehe betroffene Menschen den vor ihnen liegenden Weg als eine Chance zur Versöhnung betrachten. Gelingt es ihnen, am Ende nüchterner in ihren Erwartungen an das Leben und bescheidener in ihrem Urteil über sich selbst zu werden, ohne darüber zu verbittern, so ist eine wichtige Voraussetzung erreicht, die ihnen die Versöhnung mit ihrer eigenen Lebensgeschichte ermöglichen kann. Die Kirche sollte sie in diesem Bemühen unterstützen, indem sie Hilfestellungen aus dem Glauben anbietet, statt zu verurteilen und zu entmutigen. Wenn das Ziel der Versöhnung durch die volle Teilnahme am kirchlichen Leben niemals mehr erreichbar sein wird, wie es dem dauerhaften Ausschluss von den Sakramenten entspricht, geht von dieser Aussicht kein trostvolles Signal aus. Steht dieses Ziel dagegen unter realistischen Voraussetzungen auch nach einer zweiten zivilen Eheschließung vor Augen, kann der Weg dorthin zu einer Vertiefung der persönlichen Glaubensgeschichte und zu einer versöhnten Erfahrung der eigenen Kirchenzugehörigkeit führen.

Um vom Scheitern ihrer Ehe betroffenen oder wiederverheirateten Menschen die Versöhnung mit ihrer Lebensgeschichte zu erleichtern, sollte die Kirche eine dreifache Hilfestellung anbieten, indem sie erstens die kirchlichen Ehenichtigkeitsverfahren beschleunigt, zweitens wiederverheiratete Geschiedene unter erreichbaren Bedingungen zu den Sakramenten zulässt und drittens eine zivile Zweitehe als einen verantwortlichen Ausweg aus der durch den Bruch der ersten Ehe entstandenen lebensgeschichtlichen Sackgasse duldet.

12.1. Beschleunigung der Ehenichtigkeitsverfahren

Oft scheut der verlassene Partner unmittelbar nach der Trennung davor zurück, ein kirchliches Annullierungsverfahren einzuleiten, weil ihm andere Sorgen vordringlicher erscheinen oder weil er es sich ersparen möchte, die Ausgangsbedingungen vor der Eheschließung im Einzelnen durch Zeugenaussagen rekonstruieren zu müssen. Dabei kann ihn auch die Furcht leiten, während des Prozesses schmutzige Wäsche waschen zu müssen und auf diese Weise nochmals gedemütigt zu werden. In der Regel wird ein kirchliches Ehenichtigkeitsverfahren deshalb erst dann angestrebt, wenn das Scheitern der Ehe definitiv feststeht und das zivile Scheidungsurteil bereits ausgesprochen ist. Für viele ist erst eine geplante zweite Eheschließung mit einer gläubigen Partnerin oder einem gläubigen Partner der äußere Anlass, eine Ungültigkeitserklärung der ersten Ehe in Betracht zu ziehen. Ein Grund dafür, dass kirchliche Ehenichtigkeitsverfahren in dieser Situation unzumutbar lange dauern, liegt in ihrer verspäteten Aufnahme, da der große Zeitabstand zur ersten Eheschließung die Zeugenbefragung nicht selten erheblich erschwert.

Die erst im Anschluss an eine zivile Scheidung erfolgende kirchenrechtliche Überprüfung der ersten Ehe erweckt bisweilen den Eindruck, bei einem Ehenichtigkeitsverfahren handele es sich um eine »Scheidung auf katholisch«, die nach einer ersten gültigen Ehe den Weg zur kirchlichen Wiederheirat analog zur zivilen Zweitehe eröffne. Der Ansatz eines Annullierungsverfahrens ist jedoch ein anderer als im staatlichen Scheidungsprozess. Während dieser allein auf die spätere Zerrüttung der Ehe abhebt, wird im kirchlichen Verfahren die Frage geprüft, ob die Ehe zum Zeitpunkt der Trauung gültig zustande kam, ob also alle wesentlichen Voraussetzungen zur Eheschließung (insbesondere in Bezug auf den vollen Ehewillen der Partner, die innere Bejahung der übernommenen Verpflichtungen und der Bereitschaft zu Kindern) gegeben waren. Allerdings sind staatliche Ehescheidung und kirchliche Nichtigkeitserklärung insofern vergleichbar, als in beiden Fällen erst das faktische Scheitern einer Ehe zum Anlass für die Aufnahme des gerichtlichen Verfahrens genommen wird. Treten bei einer menschlich gelingenden kirchlichen Ehe im Nachhinein Zweifel an ihrer Gültigkeit (vor allem hinsichtlich der Einhaltung der Formpflicht bei der Eheschließung) auf, so können diese auf dem Weg der sogenannten *sanatio in radice* (= Heilung an der Wurzel) leicht behoben werden.

Auch in Bezug auf die Gründe, die zur nachträglichen Annullierung der Ehe führen können, ist die Grenzziehung zur staatlichen Scheidung nicht immer eindeutig. Denn das spätere Scheitern einer Ehe, das nach dem Zerrüttungsprinzip vom staatlichen Gericht festgestellt wird, ist häufig zu erheblichen Anteilen auf psychische Probleme eines Partners zurückzuführen, die bereits zum Zeitpunkt der Eheschließung vorhanden waren. Dass sie erst im Nachhinein an ihren zerstörerischen Auswirkungen für die gemeinsame Ehefüh-

rung erkennbar wurden, ändert nichts daran, dass die Mängel der
Ehefähigkeit schon bei der Eheschließung bestanden, so dass eine
gültige Ehe überhaupt nicht zustande kommen konnte. Der im neu-
en kirchlichen Gesetzbuch von 1983 erstmals aufgenommene Can.
1095, der inzwischen die Grundlage vieler Nichtigkeitsverfahren
darstellt, bestimmt ausdrücklich, dass derjenige nicht in der Lage ist,
eine Ehe einzugehen, der unter einem schweren Mangel des Urteils-
vermögens hinsichtlich der ehelichen Rechte und Pflichten leidet
und aus psychischen Gründen unfähig ist, die wesentlichen Verpflichtungen der gemeinsamen Eheführung zu übernehmen. Deshalb kann heute nicht nur der Ausschluss eines Eheguts (der sakramentalen Bedeutung der Ehe, der geforderten ehelichen Treue oder
des Willens zum Kind), sondern auch die psychische Eheführungs-
unfähigkeit, die sich erst im Verlauf der Ehe zeigt, aber von Anfang
an bestand, eine Annullierung rechtfertigen.

Warum sollte ein gläubiger Partner nach dem Scheitern seiner
ersten Ehe die unleugbaren Belastungen auf sich nehmen, die der
Prozess vor einem kirchlichen Ehegericht mit sich bringt? Eine Antwort, die dafür ein ausreichendes Motiv bietet, kann nur lauten:
Weil der Ausgang des Prozesses einen wahrheitsgemäßen Blick auf
die eigene Lebensgeschichte ermöglicht. Kann die Ehe annulliert
werden, so erlangt man Gewissheit darüber, dass die eigenen Erwartungen, mit denen man in diese hineinging, vom Partner von Anfang an nicht geteilt wurden oder nicht ernsthaft geteilt werden
konnten. Dies kommt einer Täuschung gleich, auch wenn ein be-
wusster Wille dazu wie im Fall der psychischen Eheunfähigkeit nicht
unterstellt werden kann. Sich diesen Irrtum einzugestehen, ist am
Anfang bitter, aber am Ende doch klärend, weil sich die Ausgangs-
situation verändert.

Wenn die erste Eheschließung von der Partnerin oder dem Partner nicht ebenso ernsthaft und vorbehaltlos gewollt war, wie man
selbst dachte und wenn diese ungleichen Voraussetzungen im Nachhinein gerichtlich festgestellt werden können, ist man selbst in viel-
facher Hinsicht wieder frei – frei von Schuldvorwürfen, frei von
moralischen oder rechtlichen Bindungen und deshalb in vollem Sinne auch frei für eine neue (tatsächlich die erste richtige) kirchliche
Ehe. Die Exaktheit der gerichtlichen Zeugenbefragung kann für alle
Beteiligten unangenehm sein; sie dient jedoch der Verlässlichkeit

einer sicheren Urteilsfindung, die allein von Irrtum, Täuschung oder unter Umständen sogar Betrug befreien kann. Wenn die Voraussetzungen für ein aussichtsreiches Annullierungsverfahren gegeben sind, sollte man vor dieser Möglichkeit nicht zurückschrecken, da sie die bestmögliche Klarheit für den eigenen weiteren Lebensweg schaffen kann.

12.2. Eingeladen zu den Sakramenten

Der Versuch einer Annullierung der ersten Ehe führt nicht immer zum Ziel. Er sollte nur dann unternommen werden, wenn der Partner, der das kirchliche Verfahren betreibt, von der Ungültigkeit seiner Ehe überzeugt ist. Wenn eine Ehe über Jahre hinweg Bestand hatte, Kinder aus ihr hervorgingen und die Eheleute den Anfang ihrer gemeinsamen Lebenszeit in guter Erinnerung haben, spricht alles dafür, dass ihre erste Ehe nach kirchlichem Recht gültig geschlossen wurde. Diese Tatsache wird durch die spätere Zerrüttung nicht aufgehoben; die gemeinsamen Ehejahre können, auch wenn Liebe und Zuneigung gestorben sind oder sogar in tiefe gegenseitige Abneigung umschlugen, im Nachhinein nicht mehr ungeschehen gemacht und aus der eigenen Lebenszeit ausradiert werden. Der Anspruch der ersten Ehe bleibt ein Leben lang im Gedächtnis – in der Erinnerung an gute gemeinsame Zeiten, die durch die nachfolgende Entfremdung der Partner nicht wertlos werden oder auch nur als Ruine, einem schmerzlichen Mahnmal vergleichbar, das zu Buße und Umkehr ruft.

Das Zerbrechen einer Ehe zieht häufig auch andere Beziehungen oder soziale Netze in Mitleidenschaft, die einem im Trennungskonflikt oder in der Zeit danach Halt geben könnten. Die Zugehörigkeit zur Glaubensgemeinschaft der Kirche erleben nur wenige in dieser schweren Phase als persönliche Hilfe; viele leiden dagegen unter dem Gefühl moralischer Verurteilung, unter drohendem Beheimatungsverlust oder unter tatsächlicher oder vermeintlicher Ausgrenzung, wenn sie in der Kirche verwurzelt sind.[1] Von ihrem eigenen Auftrag her sollte die Kirche ein Ort sein, an dem Menschen, die in ihrer Ehe scheitern, auf Verständnis stoßen. Verständnis ist mehr, als nur der Verzicht auf explizite Verurteilung oder amtliche Zurückweisung.

Dazu gehören neben Zeichen persönlicher Wertschätzung auch öffentliche Signale, die die klare Botschaft aussenden: In Trennung lebende, geschiedene oder auch wiederverheiratete Menschen sind in der Kirche nicht ausgegrenzt, sondern gehören zu ihr. Sie leben nicht am Rand der Kirche, sondern können in ihr Aufmerksamkeit, Wertschätzung und Verständnis finden, wenn sie nicht durch Selbstblockaden und falsche Urteile über ihre vermeintliche Ablehnung durch die Kirche daran gehindert werden.

Die Hilfestellung, die eine Kirchengemeinde vor Ort anbieten kann, umfasst neben menschlicher Begleitung durch einzelne Gemeindemitglieder oder Familienkreise das Angebot seelsorglicher Beratung durch einen Priester als amtlichen Vertreter der Kirche. Das Gespräch mit geschiedenen und wiederverheirateten Menschen soll diesen Raum bieten, ihre Lebenssituation so darzulegen, wie sie diese von sich aus empfinden. Wenn die Trennung schon längere Zeit zurückliegt und Verletzungen heilen konnten, fällt es auch leichter als in einer akuten Konfliktphase, persönliche Schuldanteile am Zerbrechen der ersten Ehe anzunehmen. Für die Bewertung einer zivilen Zweitehe ist es keineswegs unerheblich, aus welchen Gründen die erste Verbindung gescheitert ist. Es macht einen Unterschied, ob jemand seine Ehe bewusst gebrochen hat und darüber in keiner Weise Reue zeigt, oder ob sie/er sich zur eigenen Schuld am Zerbrechen der Ehe bekennt und diese im Rahmen seiner Möglichkeiten wiedergutzumachen versucht. Wenn sich eine Zweitehe als moralische Realität bewährt hat, in der die neuen Partner und ihre Kinder Liebe, Freundschaft und gegenseitigen Halt finden, verdienen solche Erfahrungen positive Wertschätzung. Das seelsorgliche Gespräch soll zu einem achtsamen Blick auf die eigene Lebensgeschichte anleiten und dazu ermutigen, bewusst Verantwortung anzunehmen. Auch wenn die erste Ehe und die mögliche Schuld an ihrem Scheitern nicht ausgeklammert werden dürfen, ist es doch das vorrangige Ziel seelsorglicher Begleitung, aus der Fixierung auf die Vergangenheit zu lösen und einen gangbaren Weg für die Zukunft zu suchen.

Die volle Teilnahme am eucharistischen Mahl unter Einschluss des Kommunionempfangs hat für geschiedene und wiederverheiratete Menschen, die in der Kirche beheimatet sind, große Bedeutung. In der persönlichen Begegnung mit dem Herrn erleben sie, dass sie mit ihrer vielleicht schuldbeladenen Geschichte angenommen und der Freundschaft mit Jesus würdig befunden werden. Ein dichteres Zeichen öffentlicher Beachtung kann es für Menschen, die mit dem liturgischen Leben der Kirche vertraut sind, nicht geben. Wer nach sorgfältiger Gewissenserforschung bereit ist, in der Kommunion Gemeinschaft mit Jesus aufzunehmen, empfängt darin zugleich die Versöhnung mit der eigenen Lebensgeschichte. Eine wichtige Aufgabe seelsorglicher Beratung von geschiedenen und wiederverheirateten Menschen besteht darin, sie zu einem eigenverantwortlichen Gewissensurteil darüber zu ermuntern, ob sie zu dieser intensiven Begegnung mit Jesus bereit sind.

Die Selbstbeurteilung durch das eigene Gewissen entscheidet darüber, wann jemand zum eucharistischen Mahl hinzutreten kann; eine amtliche Zulassung ist dafür nach kirchlichem Verständnis nicht erforderlich. Das Gewissensurteil, aufgrund dessen ein getaufter Christ die Kommunion empfangen möchte, wird von der Kirche in allen Lebenssituationen als verbindlich anerkannt. Es bedarf keiner Überprüfung oder Bestätigung durch eine kirchliche Instanz. Allerdings kann es sinnvoll sein, im seelsorglichen Gespräch zu einer eigenständigen Gewissensentscheidung zu ermutigen und die Kriterien darzulegen, die ein verantwortliches Gewissensurteil berücksichtigen sollte (Gründe für das Scheitern der ersten Ehe, Eingestehen möglicher Schuld, Bereitschaft zur Wiedergutmachung, Übernahme von Verantwortung, Bewährung der zivilen Zweitehe als gewachsene moralische Realität). Ein dauerhafter Ausschluss vom Kommunionempfang erscheint aus den in diesem Buch erörterten Gründen als Regelfall unangemessen, der durch die zweite bürgerliche Eheschließung automatisch in Kraft tritt. Eine derartige Disziplinarmaßnahme widerspricht nicht nur dem Auftrag der Kirche, Versöhnung zu stiften und in ihren Sakramenten Versöhnung zu feiern, sondern auch dem Gebot, unterschiedliche Situationen verschieden zu beurteilen.

Die Sanktion eines zeitlich unbegrenzten, zu Lebzeiten des ersten Ehepartners unaufhebbaren Kommunionausschlusses sollte überhaupt nur in Ausnahmefällen in Betracht gezogen werden, wenn jemand den Bruch der eigenen Ehe vorsätzlich herbeigeführt hat oder sein Verhalten gegenüber dem Ehepartner oder den Kindern während der Trennungsphase von besonderer Rücksichtslosigkeit geprägt war. Die generelle Qualifikation einer zivilen Zweitehe als Zustand schwerer Sünde, die *eo ipso* den Ausschluss von den Sakramenten nach sich zieht, beruht dagegen auf einem unberechtigten Rückschlussverfahren, das die jeweiligen Umstände zu wenig berücksichtigt, die zu einer zweiten bürgerlichen Eheschließung führten.

Nach geltender kirchlicher Lehre ist mit dem Eingehen einer zivilen Zweitehe die Rechtsfolge eines dauerhaften Ausschlusses von den Sakramenten der Eucharistie, der Buße und der Krankensalbung verbunden. Tatsächlich wird diese kirchenrechtliche Vorschrift inzwischen längst nicht mehr überall eingehalten. Der von den oberrheinischen Bischöfen in ihrem gemeinsamen Hirtenbrief aus dem Jahr 1993 aufgezeigte Weg, der wiederverheirateten Geschiedenen die Teilnahme am eucharistischen Mahl aufgrund einer persönlichen Gewissensentscheidung ermöglicht, wird vielerorts praktiziert, ohne dass es darüber zu der befürchteten Verunsicherung unter den Gläubigen kommt. Für viele ist der eigentliche Skandal, an dem sie Ärgernis nehmen, nicht die Tatsache, dass wiederverheiratete Geschiedene zum Tisch des Herrn treten. Empörung und Unverständnis löst für viele Gläubige vielmehr der Umstand aus, dass diese Menschen von Rechts wegen unterschiedslos und dauerhaft vom Zentrum des kirchlichen Lebens ausgeschlossen sein sollen.

Wenn jemand nach dem Zerbrechen seiner ersten Ehe längere Zeit nicht kommunizierte, um die innere Reue und das Aufarbeiten von Schuld durch sichtbare äußere Zeichen zu unterstützen, kann es sinnvoll sein, den Abschluss dieser Phase durch ein eigenes Verfahren zu markieren. Auch wenn eine amtliche Zulassung durch den Priester nicht erforderlich oder aus theologischen Gründen nicht möglich ist, könnte ein solcher ritueller Akt für die betreffende Person selbst, aber auch für die Gemeinde, in der diese in Zukunft wieder die Kommunion empfangen wird, ein hilfreiches Signal sein. Die Situation wiederverheirateter Geschiedener in der Kirche könnte als Anlass dienen, die aus dem frühkirchlichen Bußverfahren bekannte sakramentale Rekonziliation wieder in das kirchliche Leben einzuführen.[2] Die in einer zivilen Zweitehe lebenden Gläubigen, die aufgrund einer persönlichen Gewissensentscheidung die Kommunion empfangen, könnten sich dann auf ein geregeltes kirchliches Verfahren stützen, das nach Ablauf einer festgesetzten Bußzeit einen Weg zur vollen Teilnahme am eucharistischen Mahl eröffnet.

12.3. Um Gottes Segen bitten

In ihrer sinnstiftenden Bedeutung sind Sakramente und liturgische Zeichen Übergangsriten vergleichbar, die wichtige Ereignisse oder Statusveränderungen im Leben der Menschen begleiten. In kulturanthropologischer Hinsicht gleichen religiöse Symbole, die an den Übergängen des Lebens gefeiert werden, deshalb den *rites de passage* archaischer Gesellschaften. Sie heben im Fluss der Zeit wichtige Einschnitte wie die Geburt eines Kindes, den Eintritt eines jungen Menschen ins Erwachsenenalter, die Vermählung, die Übernahme eines wichtigen Amtes, eine schwere Krankheit oder den Tod eines Menschen hervor.

Analog zu diesen Wendepunkten im Leben, die von kirchlichen Feiern begleitet werden, gibt es seit einigen Jahren Versuche, Menschen ein Trauerritual anzubieten, das sie in der Verarbeitung ihrer Verlusterfahrung nach dem Scheitern ihrer Ehe unterstützen soll.[3] Eine liturgische Begleitung während der Trennungsphase soll es den Betroffenen erleichtern, mit der Vergangenheit abzuschließen, schmerzliche Erinnerungen zu verarbeiten und Verbitterung über das Zerbrechen der Partnerschaft zu vermeiden. Durch den Kontakt mit anderen Betroffenen oder die Begleitung durch kleinere Gruppen soll ihnen geholfen werden, ihr Scheidungstrauma zu überwinden und sich im Leben neu zu orientieren. Die von solchen Gesprächsangeboten begleiteten Gottesdienste und kirchlichen Rituale sollen ihre Trauerarbeit unterstützen und sie dazu ermuntern, ein neues Selbstwertgefühl aufzubauen und wieder Vertrauen in die Tragfähigkeit menschlicher Beziehungen zu gewinnen.

Wenn Kirchengemeinden von Menschen, die in Trennung leben oder von wiederverheirateten Geschiedenen als Orte erfahren werden, wo sie in schwierigen Notlagen Begleitung und Hilfe finden, ist dies im Namen einer lebensnahen Seelsorge nur zu begrüßen. Dass im Raum einer Kirchengemeinde nicht nur psychologische oder gruppendynamische Angebote gemacht werden, sondern Gebete und liturgische Zeichen die geistliche Kraft des Glaubens erschließen, sollte in der Kirche selbstverständlich sein. Bei aller begrüßenswerten Kreativität in der Erprobung neuer Segensfeiern gibt es jedoch eine berechtigte Sorge, dass die expressive Logik kirchlicher Zeichenhandlungen eindeutig erkennbar bleibt. Deshalb kann es sogenannte Scheidungsgottesdienste, in denen die Trennung selbst liturgisch vollzogen wird, nicht geben. Wenn ein Paar zu der gemeinsamen Einschätzung gelangt, dass sich ihre Beziehung erschöpft hat und dass sie nicht mehr länger zusammenleben können, ist aus menschlicher Sicht eine gelungene Mediation in beiderseitigem Interesse besser als eine hochemotionalisierte Trennung voller Wut und Zorn. Doch auch eine einvernehmliche Trennung steht im Widerspruch zu Gottes Wort und Verheißung. Wenn die Eheleute zu der Auffassung kommen, dass sie sich die Liebe und Treue nicht mehr schenken wollen, die sie sich versprochen haben, wie können sie dafür Gottes Segen einholen? Alle kirchlichen Segensfeiern folgen einer gemeinsamen Grundstruktur: Sie konkretisieren das große Ja, das Gott zu uns Menschen spricht, im Blick auf persönliche Lebenssituationen, private Anlässe oder kollektive Ereignisse, die für eine Gruppe oder die Kirche als ganze von Bedeutung sind. Sie konkretisieren die Treue Gottes im Blick auf die jeweiligen Situationen oder Anlässe, in denen die Kirche um seinen Segen bittet. Deshalb muss das in der Segenshandlung Dargestellte und der in ihr ausgesagte Inhalt der Treuezusage Gottes entsprechen, soll das liturgische Handeln der Kirche nicht zweideutig werden. Das Zerbrechen einer Ehe ist schon aus menschlicher Sicht kein Grund zum Feiern; es stellt daher auch keinen geeigneten Anknüpfungspunkt für eine liturgische Begleithandlung dar, in der die sich Trennenden für etwas, das im Widerspruch zu Gottes Willen geschieht, seinen Segen erbitten.

Eine kirchliche Segensfeier hat, auch wenn sie in einem privaten Raum vollzogen wird, immer zugleich öffentlichen Charakter. Insofern darf sie nicht in Widerspruch zur öffentlichen Verkündigung der Kirche treten. Deshalb kann es zwar Gruppengottesdienste und liturgische Angebote für Menschen geben, die nach dem Zerbrechen ihrer Ehe im Glauben wieder Halt suchen, aber keine Scheidungsrituale im eigentlichen Sinn, die das Scheitern der Ehe und den definitiven Bruch des Eheversprechens religiös überhöhen. Liturgische Zeichen dienen nämlich nicht nur der psychologischen »Abfederung« existenzieller Notlagen. Sie sind in ähnlicher Weise wie die Sakramente der Kirche Zeichen der Liebe Gottes und können daher nur solche menschliche Handlungen und Vorgänge bezeichnen, die Gottes Liebe aufgreifen, diese im eigenen Leben abbilden und sie durch menschliches Tun beantworten. Menschliche Untreue aber steht im Widerspruch zur Treue Gottes und kann daher nicht zum inneren Anlass einer kirchlichen Segensfeier werden.

Anders verhält es sich dagegen, wenn wiederverheiratete Christen eine kirchliche Feier wünschen, in der sie für ihr gemeinsames Lebensprojekt um den Segen Gottes bitten können. Hier stehen positive menschliche Werte wie ihre gegenseitige Liebe, ihre erprobte Treue gegenüber dem neuen Partner, ihre gegenseitige Hilfestellung, ihre Verantwortung gegenüber den Kindern (den bereits geborenen wie denen, die sich das Paar noch erhofft) und der persönliche Glaube der Betroffenen sowie ihre Teilnahme am kirchlichen Leben im Mittelpunkt. Wenn ein Paar nach der Wiederheirat seelsorgliche Begleitung sucht, gebietet es der Auftrag einer Kirchengemeinde, diesem Wunsch in eindeutiger Weise zu entsprechen und die Betreffenden nicht durch eine offene oder verklausulierte Zurückweisung zu enttäuschen. Handelt es sich um gläubige Menschen, die am gottesdienstlichen Leben teilnehmen, ist der Wunsch nach einer kirchlichen Segensfeier berechtigt, die ihnen Ermutigung und Zuversicht für das Wagnis einer zweiten Ehe zuspricht.[4] Da der Schritt der Wiederheirat keinen Zustand schwerer Sünde begründet, sondern einen Akt der Verantwortungsübernahme darstellt, der auch in moralischer Hinsicht Anerkennung verdient, ist es nur konsequent, solchen Paaren seelsorglichen Beistand durch Gebete, Andachtsformen und Segensfeiern nicht zu verweigern.

Auch dabei muss das liturgische Handeln des Priesters jedoch eindeutig erkennbar und dem Inhalt der kirchlichen Verkündigung zuzuordnen sein. Deshalb sollte er zuvor mit dem betreffenden Paar oder den Teilnehmenden an der Feierstunde vereinbaren, dass diese nicht der Imitation einer kirchlichen Trauung dient. Um der Klarheit des kirchlichen Zeugnisses für die Unauflöslichkeit der Ehe willen und auch, um den Sinn der sakramentalen Eheschließung nicht zu verdunkeln, sollte alles vermieden werden, was eine feierliche kirchliche Hochzeit vortäuscht oder ihr in der öffentlichen Wahrnehmung gleichkommen könnte; daher ist auch auf die Erfragung des Ja-Wortes durch den Priester und auf eine Segnung der Ringe zu verzichten. Um das eigenständige Profil einer solchen Segensfeier gegenüber dem Ritus der kirchlichen Trauung herauszustellen, bietet es sich an, um den Segen Gottes für die in einer Zweiehe lebenden Menschen (das Paar und seine Kinder) im Rahmen einer eige nen Aufnahmefeier oder eines Hausgebetes zu bitten, das an einem anderen Tag als dem der zivilen Eheschließung stattfindet. Die Bitte um den Segen Gottes und ein diese Bitte begleitendes Segenszeichen tragen ihren Sinn in sich selbst; sie bedürfen keiner geliehenen Feierlichkeit, die etwas vorzutäuschen versucht, was der tatsächlichen Lebenssituation des betreffenden Paares nicht mehr entspricht.

Einen geeigneten Anlass für eine derartige Segensfeier im erweiterten Familienkreis kann auch der Abschluss einer seelsorglichen Begleitung von geschiedenen Wiederverheirateten bieten, der in ihre Wiederaufnahme in die volle sakramentale Gemeinschaft der Kirche einmündet. Die Bitte um den Segen Gottes für den weiteren Lebensweg verbindet sich auf diese Weise mit der Hoffnung, Vergebung zu erlangen und mit dem Dank dafür, einen verantwortbaren Ausweg aus einer schweren Lebenskrise gefunden zu haben. Auf den Segen Gottes bauen heißt nicht, eventuelle Schuld am Scheitern der ersten Ehe verdrängen oder eigenes Versagen rechtfertigen zu wollen. Durch die Bitte um den Segen Gottes bekunden wiederverheiratete Geschiedene vielmehr ihre Hoffnung, dass ihr gemeinsamer Neuanfang gelingen möge. Sie in dieser Hoffnung zu bestärken, ist der legitime Sinn einer kirchlichen Segensfeier. Weder verdunkelt eine schlichte Segenshandlung, die auf die spezifische Symbolik der kirchlichen Trauungsliturgie verzichtet, das klare Bekenntnis der Kirche zur Unauflöslichkeit der Ehe, noch wird ihr Handeln durch sie zweideutig. Denn vom Evangelium und der Weisung Jesu her ist es ihr Auftrag, Menschen beizustehen und ihnen den grenzenlosen Vergebungswillen Gottes zu verkünden, statt sie durch moralische Verurteilungen auf ihre Vergangenheit festzunageln. Grundsätzlich hat Seelsorge immer eine vorrangige Aufgabe, hinter der alle anderen Erwägungen zurücktreten müssen: Allen Menschen das Evangelium von der Liebe und bedingungslosen Zuwendung Gottes zu bezeugen und sie zum Leben aus Gottes Erbarmen zu ermutigen.

Anmerkungen

Einleitung

[1] De adulterinis coniugiis II,14–16 (CSEL 41, 398–402). Vgl. *H. Crouzel*, L'église primitive face au divorce. Du premier au cinquième siècle, Paris 1971, 352.

[2] Vgl. a. a. O., II,5 (CSEL 41, 386). Augustinus sieht eine strikte Parallele zwischen Ehe und Taufe: Wie diese nach dem Glaubensabfall noch erhalten bleibt und auch durch die Exkommunikation nicht ausgelöscht wird, sind Ehepartner auch nach der Trennung aneinander gebunden. Augustinus erklärt allerdings nicht, worin der genaue Vergleichspunkt in der Parallele von Taufe und Ehe liegt. Die Taufe ist ein unauslöschliches Zeichen, weil Gottes endgültiges Ja zum Menschen auch dessen Glaubensabfall überdauert. Wenn Ehepartner sich trennen und ihr Wille zum Zusammenbleiben erlischt, ist nicht klar, durch wessen fortdauernde Willensbestimmung das Eheband erhalten bleibt. Ist es der ursprüngliche Wille beider Partner, der einseitige Wille des Verlassenen, der an der Ehe festhalten möchte oder der Wille Gottes, der das Eheband unauflösbar macht? Wenn dessen fortdauernde Wirkung auf Gottes Beziehung zu den Ehepartnern zurückzuführen ist, warum hat dann der Tod gegenüber dem Willen des transzendenten Gottes die Macht, das Eheband zu lösen? Vgl. dazu *Th. Mackin*, Divorce and Remarriage, New York 1984, 219 ff.

[3] De nuptiis et concupiscentia X, 11; CSEL 42, 223: »Manet autem ad noxam criminis, non ad vinculum foederis.« Vgl. auch De bono coniugali, cap. 7; CSEL 41, 197, wo es heißt, die aus dem Eheband resultierende Verpflichtung bleibe »unerschüttert fortbestehen zur Strafe für jene, die das Band loszuknüpfen oder aufzulösen beabsichtigen«.

[4] De adulterinis coniugiis II, 4–5 (CSEL 41, 384–386); vgl. *H. Crouzel*, a. a. O., 348.

[5] Vgl. De adulterinis coniugiis, I, 9–11; CSEL 41, 355–358. Zu dieser Interpretation der augustinischen Theorie vom Eheband vgl. *G. Tenholt*, Die Unauflöslichkeit der Ehe und der kirchliche Umgang mit wiederverheirateten Geschiedenen, Münster 2001, 41 ff. Als die lateinische Kirche des Westens sich im 12. Jh. endgültig der Lehrmeinung des Augustinus anschloss, »wurde leider nicht auch seine kritische Selbsteinschätzung rezipiert und theologisch verarbeitet« (a. a. O., 43).

[6] Vgl. a. a. O., II, 18–20; CSEL 41, 404–408.

[7] Vgl. dazu *B. Kötting*, Die Bewertung der Wiederverheiratung (in der zweiten Ehe) in der Antike und in der frühen Kirche, Opladen 1988 und *P. Brown*, Die Keuschheit der Engel. Sexuelle Entsagung, Askese und Körperlichkeit am Anfang des Christentums (Original: The Body and Society. Man, Woman and Sexual Renunciation in Early Christianity), München 1991.

[8] Retractationum libri duo, II, 57.

1. Die lehramtliche Begründung für die
Nichtzulassung wiederverheirateter Geschiedener zu den Sakramenten

[1] *Johannes Paul II.*, Apostolisches Schreiben *Familiaris consortio* vom 22. Nov. 1981, Nr. 84, Abs. 2.

[2] Vgl. a. a. O., Nr. 84, Abs. 3.

[3] A. a. O., Nr. 84, Abs. 2.

[4] A. a. O., Nr. 84, Abs. 4.

[5] Vgl. CIC (1983) Can. 915 in Verbindung mit Can. 843,1.

[6] KKK Nr. 2384.

[7] Vgl. *Familiaris consortio*, Nr. 84, Abs. 5.

2. Unstimmigkeiten und Widersprüche
in der kirchlichen Praxis und ihrer lehramtlichen Begründung

[1] Angaben des Statistischen Bundesamtes für das Jahr 2009 (vgl. FAZ vom 22. 01. 2011). Zur Interpretation der steigenden Ehescheidungszahlen vgl. *Andrea Burgk-Lempart*, Wenn Wege sich trennen. Ehescheidung als theologische und kirchliche Herausforderung, Stuttgart 2010, 27–39.

[2] Vgl. Schreiben der Glaubenskongregation vom 14. September 1994 an die Bischöfe der katholischen Kirche über den Kommunionempfang von wiederverheirateten geschiedenen Gläubigen, Nr. 2.

[3] Vgl. *Irene Heise*, Auch sie sind Kirche! Geschiedene und Wiederverheiratete als zentrale Gruppe in der Kirche, Wien 2006, 75–87 und die Zeugnisse von Betroffenen a. a. O., 204–229 sowie *R. und C. Favre u. a.*, Nous, divorcés remariés. Des catholiques témoignent, Paris 1996, 103–130.

[4] Vgl. *M. Kaiser*, Geschieden und wiederverheiratet. Beurteilung der Ehen von Geschiedenen, die wieder heiraten, Regensburg 1983, 78 f.

[5] Vgl. CIC 1983, Can. 1056.

[6] Vgl. Can. 1057 § 2.

[7] Vgl. Can. 1141–1150.

[8] Vgl. Can. 1055 § 2.

[9] *M. Kaiser*, a. a. O., 48.

3. Vorschläge zur Änderung der bisherigen Praxis

[1] Vgl. *G. L. Müller*, Glaubensvollzug und Sakramentalität der Ehe, in: *Th. Schneider* (Hg.), Geschieden – wiederverheiratet – abgewiesen? Antworten der Theologie, Freiburg i. Br. 1995, 202–211, bes. 209.

[2] Vgl. *M. Kaiser*, a. a. O., 16 u. 32 und *Andrea Belliger*, Die wiederverheirateten Geschiedenen: Versuch eines neuen kirchenrechtlichen Lösungsansatzes, in: Intams Revue 7 (2001), 194–212, bes. 205.

[3] Exemplarisch für diese frühen Vorschläge *J. Ratzinger*, Zur Frage nach der

Unauflöslichkeit der Ehe. Bemerkungen zum dogmengeschichtlichen Befund und zu seiner gegenwärtigen Bedeutung, in: *F. Henrich/V. Eid* (Hg.), Ehe und Ehescheidung. Diskussion unter Christen, München 1972, 35–56, hier: 55.

[4] Zur seelsorglichen Begleitung von Menschen aus zerbrochenen Ehen, Geschiedenen und wiederverheirateten Geschiedenen. Einführung, Hirtenwort und Grundsätze, Freiburg i. Br. 1993, 29 f.

[5] Vgl. *Andrea Belliger*, a. a. O., 201 ff.

[6] Vgl. *B. Häring*, Ausweglos? Zur Pastoral bei Scheidung und Wiederheirat. Ein Plädoyer, Freiburg i. Br. 1989, 42–61.

[7] PG 111, 212 f.; zit. nach *R. Prokschi*, Pastoral für wiederverheiratete Geschiedene. Ist ein neuer Anfang nach dem Beispiel der orthodoxen Kirche möglich?, in: StdZ 221 (2003), 531–545, hier: 536.

[8] *A. Kallis*, Mysterium der Liebe. Ein Beitrag zum orthodoxen Eheverständnis, in: *H. Engelhardt* (Hg.), Die Kirchen und die Ehe, Frankfurt a. M. 1984, 44–55, hier: 54. Vgl. auch *Gabriele Lachner*, Die Kirchen und die Wiederheirat Geschiedener (BÖT 21), Paderborn 1991, 56–61.

[9] Vgl. *Andrea Belliger*, a. a. O., 200.

[10] Vgl. die entsprechenden Bußgebete im Ritual für die Feier einer zweiten Ehe, die in *R. Rüberg* (Hg.), Nach Scheidung wieder verheiratet. Informationen – Reflexionen – Perspektiven, Kevelaer 1993, 184–188, abgedruckt sind.

[11] Das Konzil von Trient beschränkt sich auf die Feststellung, dass die katholische Lehre vom Eheband und die kanonistische Praxis, eine sakramental gültige Ehe auch beim Ehebruch eines Partners nicht aufzulösen, »gemäß der Lehre des Evangeliums und der Apostel« *(iuxta evangelicam et apostolicam doctrinam)* sei. Die andere orthodoxe Lösung wird dagegen nicht als schriftfremd verworfen; vgl. Canon VII des Trienter Ehedekrets (DH 1807).

[12] Vgl. Zweites Vatikanisches Konzil, *Orientalium ecclesiarum* (= OE) Nr. 18 sowie Nr. 6 (Allgemeine Anerkennung der rechtmäßigen liturgischen Bräuche und der eigenen Ordnung der Ostkirchen).

[13] Vgl. *Gabriele Lachner*, a. a. O., 56–61.

[14] Vgl. *R. Prokschi*, a. a. O., 538–542.

[15] Vgl. *M. Güttler*, Die Ehe ist unauflöslich! Eine Untersuchung zur Konsistenz der kirchlichen Eherechtsordnung, Essen 2002, 214–223 und *Sabine Demel*, Warum die Zulassung einer zweiten Ehe glaubwürdiger ist. Zum Problem der wiederverheirateten Geschiedenen, in: StdZ 136 (2011), 363–376, bes. 372 ff.

[16] Vgl. *R. Prokschi*, a. a. O., 542 f.

4. Ehe und Ehescheidung im Zeugnis der Bibel

[1] Jüngere lehramtliche Stellungnahmen wie der Katechismus der katholischen Kirche (Nr. 1650) und das Schreiben der Glaubenskongregation »Über den Kommunionempfang von wiederverheirateten geschiedenen Gläubigen« vom 15. Okt. 1994 stützen sich auf ein einziges Bibelzitat (Mk 10,11–12), in dem

Jesus ein klares Verbot von Scheidung und Wiederheirat ausspricht. Diese Herauslösung eines Einzellogions aus dem biblischen Gesamtzeugnis widerspricht nicht nur den Grundsätzen einer soliden Schrifthermeneutik, sondern gerade auch dem katholischen Prinzip, nach dem Sinn und Bedeutung einzelner Aussagen nur von der Einheit der Schrift her und im Lichte der gesamten kirchlichen Überlieferung zu ermitteln sind. Vgl. *J. Kremer*, Jesu Wort zur Ehescheidung. Bibeltheologische Überlegungen zum Schreiben der päpstlichen Glaubenskongregation vom 14. Sept. 1994, in: *Th. Schneider* (Hg.), Geschieden – wiederverheiratet – abgewiesen? Antworten der Theologie, Freiburg i. Br. 1995, 51–67, bes. 62 ff.

² *R. Schnackenburg*, Die Ehe nach der Weisung Jesu und dem Verständnis der Urkirche, in: *F. Henrich/V. Eid*, Ehe und Ehescheidung, a. a. O., 11–34, hier: 23.

³ *U. Luz*, Das Evangelium nach Matthäus (Mt 1–7), EKK I/1, Zürich ³1992, 272 f.

⁴ Diese Variante brachte mit beachtlichem Scharfsinn der protestantische Exeget *H. Baltensweiler*, Die Ehe im Neuen Testament, Zürich 1967, 98 ff. ins Spiel; sein Vorschlag findet heute aber kaum noch Zustimmung.

⁵ Vgl. *U. Luz*, a. a. O., 265; *J. Gnilka*, Das Matthäus-Evangelium, 1. Teil, Freiburg i. Br. 1986, 169.

⁶ Vgl. *P. Fiedler*, Das Matthäus-Evangelium, Stuttgart 2006, 140.

⁷ Vgl. z. B. *J. Moingt*, Ehescheidung ›aufgrund von Unzucht‹, in: *J. David/ F. Schmalz* (Hg.), Wie unauflöslich ist die Ehe?, Aschaffenburg 1969, 178–222, bes. 211. Der hintergangene Mann ist aus der Bindung an seine Frau befreit, weil diese Ehe durch ihr unzüchtiges Verhalten schon zerstört hat.

⁸ A. a. O., 277.

⁹ Diese Frage stellt bereits *J. A. Fitzmyer* am Ende seiner exegetischen Studie »The Matthean Divorce Texts and Some New Palestinian Evidence«, in: TS 37 (1976), 197–226, hier: 224 f.

¹⁰ *N. Baumert*, Frau und Mann bei Paulus. Überwindung eines Missverständnisses, Würzburg 1992, 54.

¹¹ Vgl. *N. Baumert*, a. a. O., 346 ff.

¹² *J. Ratzinger*, Zur Theologie der Ehe, in: *G. Krems/R. Mumm* (Hg.), Theologie der Ehe, Regensburg/Göttingen 1969, 81–115, hier: 83.

¹³ *H. Frankemölle*, Ehescheidung und Wiederverheiratung von Geschiedenen im Neuen Testament, in: *Th. Schneider* (Hg.), Geschieden – wiederverheiratet – abgewiesen?, a. a. O., 28–50, hier: 46 f.

¹⁴ *H. Frankemölle*, a. a. O., 43.

¹⁵ *U. Luz*, a. a. O., 279.

5. Ehe und Ehescheidung im Zeugnis der Tradition

¹ Vgl. *O. H. Pesch*, Das Wort Gottes als objektives Prinzip theologischer Erkenntnis, in: *W. Kern, H. J. Pottmeyer, M. Seckler (Hg.)*, Handbuch der Fun-

damentaltheologie, Band 4: Traktat theologische Erkenntnislehre, Freiburg i. Br. 1988, 39–46.

[2] Zweites Vatikanisches Konzil, Dogmatische Konstitution über die göttliche Offenbarung *Dei Verbum* (= DV), Nr. 9.

[3] DV Nr. 8.

[4] Vgl. M. *Luther*, De servo arbitrio (1525), in: WA 18,605–609.

[5] DV Nr. 10.

[6] W. *Kasper*, Das Verhältnis von Schrift und Tradition. Eine pneumatologische Perspektive, in: *ders.*, Theologie und Kirche, Band 2, Mainz 1999, 51–83, hier: 75. Vgl. auch B. *Körner*, Die Bibel als Wort Gottes auslegen. Historisch-kritische Exegese und Dogmatik, Würzburg 2011, 147–161.

[7] Dieses Bild gebraucht *Th. Mackin*, Divorce and Remarriage, New York 1984, 142 f. für den genannten Zeitraum.

[8] Vgl. *B. Kötting*, a. a. O., 29. Zur einhelligen Missbilligung der Wiederheirat nach dem Tod des Ehegatten bei den Kirchenvätern des 2. und 3. Jahrhunderts vgl. *Th. Mackin*, a. a. O., 112–130.

[9] Vgl. *Ad uxorem* 1,7; *De exhortatione castitatis*, 3 und bes. *De monogamia*, 17. Die beiden letzten Texte zeigen den Rigorismus der montanistischen Periode besonders stark.

[10] Vgl: *H. Crouzel*, a. a. O., 361, der jedoch der vorsichtigen Auslegung folgt, dass eine Wiederheirat nur dann geduldet wurde, wenn sie *expressis verbis* gestattet war. Denkbar ist jedoch auch die umgekehrte Annahme, nach der die Zweitehen von Christen in größerem Umfang toleriert wurden, weil sie der gesellschaftlichen Praxis der Zeit entsprachen. Das Schweigen der Quellen lässt darauf allerdings nur einen indirekten Rückschluss zu.

[11] Vgl. Apologie 2,2.

[12] *Origenes*, Matthäuskommentar 14,23, in: GCS X, 340 f., zit. in Anlehnung an die Übersetzung von G. *Tenholt*, Die Unauflöslichkeit der Ehe und der kirchliche Umgang mit wiederverheirateten Geschiedenen, Münster 2001, 78. Vom griechischen Wortlaut her ist es auch möglich, die adverbiale Konstruktion »gegen die Schrift« mit »abseits der Schrift« oder »unter Umgehung der Schrift« zu übersetzen, da *para* mit Akkusativ beides zulässt. Vgl. *Th. Mackin*, a. a. O., 140.

[13] Angesichts der rechtlichen Stellung der Frau in der damaligen Gesellschaft ist es kaum vorstellbar, dass die Möglichkeit der Wiederheirat nur Frauen gewährt wurde, den Männern aber vorenthalten blieb. Plausibel erscheint daher die Annahme, dass die erwähnten Vorsteher die gängige Praxis, die Männern die Wiederheirat zugestand, auch auf Frauen ausdehnten, um ihre Ungleichbehandlung abzustellen. Vgl. *G. Cereti*, Divorzio, nouve nozze e penitenza nella chiesa primitiva, Bologna 1977, 214 f.

[14] Vgl. *H. Crouzel*, a. a. O., 82 ff.

[15] Vgl. PL 17,218 B/CSEL 81, (hg. von *H. I. Vogels*) Vindobonae 1968, 74–75. Vgl. *Th. Mackin*, a. a. O., 161 f.

[16] Zur Wiederherstellung der augustinischen Traditionslinie durch das Decretum Gratiani vgl. *J. Ratzinger*, a. a. O., 42–47; zu den Adaptionen an die Erfordernisse der Germanenmissionierung vgl. *P. Manz*, Die Unauflösbarkeit der

Ehe im Verständnis der frühmittelalterlichen Bußbücher, in: *Th. Schneider* (Hg.), a. a. O., 84–111, bes. 93 ff.

[17] Vgl. PG 32,677 f. und 804 f. Zur Interpretation der beiden Kanones vgl. *M. Mª Garijo-Guembe*, Unauflöslichkeit der Ehe und die gescheiterten Ehen in der Patristik, in: *Th. Schneider* (Hg.), a. a. O., 68–83, bes. 74 f.

[18] *Basilius*, Moralia, Regel 73,1 und 2, in: PG 31,849 und 851.

[19] Vgl. *Th. Mackin*, a. a. O., 147 ff.

[20] *Epiphanius von Salamis*, Pan Arion, 59, in: GCS II, 369. Der Titel bedeutet »Arzneikasten«, da er aus der orthodoxen Lehre das Gegengift gegen die Schlangenbisse der verschiedenen Häresien enthält; deshalb ist das Buch auch unter dem Namen »Haereses« überliefert.

[21] Vgl. Homelie 17,4 in: PG 57, 259 f.

[22] Vgl. Homelie 19, in: PG 61,154 ff. und dazu *P. Stockmeier*, Scheidung und Wiederverheiratung in der alten Kirche, in: ThQ 151 (1971), 39–51, bes. 49.

[23] In diesem Sinn *M. Mª Garijo-Guembe*, a. a. O., 77 und *P. Nautin*, Divorce et remariage dans la tradition de l'Église latin, in: RSR 62 (1994), 7–54, bes. 22. *H. Crouzel*, a. a. O., 255 bezieht den Terminus dagegen allein auf das Ende des gemeinsamen Zusammenlebens, danach würde Hilarius auch dem Ehemann einer *prostitutae mulieris* nur die Trennung von Tisch und Bett, nicht aber die Wiederheirat zugestehen.

[24] Vgl. Matthäus-Kommentar IV, 22, in: PL 9, 939 b.

[25] Oratio 31, in: PG 36, 292.

[26] Vgl. die Einordnung des Ambrosiasters in die lateinische Tradition bei *P. Nautin*, a. a. O., 30.

[27] Vgl. *Tertullian*, Ad uxorem, 1, in: CCL I, 381 f. und 386 und dazu *Th. Mackin*, a. a. O., 135 f.

[28] Vgl. *H. Crouzel*, a. a. O., 360–371.

[29] Vgl. *Th. Mackin*, a. a. O., 144–155.

[30] *J. Ratzinger*, a. a. O., 40.

[31] *H. Crouzel*, a. a. O., 382.

[32] Ebd.

[33] Ebd.

[34] A. a. O., 383.

[35] WA 6,559, 25–27, zit. nach der Übersetzung von *O. Clemen*, I, Berlin [6]1966, 496.

[36] Vgl. WA 26,612 ff. und dazu *K. Bockmühl*, Gesetz und Geist. Eine kritische Würdigung des Erbes protestantischer Ethik, Gießen/Basel 1987, 69 und *A. Peters*, Kommentar zu Luthers Katechismen. Band I: Die Zehn Gebote, Göttingen 1990, 241–253.

[37] DH 1807.

[38] Vgl. zu dieser Interpretation von Kanon 7 des Trienter Ehedekrets *P. Fransen*, Das Thema »Ehescheidung nach Ehebruch« auf dem Konzil von Trient (1953), in: Concilium 6 (1970), 343–348 und *H. Jorissen*, Die Entscheidung des Konzils von Trient zu Ehescheidung und Wiederheirat und ihr Hintergrund, in: *Th. Schneider* (Hg.), a. a. O., 112–126, bes. 118. Bereits vor Trient

vertraten die Theologen Caietan und Ambrosius Chatarinus diese orientalische Position, die in Trient nicht verurteilt wurde.

[39] OE, Nr. 2.

[40] OE 2.

[41] OE 3.

[42] OE 5.

6. Systematische Überlegungen: die Ehe als personale Lebensgemeinschaft

[1] Vgl. *Rosemarie Nave-Herz*, Familie heute: Wandel der Familienstrukturen und Folgen für die Erziehung, Darmstadt 1994, 114 f.

[2] Zur Analyse des gesellschaftlichen Transformationsprozesses in der Moderne und seiner Rückwirkungen auf Ehe und Familie vgl. *G. Marschütz*, Familie humanökologisch. Theologisch-ethische Perspektiven, Münster 2000, 109–146 und *Ingrid Jost*, Ehe als Lebensentscheidung im Kontext gesellschaftlicher Veränderungen und persönlicher Entwicklung, in: *Th. Schneider* (Hg.), Geschieden – wiederverheiratet – abgewiesen?, a. a. O., 143–153, bes. 143 und 147.

[3] *J. Gnilka*, Das Matthäus-Evangelium, 2. Teil, a. a. O., 157.

[4] Vgl. *Ph. Bordeyne*, Ethique du mariage. La vocation sociale de l'amour, Paris 2010, 56.

[5] A. a. O., 279.

[6] Vgl. die Analyse des liturgischen Ritus der Eheschließung, a. a. O., 128–142.

[7] Die gestiegene Lebenserwartung und der Rückgang der Kinderzahl sind von erheblicher Bedeutung für das eheliche Zusammensein. Im Anfang des 20. Jahrhunderts betrug die Zeit, die Ehegatten ohne ihre Kinder zusammen waren, nur wenige Jahre; heute dauert die so genannte »Altersehe« oder »Gattenphase«, die sich an die Familienphase anschließt, oft 25–30 Jahre und länger. Da früher viele Frauen im Kindbett starben, und die Männer schon wegen der Kinder wieder heiraten mussten, waren Zweitehen weit verbreitet. Von der gegenwärtigen partnerbezogenen Ehe gilt daher: »Wenn wir ... heute von der ›lebenslangen Ehe‹ sprechen, so haben wir es mit einer Institution zu tun, die es in dieser Form bislang in der Geschichte noch nicht gegeben hat« (*Ingrid Jost*, a. a. O., 144).

[8] Die Kunst des Liebens, Frankfurt a. M. 1956, 81 f.

[9] Minima Moralia. Reflexionen aus dem beschädigten Leben, Frankfurt a. M. 1973, 223.

[10] A. a. O., 224.

[11] Vgl. *P. Schneider*, Paarungen, Berlin 1992, 59 f. Den Hinweis auf diese Stelle verdanke ich meinem Kollegen Rainer Marquard, Freiburg.

[12] *M. Knapp*, Glaube – Liebe – Ehe. Ein theologischer Versuch in schwieriger Zeit, Würzburg 1999, 152.

[13] *W. Pannenberg*, Grundlagen der Ethik. Philosophisch-theologische Perspektiven, Göttingen 1996, 126 ff.

[14] Der Vorwurf, die katholische Kirche halte nur aufgrund ihrer heilsgeschichtlichen Symbolik an der Unauflöslichkeit der Ehe fest, beruht auf einem Irrtum. Auch in der römischen Schultheologie des 19. Jahrhunderts wurde zwischen der *inneren*, in der Natur des Ehevertrags begründeten Unauflöslichkeit und ihrer *äußeren*, durch die Christus-Kirche-Symbolik hinzukommenden unterschieden. So ist bei dem einflussreichen *G. Perrone*, De matrimonio christiano, Bd. 3, Rom 1858, 145 f. zu lesen:»... et significatio coniunctionis Christi cum Ecclesia non sit *proprie indissolubilitatis causa*, sed potius *signum posteriori*« (Hervorhebung E. S.). Das aber bedeutet: Die christliche Ehe ist nicht deshalb unauflöslich, *weil* sie Sinnbild der Einheit zwischen Christus und der Kirche ist, sondern weil sie *in sich* unauflöslich ist, kann sie zum Sinnbild der in der Menschwerdung Gottes für immer verwirklichten Liebe Gottes zu den Menschen werden. Allerdings trifft diese Symbolfunktion nur auf die menschlich gelungene Ehe im vollen Sinn zu; eine zerrüttete Ehe deutet nur noch insofern auf die Gemeinschaft zwischen Gott und Mensch oder Christus und Kirche hin, als die Ehepartner bei der Eheschließung die Absicht zu einem unauflöslichen Bund fürs Leben hatten, der Gottes unwiderrufliche Treue abbilden sollte. Vgl. dazu *G. Tenholt*, a. a. O., 178 und 227.

[15] Synodenbeschluss: Christlich gelebte Ehe und Familie, 1.2: Anthropologische Voraussetzungen, in: Gemeinsame Synode der Bistümer in der Bundesrepublik Deutschland. Offizielle Gesamtausgabe, Freiburg i. Br. [7]1989, 426.

[16] *T. Rendtorff*, Ethik. Grundelemente, Methodologie und Konkretionen einer ethischen Theologie, Bd. 2, Stuttgart [2]1991, 19.

[17] Vgl. *M. Knapp*, a. a. O., 140.

[18] *Ingrid Jost* beschreibt das Grundbedürfnis des Menschen nach Dauer und emotionaler Sicherheit aus psychoanalytischer Sicht:»In einer Zeit ständiger und immer rascher sich vollziehender Veränderungen, angesichts weltweit wachsender Bedrohung, kollektiver Verunsicherung und persönlicher Angst wächst auch das Bedürfnis des Menschen nach einem anderen Menschen, von dem er sich angenommen weiß und auf den er sich verlassen kann, um sich in dieser zunehmend unüberschaubarer werdenden Welt nicht gänzlich verlassen zu fühlen« (a. a. O., 146). Paradoxerweise ist die Möglichkeit des Scheiterns bereits in dieser hohen emotionalen Erwartung der Partner aneinander angelegt, da diese in Krisensituationen als Überforderung erlebt werden kann.

[19] *G. Scherer*, Ehe in der Sicht philosophischer Anthropologie, in: *Th. Schneider* (Hg.), a. a. O., 154–167, hier: 163.

[20] Vgl. *G. Dux*, Geschlecht und Gesellschaft. Warum wir lieben, Frankfurt 1994, 40.

[21] *H. Schelsky*, Soziologie der Sexualität, Reinbek 1955, 34; vgl. auch *P. Mikat*, Ethische Strukturen der Ehe in unserer Zeit, Paderborn 1987, 51.

[22] *H. Kramer*, Unwiderrufliche Entscheidungen im Leben des Christen. Ihre moralanthropologischen und moraltheologischen Voraussetzungen, Paderborn 1974, 222.

[23] *S. Kierkegaard*, Erbauliche Reden 1844/45, Düsseldorf [2]1964, 200.

[24] Vgl. *M. Heidegger*, Sein und Zeit, Tübingen [13]1976, 235–267.

[25] *M. Theunissen*, Der Begriff Ernst bei Søren Kierkegaard, Freiburg 1958, 147.

[26] *K. Demmer*, Fundamentale Theologie des Ethischen, Freiburg i. Ue. / Freiburg i. Br. 1999, 249 f.

[27] Vgl. *N. Hinzke*, Todeserfahrung und Lebensentscheidung, in: Trier Theologische Zeitschrift 82 (1973), 206–227, bes. 220 ff. und *K. Demmer*, Die unwiderrufliche Entscheidung. Überlegungen zur Theologie der Lebenswahl, in: *Communio* 3 (1974), 385–398.

[28] Vgl. dazu *St. E. Müller*, Krisen-Ethik der Ehe. Versöhnung in der Lebensmitte, Würzburg 1997; *J. Willi*, Was hält Paare zusammen? Der Prozeß des Zusammenlebens in psycho-ökologischer Sicht, Reinbek 1991 und bes. *D. Eckmann*, Zweite Entscheidung. Das Zurückkommen auf eine Lebensentscheidung im Lebenslauf, Leipzig 2002, 55 ff.

[29] *D. Mieth*, Vom Ethos des Scheiterns und des Wiederbeginns. Eine vergessene theologisch-ethische Perspektive, in: Concilium 26 (1990), 385–399, hier: 389.

[30] *K. Demmer*, Angewandte Theologie des Ethischen, Freiburg/Schweiz 2003, 107 f.

[31] A. a. O., 109.

[32] Vgl. *Ingrid Jost*, a. a. O., 151 und zum Gedanken der gemeinsamen Weiterentwicklung der Partner *J. Willi*, Die Koevolution, Reinbek 1985.

[33] *G. Scherer*, a. a. O., 167.

[34] Ebd.

[35] Vgl. *K. Demmer*, Die Lebensentscheidung. Ihre moraltheologischen Grundlagen, München – Paderborn – Wien 1974, 33.

[36] Vgl. zum Ganzen *H.-G. Gruber*, Christliche Ehe in moderner Gesellschaft. Entwicklung – Chancen – Perspektiven, Freiburg i. Br. 1994, 322–325 und *D. Eckmann*, a. a. O., 290 ff.

7. Theologie des Scheiterns

[1] Vgl. *G. Fuchs/J. Werbick*, Scheitern und Glauben. Vom christlichen Umgang mit Niederlagen, Freiburg 1991, 18.

[2] Stuttgart 1975, 42.

[3] In der Mitte des Lebens, Freiburg i. Br. 2009, 79.

[4] In der Psychologie werden analog zu dem 5-Phasen-Modell des Sterbens nach der amerikanischen Ärztin Elisabeth Kübler-Ross verschiedene Phasen der Auseinandersetzung mit der eigenen Vergangenheit unterschieden. Im kirchlichen Raum wurde das von *Karl Frielingsdorf* entwickelte Modell einflussreich, das den gesamten Prozess der seelischen Verarbeitung von Verlusterfahrungen wie des Scheiterns oder des Abschiednehmens nach dem Tod in folgende Phasen unterteilt: 1. die Phase des Wahrnehmens und des Nicht-Wahrhaben-Wollens, 2. die der Aggression und des Zorns, 3. die des Verhandelns, 4. die der Depression und Trauer sowie 5. die Phase der Vergebung und

Versöhnung. Vgl.: Vom Überleben zum Leben. Wege zur Identitäts- und Glaubensfindung, Mainz 1989, 174–187.

[5] *G. Fuchs / J. Werbick*, a. a. O., 43.

[6] Vgl. *H. Irsigler*, Ein Weg aus der Gewalt? Gottesknecht kontra Kyros im Deuterojesajabuch, Stuttgart 1998, 16 ff.

[7] A. a. O., 391.

[8] *J. Ratzinger/Benedikt XVI.*, Jesus von Nazareth. 1. Teil: Von der Taufe im Jordan bis zur Verklärung, Freiburg i. Br. 2007, 248. Zum exegetischen Hintergrund vgl. *J. Jeremias*, Die Gleichnisse Jesu, Göttingen [8]1970, 128–132 und *P. Grelot*, Les Paroles de Jesus Christ (Introduction à la Bible, Nouveau Testament 7), Paris 1986, 228 ff.

[9] *J. Ratzinger/Benedikt XVI.*, a. a. O., 251.

[10] Zum exegetischen Hintergrund vgl. *F. Bovon*, Das Evangelium nach Lukas (Lk 1,1–9,50) (EKK III/1), Zürich/Neukirchen-Vluyn 1989, 389–396. Die lukanische Erzählung greift die literarische Gattung eines Symposiums auf, in der oft ein außergewöhnlicher Zwischenfall, in der Rahmenszene das Eindringen der Frau in das Haus des Pharisäers, als äußerer Anlass für ein Gespräch dient.

[11] Zur Interpretation vgl. *J. Jeremias*, a. a. O., 126 f. und *H. Schürmann*, Das Lukasevangelium, 1. Teil: Kapitel 1,1–9,50, Freiburg i. Br. 1970, 431–438.

[12] Vgl. *J. Jeremias*, a. a. O., 135.

[13] *U. Luz*, Das Evangelium nach Matthäus (Mt 18–25), EKK I,3, Zürich 1997, 33.

[14] Vgl. *K.-H. Menke*, Jesus ist Gott der Sohn. Denkformen und Brennpunkte der Christologie, Regensburg 2008.

[15] Vgl. *H. U. von Balthasar*, Theodramatik. IV. Das Endspiel, Einsiedeln 1983, 223–243.

[16] Vgl. dazu die Überlegungen von *G. Fuchs/J. Werbick*, a. a. O., 43–67.

[17] A. a. O., 47.

[18] Zu diesen sprachlichen Präzisierungen vgl. *W. Härle*, Würde. Groß vom Menschen denken, München 2010, 51 f.

[19] *D. Mieth*, a. a. O., 392.

[20] *Vgl. G. Fuchs / J. Werbick*, a. a. O., 45 und 98.

[21] Vgl. Confessiones 7,11; CCL 27, 100; De Genesi ad Litteram 11, 6,8; CSEL 28/1, 339 und De Trinitate 10,7; CCL 50, 320. Zum Zusammenhang zwischen Demut und Geschöpflichkeit bei Augustinus vgl. *N. Baumann*, Die Demut als Grundlage aller Tugenden bei Augustinus, Frankfurt a. M. 2009, 85–90.

8. Die Kirche als Gemeinschaft der Versöhnung

[1] Mein Leben annehmen. Der pastoraltherapeutische Impuls der Schlüsselmethode, Mainz 1993, 79.

[2] Vgl. *Th. Schmeller*, Der zweite Brief an die Korinther (2 Kor 1,1–7,4), EKK VIII/1, Neukirchen-Vluyn 2010, 318–340.

[3] Vgl. a. a. O., 321.

[4] Vgl. a. a. O., 327 ff.

[5] Vgl. V. P. *Furnish*, II Corinthians, (Anchor Bible) New York 1989, 335.

[6] A. a. O., 332.

[7] Vgl. G. *Greshake*, Priestersein. Zur Theologie und Spiritualität des priesterlichen Amtes, Freiburg u. a., [5]1991, 33.

[8] Vgl. *Eusebius von Cäsarea*, Kirchengeschichte, Buch VI, 43; hg. von *H. Kraft*, München [2]1981, 312–316.

[9] Brief 30, Kap. 8 (Bibliothek der Kirchenväter Bd. 60, 98).

[10] Vgl. zu den frühchristlichen Bußstreitigkeiten *K. S. Frank*, Lehrbuch der Geschichte der Alten Kirche, Paderborn u. a., [2]1997, 167 ff.

[11] Vgl. Konzil von Nikaia, Kan. 8, in: *Conciliorum Oecomenicorum Decreta*, hg. von *G. Alberigo* u. a., Bologna [3]1973, 9 f.

[12] Vgl. *H. Crouzel*, a. a. O., 124 und *G. Pelland*, La pratica della Chiesa antica relativa ai fedeli divorziati risposati, in: Congregazione per la Dottrina de la Fede. Sulla pastorale dei divorziati risposati. Documenti, commenti e studi, Città del Vaticano, 1998, 99–131, bes. 119 ff.

[13] Vgl. *G. Cereti*, a. a. O., 287–306.

[14] Vgl. a. a. O., 305.

[15] Ebd.

[16] Vgl. Zweites Vatikanisches Konzil, *Lumen gentium* Nr. 11,2 und *Johannes Paul II.*, Apostolisches Schreiben *Reconciliatio et paenitentia* vom 2. Dez. 1984, Nr. 13.

9. Orientierung am Gewissen

[1] Vgl. den Überblick über diese Entwicklung bei *G. Tenholt*, a. a. O., 40–92.

[2] Vgl. *Gaudium et spes*, Nr. 16 und *Johannes Paul II.*, Enzyklika *Veritatis splendor*, Nr. 57–60.

[3] Vgl. zum Folgenden *M. Kaiser*, Geschieden und wiederverheiratet, Regensburg 1983, 62 ff. und *M. Knapp*, Glaube – Liebe – Ehe: ein theologischer Versuch in schwieriger Zeit, Würzburg 1999, 184 ff.

[4] Mit dem kirchenrechtlichen Fachausdruck *matrimonium invalidum* (= ungültige Ehe) wird eine zivile Zweitehe noch immer als Ehe bezeichnet; auch der Begriff *matrimonium nullum* ist nicht mit »keine Ehe«, sondern korrekterweise als »ungültige« Ehe zu übersetzen (vgl. *M. Kaiser*, a. a. O., 66).

[5] *M. Kaiser*, a. a. O., 73. Vgl. auch *H. Rotter*, Zur ethischen Bewertung einer Zweitehe, in: ThPQ 142 (1994), 351 f. und *Th. Pfammatter*, Geschiedene und nach Scheidung wiederverheiratete Menschen in der katholischen Kirche. Kriteriologische Fundamente integrierender Praxis, Freiburg i. Ue. 2002, 350 ff.

[6] *W. Kasper*, Zur Theologie der christlichen Ehe, Mainz 1977, 78.

[7] Vgl. *A. Augustinus*, De bono coniugali, Kap. 3–5.

[8] Der Argumentationsgang in *Gaudium et spes* (= GS) Nr. 51 verläuft vielmehr in umgekehrter Richtung: »Wo … das intime eheliche Leben abgebro-

chen wird, können nicht selten das Gut der Treue in Gefahr geraten und das Wohl der Nachkommenschaft zugrunde gerichtet werden.«

10. Stolperstein Kirchenrecht: die gegenwärtige Ehetheologie und der kanonistische Ehebegriff

[1] Vgl. Can. 1081 § 2 CIC/1917 und dazu *Th. Pfammatter*, a. a. O., 310–315.

[2] Zu den einzelnen Rechtsfolgen, die mit dem Eingehen einer zivilen Zweitehe verbunden sein können, vgl. *Andrea Belliger*, Die wiederverheirateten Geschiedenen. Eine ökumenische Studie im Blick auf die römisch-katholische und griechisch-orthodoxe (Rechts-)Tradition der Unauflöslichkeit der Ehe, Essen 2000, 38 f.

[3] Als Begründer der Lehre von der Sakramentalität des Ehevertrags gilt *Robert Bellarmin* (1542–1621); durch *Tomás Sánchez* (1550–1610), dem »Vater des Eherechts«, erlangte sie beherrschenden Einfluss auf die kirchenrechtliche Ehedoktrin. Die Gegenposition konnte sich unter der Autorität des bedeutenden Trienter Konzilstheologen, *Melchior Cano* (1509–1560), bis ins 19. Jahrhundert hinein halten. Vgl. *H. Zapp*, Zur »Realdistinktion« von Ehevertrag und Sakrament, in: *A. Weiß/St. Ihli* (Hg.), Flexibilitas iuris canonici (= FS R. Puza), Frankfurt a. M. 2003, 341–367, bes. 347 ff.

[4] Vgl. *N. Lüdecke*, Eheschließung als Bund. Genese und Exegese der Ehelehre der Konzilskonstitution »Gaudium et spes« in kanonistischer Auswertung, Bd. 1 und 2, Würzburg 1989, sowie die Kommentare von *B. Häring*, Das Zweite Vatikanische Konzil. Konstitutionen, Dekrete und Erklärungen, Bd. III, Freiburg 1968, 423–447 und *H.-J. Sander*, Herders Theologischer Kommentar zum Zweiten Vatikanischen Konzil, hg. von *P. Hünermann*, Bd. 4, Freiburg 2005, 770–782.

[5] Zu den kirchenrechtlichen Überlegungen, ob eine solche Ehe wie jede andere nicht-vollzogene Ehe wieder aufgelöst werden kann, vgl. *Andrea Belliger*, Die wiederverheirateten Geschiedenen: Versuch eines neuen kirchenrechtlichen Lösungsansatzes, in: *Intams* 7 (2001), 194–213, bes. 199. Die Rede vom »existenziellen« Vollzug der Ehe, der durch die Aufnahme sexueller Beziehungen, die heute zumeist lange vor der Eheschließung erfolgt, keineswegs erwiesen ist, beruht nicht auf einer »begrifflichen Erschleichung«, die das mit dem Terminus »Vollzug« Gemeinte unter der Hand verändert (so der Vorwurf von *G. Tenholt*, a. a. O., 260). Die heute gebräuchliche Redeweise vom »existenziellen« oder »personalen« Ehevollzug fragt vielmehr danach, was dieser Begriff unter den gewandelten Voraussetzungen einer personal-ganzheitlichen Eheauffassung in der Sache bedeuten kann.

[6] Diese Frage stellte, wie aus dessen Antwort ersichtlich, offenbar bereits Pollentius gegenüber Augustinus. Dieser weist die Überlegung, mit dem Tod des Mannes, nachdem die Frau 1 Kor 7,39 zufolge wieder frei ist, könne auch der »spirituelle Tod« gemeint sein, den die Ehe durch den Ehebruch des Mannes

erleidet, als absurde Annahme zurück. Vgl. *De adulterinis coniugiis* II, 2–3; CSEL 41, 383 f.

[7] Vgl. *Thomas von Aquin*, Summa theologiae III, 60, 3.

[8] Vgl. Offizielle Gesamtausgabe, a. a. O., 351 f. und zur seelsorglichen Begleitung von Menschen aus zerbrochenen Ehen, Geschiedenen und wiederverheirateten Geschiedenen (1993), a. a. O., 29 ff.

[9] Vgl. *Johannes Paul II.*, Apostolische Konstitution *Familiaris consortio*, Nr. 84.

11. Das Mahl der Sünder

[1] Gotteslob, Nr. 538 »O heilger Leib des Herrn«, (1956).

[2] Der Hymnus *O esca viatorum* wurde seit dem Würzburger Gesangbuch von 1649 unter der ersten Verszeile »O heil'ge Seelenspeise« tradiert. Das Gotteslob übersetzt mit »O wunderbare Speise«, um zu unterstreichen, dass die heilige Eucharistie nicht nur die Seele, sondern den ganzen Menschen stärkt. Um ein modernes Missverständnis auszuschließen, nimmt man eine verflachende und daher fragwürdige Übersetzung in Kauf. Vgl. *H. Becher u. a.* (Hg.), Geistliches Wunderhorn. Große deutsche Kirchenlieder, München ²2003, 245.

[3] Vgl. *Origenes*, Johanneskommentar XIX, 4; GCS 4, 302.

[4] Unser Lager bei den Blumen auf dem Felde. Ein lateinamerikanisches Tagebuch, Gütersloh 1978, 64.

[5] Zum Verständnis der inneren Einheit der Eucharistie vgl. *W. Kasper*, Sakrament der Einheit – Vielfalt der Aspekte. Theologische Grundlagenbesinnung auf die Eucharistie, in: *ders.*, Sakrament der Einheit. Eucharistie und Kirche, Freiburg i. Br. 2004, 81–114.

[6] Vgl. LG 11.

[7] Vgl. LG 10.

[8] Vgl. *A. Gerken*, Theologie der Eucharistie, München 1973, 221: »Die Gaben sind Vergegenwärtigung seiner eigentlichen Gabe, seiner Hingabe am Kreuz.«

[9] Vgl. *W. Haunerland*, Das Herrenmahl und die vielen Eucharistiegebete, in: *ders.* (Hg.), Mehr als Brot und Wein. Theologische Kontexte der Eucharistie, Würzburg 2005, 119–144, bes. 126 und *St. Ernst*, Wandlung unserer Praxis. Der Zusammenhang von eucharistischer Feier und mitmenschlichem Handeln, in: a. a. O., 201–220, bes. 216. Für *Th. Ruster*, Wandlung. Ein Traktat über Eucharistie und Ökonomie, Ostfildern 2006, 127 erfasst die Verwandlung des Menschen durch Teilnahme an der eucharistischen Wandlung der Gaben nicht nur das zwischenmenschliche, sondern auch das ökonomische Handeln. »Der enorme Impetus zur Weltgestaltung bis in den wirtschaftlichen Bereich hinein … ist – mindestens auch – das Resultat dieser einzigartigen theologischen Konzentration auf die Wandlung von Brot und Wein.« Die gedankliche Brücke, die diese Ausweitung möglich macht, liegt im Begriff der Selbsterhaltung, der die alltägliche Speise wie der Bereich des Ökonomischen dienen.

[10] Sermo 227: »Si bene accepistis, vos estis quod accepistis. ... et efficimi panis quod est corpus Christi.« (PL 38, 1099 f.).

[11] Sermo 272: »Si ergo vos estis corpus Christi et membra mysterium vestrum in mensa Dominica positum est: mysterium vestrum accipistis ... Estote quod videtis, et accipite quod estis« (PL 38, 1247 f.).

[12] *A. Gerken*, a. a. O., 92.

[13] Vgl. *A. Gerken*, a. a. O., 23 ff. und *B. Heininger*, Das letzte Mahl Jesu. Rekonstruktion und Deutung, in: *W. Haunerland* (Hg.), a. a. O., 10–47, bes. 27 f.

[14] Als »totale« Veränderung der eigenen Existenz deutet *P. Trummer*, »Das ist mein Leib«. Neue Perspektiven zu Eucharistie und Abendmahl, Düsseldorf 2005, 47 und 137 den paulinischen Begriff der Versöhnung, um dem Gedanken der Stellvertretung lebenspraktische Bedeutung zu geben.

[15] Vgl. Gesammelte Schriften, Bd. 11: Theologie der Liturgie. Die sakramentale Begründung christlicher Existenz, Freiburg i. Br. ³2008, 330–333 und 376–382.

[16] A. a. O., 331.

[17] Vgl. a. a. O., 332 f. und 338 f.

[18] A. a. O., 331.

[19] Vgl. *Origenes*, Johanneskommentar XXXII,12–13, in: Commento al Vangelo di Giovanni, hg. von *E. Corsini*, Turin 1968, 760–764. Vgl. auch Papst *Johannes Paul II*, Enzyklika *Ecclesia de Eucharistia*, Nr. 20, wo es als die Absicht des johanneischen Berichts von der Fußwaschung bezeichnet wird, den tieferen Sinn der Eucharistie zu erläutern.

[20] Vgl. *W. Kasper*, a. a. O., 104, *A. Gerken*, a. a. O., 72 und *B. Heininger*, a. a. O., 40.

[21] Vgl. *B. Heininger*, a. a. O., 44.

[22] Zur Interpretation des Bildes vgl. *M. Kopp*, Das Mahl mit den Sündern, in: *S. Köder*, Farben des Lebens (hg. von *J. Kreidler* und *E. Teufel*), Ostfildern 2005, 93–96.

[23] Zum Programm der geistlichen Schriftauslegung des Origenes und ihrer Bedeutung für die Lebensführung der Christen vgl. *E. Schockenhoff*, Zum Fest der Freiheit. Theologie des christlichen Handelns bei Origenes, Mainz 1990, 37–49. Die Dialektik von Buchstabe und Geist, Gesetz und Evangelium, steht auch im Zentrum der Gnadentheologie des *Augustinus*. In seiner Kontroverse mit Pelagius möchte er den Nachweis führen, dass »wir Gottes Hilfe zur Verwirklichung der Gerechtigkeit im Leben nicht darin erfahren, dass Gott uns das Gesetz voll guter und heiliger Vorschriften gegeben hat, sondern darin, dass unser Wille selbst, ohne den wir kein gutes Werk vollbringen können, durch die Mitteilung des Geistes der Gnade unterstützt und ermutigt wird; denn ohne diese Hilfe ist jene Belehrung Buchstabe, der tötet, weil er die Ungerechten eher beharrlich der Schuld an der Übertretung zeiht als sie rechtfertigt« (*De spiritu et litera* XII, 20 in: Schriften gegen die Pelagianer, 1. Bd., Würzburg 1971, 337). Gegenüber den wiederverheirateten Geschiedenen kann Augustinus jedoch nur noch den Buchstaben des Gesetzes geltend machen, der diese auf ihren sündhaften Zustand festnagelt, ohne dass die Kraft des Geistes in ihnen noch wirksam werden könnte.

[24] Vgl. Johanneskommentar 1,125–198; GCS IV, 25–37; *Peri Archon* I, 2,13 und *Contra Celsum* 2,64; GCS I, 185.

[25] Johanneskommentar XIII, 32; GCS 4,257.

[26] Vgl. Johanneskommentar XXXII, 2; GCS IV, 427.

[27] Johanneskommentar VI, 36; GCS IV, 145 (zit. nach der Übersetzung von *R. Gögler*, Einsiedeln 1959, 192).

12. Schlussthesen

[1] Vgl. *Th. Pfammatter*, Geschiedene und nach Scheidung wiederverheiratete Menschen in der katholischen Kirche, Freiburg i. Ue. 2002, 409 f.

[2] Zu diesem Vorschlag vgl. *G. L. Müller*, Glaubensvollzug und Sakramentalität der Ehe, in: *Th. Schneider*, Geschieden – wiederverheiratet – abgewiesen?, Freiburg i. Br. 1995, 202–212, bes. 211.

[3] Vgl. dazu *Andrea Burgk-Lempart*, Wenn Wege sich trennen. Ehescheidung als theologische und kirchliche Herausforderung, Stuttgart 2010, 130–141 und *Th. Pfammatter*, a. a. O., 442–445.

[4] Vgl. dazu *F. Harant*, Segensfeier bei Wiederheirat, in: Diakonia 33 (2002), 31–37 und *Th. Pfammatter*, a. a. O., 459 f.